华尔街命运之轮

(大卫·福尔德瓦里作图)

资本回报

穿越资本周期的投资：
一个资产管理人的报告 2002—2015

[英]爱德华·钱塞勒（Edward Chancellor）◎编著

陆 猛◎译

中国金融出版社

责任编辑：陈　翎
责任校对：孙　蕊
责任印制：丁淮宾

Copyright ©Marathan Asset Management LLP 2016
© Introduction Edward Chancellor 2016
First published in English by Palgrave Macmillan, a division of Macmillan Publishers Limited under the title Capital Returns by Edward Chancellor. This edition has been translated and published under licence from Palgrave Macmillan. The author has asserted his right to be identified as the author of this Work.

北京版权合同登记图字 01-2016-3611

《资本回报——穿越资本周期的投资：一个资产管理人的报告 2002—2015》中文简体字版专有出版权由中国金融出版社所有。

图书在版编目(CIP)数据

资本回报——穿越资本周期的投资：一个资产管理人的报告2002—2015（Ziben Huibao: Chuanyue Ziben Zhouqi de Touzi: Yige Zichan Guanliren de Baogao 2002—2015）/〔英〕爱德华·钱塞勒（Edward Chancellor）编著；陆猛译. —北京：中国金融出版社，2017.5

书名原文：Capital Returns

ISBN 978-7-5049-8908-6

Ⅰ.①资… Ⅱ.①爱… ②陆… Ⅲ.①投资—研究 Ⅳ.① F830.59

中国版本图书馆CIP数据核字 (2017) 第042647号

出版
发行　中国金融出版社

社址　　　北京市丰台区益泽路2号
市场开发部　(010) 66024766，63805472，63439533 (传真)
网 上 书 店　www.cfph.cn
　　　　　　(010) 66024766，63372837 (传真)
读者服务部　(010) 66070833，62568380
邮编　100071
经销　新华书店
印刷　保利达印务有限公司
尺寸　169毫米×239毫米
印张　13.75
字数　204千
版次　2017年5月第1版
印次　2025年8月第12次印刷
定价　58.00元
ISBN　978-7-5049-8908-6
如出现印装错误本社负责调换　联系电话(010) 63263947

CAPITAL RETURNS 资本回报

穿越资本周期的投资：
一个资产管理人的报告 2002—2015

序言

马拉松资产管理公司（Marathon Asset Management LLP[①]）很快就要庆祝其30岁生日了。在过去的30年里，我们的投资哲学有所演进，但关于资本如何运作的两个基本理念却一直占据着重要地位。

第一个理念：高回报吸引资本，正如低回报排斥资本。随之而来的资本的潮起潮落常常以一种可预见的方式影响行业的竞争环境——我们称之为资本周期。我们的工作便是分析这一周期的动态，去了解它何时奏效何时坍塌，以及如何用它来为我们的客户获利。第二个主要理念：管理层资本配置的能力从长期来看非常重要。挑选能以合理的方式配置资本的管理层对于成功地选股至关重要。好的管理人理解其所处行业的资本周期，不会被有利的环境冲昏了头脑。

我们发现，分析资本周期产生的机会常常有很长的孕育过程，因为获利的时点是高度不确定的。作为结果，我们发现我们的方法在投资于相对较多数量的股票并且持有较长时间的情况下效果最好。这和我们这个行业的通常做法正好相反，后者倾向于集中持股，以反映基金经理的把握度，尽管持有期限却越来越短。

尽管我们有时候需要费很大劲才能把我们的方法向咨询顾问以及其他金融服务领域里的专业人士解释清楚，但这对我们的客户来说却不是什么难事。后者——养老金、州立基金、基金会和捐赠基金，主要是在美国——

[①] 在美国使用 Marathon-London 的名字进行交易。

常常会有员工具有非金融行业的经验。在向他们解释我们的流程时常常可以听到的一个评论是"这不过是个常识"。幸运的是,这些关于资本周期如何运转以及管理层如何配置资本的理念并没有被我们在投资领域内的竞争者广为接受。这使得全球范围内的投资机会扑面而来。尽管我们犯过无数的错误,但从相对收益来看我们的整体业绩还是非常不错的。

此外,我们的方法在极端压力和市场疯狂的情况下也表现得不错。关于20世纪90年代末的亚洲金融危机以及千禧年交汇之时的科技、媒体和电信(TMT)泡沫,已经被收录在我们的上一部文章合集《资本账户》[①]之中。从2004年起,主要的压力测试是终结于全球金融危机(GFC)的漫长牛市及其灾难性的后果。其对基金经理的挑战是本书的主题。我们犯了无数的愚蠢错误——在TMT泡沫以及GFC瓦砾中接"下落的飞刀",以及在选择管理层时犯下的数不清的判断错误。我们的耻辱堂里有贝尔斯登,布拉德福德宾利集团(Bradford & Bingley),MBIA,Blockbuster,HMV等。尽管如此,整体业绩还是令人满意的,这也给了我们关于这一投资哲学可靠性的信心。

这一好运相匹配的,我们成功地说服了爱德华·钱塞勒再次作为我们的编著者,为我们编著这些写于2002—2015年的文章,并为我们写了一篇很有见地的导言。我们感谢他以及马拉松公司过去和现在的员工,感谢他们在构建这家公司以及创造这本书上所做的努力。

尼尔·奥斯特勒,创始成员
威廉·亚拉,创始成员
2015年6月

[①] 爱德华·钱塞勒(编).资本账户:一个资产管理人在动荡十年的报告 1993—2003. (Capital Account: A Money Manager's Reports on a Turbulent Decade 1993—2003),2004。

CAPITAL RETURNS 资本回报

穿越资本周期的投资：
一个资产管理人的报告 2002—2015

前言

《资本回报》的出版，正好是在马拉松公司上一部作品《资本账户》出版 10 年之后。我正好也是上一部书的编者。这本书的编排和上一部书也一样。这里的文章都是从马拉松公司的《全球投资回顾》（Global Investment Review）中选取的。马拉松公司每年都会写 8 期投资回顾，每期一般会有 6 篇文章，每篇文章大约 1500 字。投资回顾在公司内部被称为 GIR，它是写给马拉松公司的客户，用来介绍公司的投资方法以及对投资世界最新发展的实时看法。

本书收集的文章之所以被选取，是因为它们反映了马拉松公司关于资本周期的投资哲学，后者在马拉松看来对更为广泛的投资大众都应该是有意思的（甚至对于那些会选择读一本不带方程式和数学模型的书的另类经济学家来讲，也可能会是如此）。选择的过程不可避免地会造成投资界所谓的"幸存者偏见"：那些未能通过时间检验的文章，或者后来显示根本就是错误的文章被抛弃了，而只有较好的投资判断被选了出来。结果会让马拉松看起来比实际更具有预见力——人们可以很容易就拼凑出更厚的一本骗人的东西来。我的目的并不是要恭维作者们的先见之明，而是想要找出资本周期分析的有趣例子，正如马拉松的分析师在过去 10 年所运用的一样。

像以前一样，我可以按我的意愿编辑，我也使用了此前用的方法。那就是，我先对文字进行编辑，让它们读起来比最初的形式更通顺一些。对一段文字在其写完很久以后进行编辑必然会涉及某些后知之明的偏差。这在某种程度上会削弱《资本回报》作为原始资料的真实性。但是我的目的是想在不损害原文意思的前提下尽可能地把资本周期分析清晰地展现出来。

这本合集的作者（按字母顺序排列）：查尔斯·卡特，大卫·卡尔，马克·戈弗雷，杰瑞米·霍斯金，尼克朗·赫斯特，朱勒·莫特，迈克尔·尼克松，尼尔·奥斯特勒，詹姆斯·塞登，尼克·斯利普，迈克·泰勒，西蒙·托德和凯伊斯·查卡利亚。我甚至获得了比编辑上一本书时更多的帮助来完成这本《资本回报》。西蒙·托德自告奋勇地开始了选题的过程，这在某种程度上是最为繁琐的工作（有超过600篇文章可供选择）。昆廷·卡拉瑟斯承担了最初的助理编辑工作。威廉·麦克劳德帮助做了很多脚注。尼古拉·赖丽处理了很多行政事务，包括打印了很多初稿并给我送来了很多资料。布里奇·特慧慷慨地做了校对工作。和《资本账户》一样，这本书在很大程度上也是我的朋友和前同事查尔斯·卡特的成果。很高兴再次和他一起工作。

爱德华·钱塞勒
2015年6月

CAPITAL RETURNS 资本回报

穿越资本周期的投资：
一个资产管理人的报告 2002—2015

目录

导言 1

上部　投资哲学

第一章　资本周期革命 22

  1.1　合作的演进（2004 年 2 月）............. 23

  1.2　鳕鱼哲学（2004 年 8 月）................. 25

  1.3　这次没什么不同（2006 年 5 月）......... 28

  1.4　超级周期的悲伤（2011 年 5 月）......... 30

  1.5　没有小啤酒（2010 年 2 月）............... 34

  1.6　石油价格见顶（2012 年 2 月）............ 37

  1.7　石油巨头之忧（2014 年 3 月）............ 40

  1.8　资本周期革命（2014 年 3 月）............ 42

  1.9　增长的悖论（2014 年 9 月）............... 45

第二章　增长中的价值 49

  2.1　引以为戒的标签（2002 年 9 月）......... 50

2.2	持久战（2003年3月）	52
2.3	双重代理（2004年6月）	55
2.4	数字护城河（2007年8月）	57
2.5	质量时代（2011年8月）	59
2.6	逃脱半导体周期（2013年2月）	61
2.7	增长中的价值（2013年8月）	65
2.8	质量控制（2014年5月）	66
2.9	无人关注（2015年2月）	69

第三章　管理层很重要 ······ 73

3.1	食品换思考(2003年9月)	74
3.2	踩错周期（2010年8月）	77
3.3	资本分配者（2010年9月）	79
3.4	北方之星（2011年3月）	82
3.5	关于薪酬（2012年2月）	85
3.6	幸福的家族（2012年3月）	88
3.7	约翰·鲁伯特的幽默和智慧（2013年6月）	91
3.8	思想的会晤（2014年6月）	95
3.9	文化热衷者（2015年2月）	98

下部　繁荣、萧条、繁荣

第四章　酝酿中的灾祸 ······ 102

4.1	酝酿中的灾祸：与盎格鲁爱尔兰银行的会晤（2002—2006）	104
4.2	开发商的银行（2004年5月）	112
4.3	危险的资产证券化（2002年11月）	115
4.4	继续私募股权（2004年12月）	117

4.5　吹泡泡（2006年5月） ……………………………… 121

　　4.6　击鼓传花（2007年2月） ……………………………… 124

　　4.7　房地产嘉年华（2007年2月） ………………………… 127

　　4.8　管道街（2007年8月） ………………………………… 129

　　4.9　触礁（2007年9月） …………………………………… 132

　　4.10　七宗致命的罪（2009年11月） ……………………… 135

第五章　活死人 ……………………………………………………… 139

　　5.1　可以买了（2008年11月） …………………………… 140

　　5.2　西班牙去建筑（2010年11月） ……………………… 142

　　5.3　PIIGS也能飞（2011年11月） ………………………… 145

　　5.4　破产的银行（2012年9月） …………………………… 148

　　5.5　边缘地带（2015年11月） …………………………… 150

　　5.6　资本惩罚（2013年3月） ……………………………… 152

　　5.7　活死人（2013年11月） ……………………………… 154

　　5.8　放松，皮凯蒂先生（2014年8月） …………………… 157

第六章　中国综合症 ………………………………………………… 161

　　6.1　东方谜局（2003年2月） ……………………………… 162

　　6.2　打扮的很迷人（2003年11月） ……………………… 164

　　6.3　信贷增长（2005年3月） ……………………………… 167

　　6.4　里面隐含着什么（2014年2月） ……………………… 169

　　6.5　价值陷阱（2014年9月） ……………………………… 172

　　6.6　落后的人倒霉（2015年5月） ………………………… 174

第七章　华尔街的内心世界 ………………………………………… 177

　　7.1　一封投诉信（2003年12月） ………………………… 178

　　7.2　私募盛宴（2005年12月） …………………………… 182

7.3　圣诞快乐（2008年12月）·· 185
7.4　前格瑞德斯宾老板逃离中国（2010年12月）············· 188
7.5　占领德国议会（2011年11月）······································ 190
7.6　节日的问候（2012年12月）··· 195
7.7　和GIR共进午餐（2013年12月）·································· 200

译后记 ··· 205

导言

这本书是马拉松资产管理公司专业投资人士撰写的报告的一个合集。在我看来，这些报告与众不同之处在于其侧重于对资本潮起潮落的分析。通常，资本被吸引进入高回报的业务中，而当回报降到资本成本之下，资本则会离开。这一过程不是静态的，而是周期性的——流动是永恒的。资本流动带来新的投资，随着时间的推移会增加产能并将最终压低回报。相反，当回报较低时，资本撤离，产能下降；然后，随着时间的推移，利润又会回升。从更广泛的经济角度看，这一周期和熊彼特"创造性毁灭"的过程类似——因为繁荣之后的萧条，其作用就是要清除在上升时期的错误配置资本。

资本周期方法——马拉松公司用以描述其投资分析的术语——的关键是要理解一个行业内配置的资本数量的变动将如何影响未来回报。或者换一种说法，资本周期分析观察行业供给方面的变化如何影响一个公司的竞争态势。哈佛商学院教授迈克尔·波特在其《竞争战略》一书中写道："形成竞争战略的实质是要将一个公司与其环境联系起来"[①]。波特非常经典地描述了影响一家公司竞争优势的"五种力量"：供给方和买家的议价能力，替代品的威胁，现有公司之间的竞争程度和新进入者的威胁。资本周期分析实际上是从投资者的角度看，竞争优势如何随时间而变化。

典型的资本周期

下面介绍一下资本周期是如何运转的。想象一下某种小部件生产商——让我们称之为马克洛工业。这家公司运行得很好，以至于它的回报超过了公司的资本成本。公司的 CEO，威廉·高调先生上了《财富》杂志封面。他的股票期

---

① 迈克尔·波特. 竞争战略（1980）.P.3. 另见. 资本账户 .PP.6-7.

权挣了钱，他老婆也不再抱怨嫁了一个乏味的工业家。在9个跟踪马克洛股票的投行分析师里，有7个给出了买入评级，另两个是持有评级。股票的市盈率达到14倍，低于市场平均值。马克洛的股票被几个著名的价值投资者持有。

马克洛的战略规划部预计其产品将面临很强的需求增长，特别是在新兴市场，那里对小部件的人均消费不到发达国家的1/10。在和董事会讨论之后，马克洛的CEO宣布其计划在未来三年将产能增加50%，以满足日益增长的需求。一家著名的投资银行，格瑞德斯宾，为其安排了股票增发以为资本开支进行融资。格瑞德斯宾的斯坦利·切恩先生是马克洛公司高调先生的好友，也是这个交易的主承销商。有关扩产计划获得了《金融时报》Lex专栏的好评。在宣布之日马克洛公司的股价上涨。增长型投资者受股利增长预期的驱动，最近也在买入该股票。

5年后，彭博报道马克洛工业的CEO在长期与一组激进投资者关于公司战略无法达成一致后辞职了。激进投资者在对冲基金真相投资的领导下，要求马克洛关闭其表现不佳的业务。马克洛的利润大幅下跌，其股价在过去12个月下跌了46%。分析师说马克洛的问题在于过度扩张——特别是，其在北卡罗来纳州达勒姆市总投资25亿美元的新工厂发生延期并且预算超支。小部件市场目前由于供给过剩而不太景气。马克洛的长期竞争对手在这些年也增加了产能，而一些新的低成本生产商也进入了行业，包括动态部件公司，该公司的股价自去年IPO以来就一直表现不理想。

小部件市场受到了最近新兴市场增长放缓的影响。中国，全球最大的小部件消费市场，在过去十年大规模扩张了国内小部件的生产，并且在最近还成为了净出口国。有报道说马克洛正在考虑与其最大的竞争对手合并。尽管其股价目前低于其账面成本，但分析师认为短期看情况很不明朗。在剩下的仍然在继续跟踪马克洛公司的三家券商中，有两家给出了卖出评级，一家给出了持有评级。

这个虚构的小部件生产商的起起落落描述了一个典型的资本周期。较高的当期盈利常常使得管理层过分自信，他们把有利的行业环境当作是自己的才能——这一错误又被媒体推波助澜，后者总是在寻找公司英雄和恶棍。投资者和管理层都在做需求预测。这些预测错误率很高，并且常常会有系统性的偏差。在市场好的时候，需求预测常常过于乐观，而在市场坏的时候则过于悲观。

高利润常常会使一个行业放松资本纪律。当利润高时，公司倾向于增加资本开支。竞争对手也会跟着做——或许他们也是同样自大，或者是不想丢掉市场份额。此外，CEO的薪酬常常是和公司的盈利或市值挂钩的，这会激励管理层们扩大公司资产。当一家公司高调地宣布扩大产能时,其股价常常会上升。增长型投资者喜欢增长!趋势型投资者喜欢趋势!

投资银行家们为资本周期提供润滑剂,在市场繁荣时帮助扩大产能,在市场低迷时则帮助整合行业。他们的分析师在跟踪快速增长的热门行业时是最幸福的(股票的高换手率意味着更多的佣金)。银行家们通过安排 IPO 和股票增发来收费,这些融资被用于资本开支。并购银行家和券商分析师们都不关心长期结果。由于投资银行家的激励偏向短期回报(奖金),不可避免地他们的关注度也会变得短视。这不仅仅是一个激励的问题。分析师和投资人员习惯于外推当期趋势。在一个周期性的世界中,他们的思维却是线性的。

马克洛的例子还显示了在资本支出增加和它对供给的作用之间的时滞,这正是资本周期的特征。在投资和新的产出之间的时滞意味着供给的变化常常是突变的(也就是供给曲线并不是像经济学教科书中所画的那么平滑)并且容易调整过度。事实上,由于供给变化和生产之间的时滞造成的市场波动在很早以前就已经为经济学家们所认识了(这被称为"蛛网效应")。

当过度产能开始变得明显并且过去关于需求的预测被证实是过于乐观时,资本周期开始下行。随着利润大幅下滑,管理层被更换,资本支出削减,行业开始整合。投资的减少和行业供给的收缩为利润的恢复铺平了道路。对于理解资本周期的投资者,这一时刻可能是遭受重创的股票开始变得有意思的时候。然而,券商分析师和很多短线投资者却常常由于过于纠结于短期的不确定性而未能认识到周期的反转。

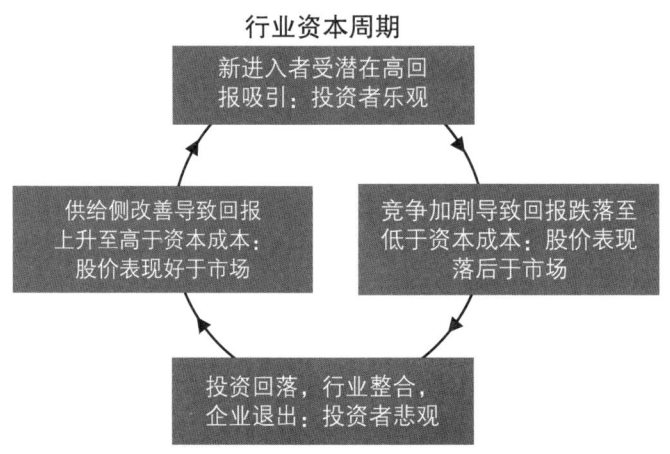

资料来源:马拉松公司。

导言图 1-1　资本周期

一些最近的资本周期

上面描述的资本周期或许看起来过于简单,并且像是编的。但令人吃惊的是,它其实非常普遍。某些行业,例如半导体和航空业,特别容易发生剧烈的资本周期,导致过度产能频繁出现和总体上令人失望的投资回报[1]。最近几年我们在很多其他行业中见证了这样的繁荣—萧条过程。马拉松公司的上一本书《资本账户》描述了20世纪90年代末TMT泡沫过程中的错误需求预测和过度投资。

在科技股繁荣时,很多电信公司的运行基于一种错误的假设,即互联网流量每100天就会翻倍。这一预测被用来证明诸如世通公司、环球电讯以及一大堆现在被人们遗忘的"另类运营商"(这是那些小电信公司在当时的叫法)的巨大资本开支是合理的。当泡沫破裂后,这些错误的资本支出被显现出来。此后好多年,电信网络都受这些巨大的过度产能所困扰(被称为"黑暗光纤",因为网络中耗资巨大铺设的光纤有很大一部分都未被点亮)。

在互联网泡沫之后,一系列资本周期在不同行业发生。全球造船业提供了一个经典的案例[2]。2001—2007年,由于中国在全球贸易中的份额快速上涨推动了船运业的需求,"巴拿马"级船的日运费上涨了10倍。航运业新的订单和日运费有很强的关联。供给侧的反应无疑不可能是立即的——一般来讲一艘新船从订单到交付需要3年时间。但是,2004—2009年,全球干散货船的载重吨由7500万吨翻倍到了1.5亿吨[3]。这一新的供给再加上全球增长放缓的后果就是巴拿马级船日运费价格90%的下跌,这抹去了过去十年的全部上涨。一个在2007年夏天全球金融危机开始前买入船的投资者会亏掉2/3的钱。全球航运公司的股票,例如丹麦的马士基集团,也下跌了同样的幅度。在繁荣期间预定的新船,在市场下跌之后很久仍然在被交割。在本文写作时,航运业仍在因为过低的产能利用率和低运费而苦苦挣扎。

2002年后上涨的房屋价格引起了美国住宅开发行业的另一个资本周期。到2006年美国住房泡沫见顶时,美国存量新房屋数量约相当于每年新家庭形成数量的5倍。西班牙和爱尔兰的房地产市场经历了一个更为明显的上涨,其结果是房屋存量相当于市场繁荣开始前每年供应量的15倍。当住房市场繁荣时,人们

---

[1] 关于半导体周期的更多内容,见2.6逃脱半导体周期。
[2] 罗宾·格林伍德和萨缪尔·汉森.船运价格和投资的波浪.NBER工作报告,2013.
[3] 航运业报告:供给终于占了上风,但现货价格是否会自由浮动呢?DNB市场报告,2013年4月8日.

总可以从乐观的人口预测中为上涨找到理由。在西班牙，事实表明最近的移民潮在很大程度上是房地产繁荣的结果。房地产泡沫破裂后，西班牙经济陷入衰退，大量外国人离开了这个国家。

好多著名的"价值"投资者忽视了资本周期的变动，他们受到了房产泡沫破裂的打击。在2006年美国房屋价格见顶前，住宅开发商的资产快速增长。泡沫破裂后，这些资产被核销。作为结果，那些在住宅繁荣末期按接近于账面价值——接近于历史低位——购买美国住宅开发商股票的投资者损失惨重[1]。从资本周期的角度看，有意思的是，尽管英国和澳大利亚经历了类似的房价"泡沫"，严格的住宅监管预防了供给的快速增加。作为结果，英国和澳大利亚的房地产市场很快从金融危机中恢复了[2]。

大宗商品超级周期

大宗商品"超级周期"，正如投行所称的，始于2002年互联网泡沫破裂后低利率的年代（见下文，1.3 这次没什么不同和1.4 超级周期的悲伤）。大宗商品价格的上涨受到中国驱动，后者大规模投资的经济经历了持续的双位数的年度经济增长。在金融危机之后，中国投资占GDP的比重进一步上升，达到了50%多，这高于任何一个其他国家曾经出现过的水平。到2010年，中国对某些大宗商品的需求超过了全球总需求的40%，包括铁矿石、煤、锌和铝。中国占大宗商品新增需求的比重甚至更高[3]。这些商品和其他一些商品的价格远高于其历史水平，可以说是达到了泡沫的程度[4]。

随着大宗商品价格的上涨，全球矿业公司的盈利也开始腾飞。他们的资本

---

[1] 例如，美国大型住宅开发商 KB Home 在 2001—2006 年资产经历了 28% 的年复利增长。到 2006 年夏天，其股票的市净率为 1.2 倍。从那时起，KB 的账面价值下跌了 85%，而其股票价格，在当时已经是远低于历史高位，又下跌了 75%。

[2] 英国住房供给没有对英国房地产泡沫做出反应这一事实，体现在英国住房开发商股票上，则是其相对于美国住房开发商股票在过去十年极佳的表现。

[3] 桑福德 C.伯恩斯坦估计中国占了 2000—2013 年新增铁矿石消费的 92%。见：美国金属和采矿业：超级周期……超级周期在哪里？2014 年 7 月.

[4] 在波士顿的投资公司 GMO，我的前雇主，我们把资产价格泡沫定义为偏离趋势两个标准差。2010 年，铁矿石是在趋势之上 4.9 个标准差，铜是 3.9 个标准差，煤是 4.1 个标准差，锌是 1.0 个标准差，铝是 1.4 个标准差。见：杰瑞米·格兰厄姆.是时候醒醒了：资源充足和价格下跌的日子已经是一去不复返了.GMO，2011 年 4 月.

回报率由世纪初的 7.5% 上升到了 2005 年的 35%，在金融危机之后又反弹至约 20%[1]。即便在雷曼倒闭之后，大部分分析师仍然把最近的大宗商品需求增长外推至很远的将来，其依据便是中国的经济水平必将趋同于庞大的美国经济并最终将超过后者。高企的大宗商品价格、强劲的盈利水平，以及稳健的未来需求预期，这些因素结合在一起，驱动矿业公司增加生产。

2000—2011 年，全球矿业生产（按美元计）年增长 20%，其中半数增长来自铁矿石和煤炭[2]。在此期间，铁矿石产量翻了一翻。矿业公司的资本支出翻了超过 5 倍，从世纪初的一年 300 亿美元增加到了最多时的 1600 亿美元[3]。在经过一个较长的时滞之后，铁矿石供给的变化开始显现——开发一个绿地项目一般需要花 9 年时间。由于某些新矿的巨大规模，新增的供给尤其突兀——淡水河谷在巴西的南部山区项目资本支出预算近 200 亿美元，预计将增加全球铁矿石产量的 5%。

在大宗商品价格狂涨的年代，非传统生产国也加入了供给的行列，包括伊朗和非洲的一些国家。尽管全球矿业集中在有限的几个大公司，竞争开始变得激烈——澳大利亚的 Fortescue 金属集团（FMG），一个相对新手，通过激进地扩张在 2011 年成为全球第四大铁矿石生产商。很多小的矿业公司进入市场，包括一些可疑的外国公司在伦敦证券交易所上市[4]。高的商品价格还引起了废金属供给的增加[5]。

大宗商品超级周期似乎在 2011 年发生转向，大致和中国经济增长速度放缓同步。到 2015 年 4 月，海运铁矿石价格从峰值下跌了 70%（按美元计价）。在价格高涨时建设的新矿在未来几年仍将陆续投产，这将进一步地造成产能过剩[6]。全球矿业公司的盈利随大宗商品的价格同步下行，其股价也表现不佳[7]。这样，伟大的大宗商品周期带有经典的资本周期的特征：高价格促进盈利，随

---

[1] 持续的矿业资本开支回调.UBS，2014 年 6 月 5 日.
[2] 见伯恩斯坦，前引。
[3] 矿业公司资本支出与折旧的比从 2001 年的 1.1 倍上升到 2012 年的峰值 3 倍。UBS，前引。
[4] 全球矿业过去 12 个月小型和中型股票发行金额由 2005 年的 10 亿美元增长到了 2011 年中的 300 亿美元，在 2014 年初又跌回到 20 亿美元左右（伯恩斯坦，前引）。
[5] 废金属消费从 2000 年的 4.01 亿吨增加到 2011 年的 5.73 亿吨。
[6] 一份最近的桑福德 C. 伯恩斯坦研究报告（同上）认为，铁矿石在建的新的产能占目前全球产量的 50%。
[7] 在到 2015 年 6 月的 5 年间，Fortescue 的股价下跌了 44%。

之而来的是投资增加和新进入者的到来，后者受过于乐观的需求预测的驱动；当供给增加而需求开始消失时，周期就开始反转了。

资本周期的反常

支持资本周期方法的最近事实证据就写到这里。那么金融教授们是怎么说的呢？在我十年前为马拉松公司的《资本账户》写导言时，在这方面还很少有学术作品发表。但最近，有好多论文观察到在资本支出和投资回报之间的负相关关系。那些资产增长最慢的公司股票表现要好于那些资产增长最快的公司，正如法国兴业银行的策略师安德鲁·拉普索恩显示的那样（见导言图1-2）。

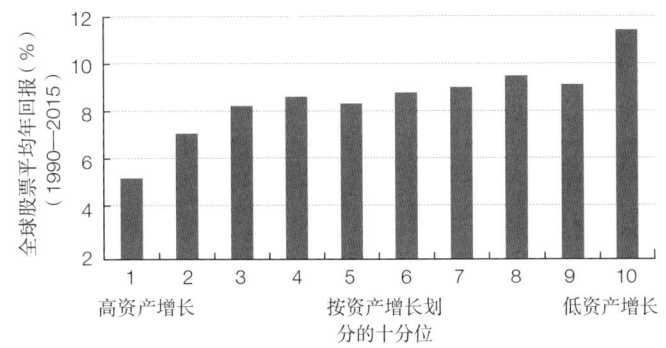

资料来源：法国兴业银行。

导言图1-2 资产增长与投资回报

现代金融理论认为，尽管市场是有效的，但某些因子——即规模、价值和动量——在历史上曾跑赢股票指数。诺贝尔奖获得者尤金·法玛和他的同事肯·法兰奇建议增加两个因子到他们的模型中去：利润和投资[1]。关于资本周期，法玛和法兰奇观察到，投资较少的公司回报更高。这一发现被称为"资产增长反常"。《金融期刊》中的一篇文章发现公司与资产扩张相关的行为——例如并购、新股发行和新的贷款——常常会伴以此后的低回报[2]。相反，与资产收缩相关的行

---

[1] 尤金·法玛和肯·法兰奇.五因素资产定价模型.工作报告，2014年9月.

[2] 迈克尔·库珀，侯赛因·居伦，迈克尔·希勒.资产增长与跨行业股票回报.金融期刊，2008.另见：谢丽丹·迪特曼，卫约翰和谢飞雪.资本投资与股票回报.金融与数量分析杂志，2004.谢宇航.通过Q理论解释价值因素：一个实证调查.工作报告，2007.以及S.P.科塔里，约翰逊·卢埃林，杰罗德·华纳.公司总投资行为.工作报告，2014年9月.

为——包括分立、股票回购、偿债和分配股利——常常会伴以此后正的超额回报。研究发现，公司资产扩张对股东回报的不利影响可以持续五年。

《金融期刊》的作者们得出结论：公司资产增长是比传统的价值（低市净率）、规模（市值）和动量（包括长期和短期）因子更强的决定回报的因子。其他金融经济学家们发现公司常常在其股票相对表现较好之后加大投资力度，但这些公司在此后会表现不佳。这表明资产增长或许解释了动量反转的现象[①]。

简言之，最近的研究正在趋于形成一个结论，即历史上观察到的价值股票的超额回报和增长股票的低回报并不独立于资产增长。这指向资本周期投资方法的一个主要观察：在分析无论是价值还是增长型股票的前景时，有必要考虑资产增长，包括公司层面和行业层面的增长。某位研究者甚至声称在区分了资本投资因素后，价值因子的效用就消失了[②]。

均值回归

"资产增长的反常"也可以从均值回归的角度来分析[③]。均值回归并不只是被动物精神的潮涨潮落而驱动。相反，它通过不同的投资率起作用。那些回报高于资本成本的公司倾向于多投资，而未能挣回资本成本的公司则正好相反。这点被本杰明·格雷厄姆和大卫·多德在价值投资的圣经《证券分析》（1934）中认识到：

一个公司股价存在溢价，是因为它可以用其资本挣到一个高的回报；这种高回报会引来竞争；通常来说，这种情况不太可能会一直持续下去。相反，一个公司的股价存在较大折扣，这是因为异常的低盈利。缺乏新的竞争，原有的公司从这一领域退出，以及其他自然的经济力量，最终将会改变这一情况，并且使投资回报恢复到一个正常水平。

投资驱动单个公司以及整个市场的均值回归。亚利桑那大学的一个研究者证明，在大多数发达国家（美国、欧洲、澳大利亚和远东）中，公司投资是整体盈利能力、股票市场回报，甚至GDP增长的一个显著反向指标[④]。例如，在20

---

① 克里斯托弗·安德森，路易·加西亚-斐鸠.资本投资，增长选项和证券回报的实证证据.金融期刊，2006.

② 谢，见前引。

③ 关于均值回归和资本周期的讨论.资本回报，P.28。

④ 沙尔曼·阿里夫.总投资及其后果.工作报告，2012年3月.这一研究的例外是中国香港、瑞士和瑞典。

世纪90年代末的美国股票市场泡沫中，投资占GDP的比例超过了长期平均水平。在泡沫破裂以及在繁荣年代的资本配置错误显现出来后，总投资和盈利都下降了，美国经济进入了衰退。

所有这些都表明，资产配置者应该把市值和资本周期结合起来看。通常情况下，两者齐头并进。但最近几年，美国股票市场的情况却令人费解。2010年起，美国股票从估值方面（例如，周期调整的市盈率）看起来较贵，在很大程度上是因为目前的利润超过平均水平（译者注：因而用股价除以长期平均利润得到的周期调整的市盈率显得较高）。然而，金融危机之后美国公司的投资却是毫无起色。由于缺了这个均值回归的主要驱动因子，利润停留在高位比预想得更久，美国股票市场也获得了非常好的回报[1]。中国提供了正好相反的例子：股价常常从价值角度看显得便宜，但投资和资产增长却一直处于高位，这导致了公司较差的盈利能力。

资本周期异常的解释

资本周期分析中观察到的市场非有效性可以从行为金融学的传统发现中获得解释——也就是，过度自信、基率忽视、认知失调、狭隘限定和外推的某种结合，是导致投资较多的公司表现落后的原因。这些行为因素又被代理问题所强化。扭曲的激励机制让投资者和公司管理层变得目光短浅，抵触资本周期分析。由于资本周期存在一些"套利的局限"，理性的投资者无法用其观点来对市场产生影响。

过度自信

为什么投资者和公司管理层对资本支出和未来投资回报之间的反向关系给予那么少的关注呢？简单的回答是他们过度关注于资产的增长。公司扩张激发管理层和股东的想象。这种对增长的错误迷恋反映在历史上高增长预期的股票（高估值）较差的业绩表现上。行为金融认为投资者（以及公司管理层）在做预测时容易过度自信。尤吉·贝拉曾经说过："做预测是困难的，尤其是关于未来。"正如我们所看到的，这对于预测未来的需求水平尤其适用。

---

[1] 这不是要否认美联储非传统的货币政策在这些年美国股票价格上涨中的推动作用。

忽视竞争

过度投资不是一种孤立的行为,它的发生是因为同一个行业的几个竞争者同时增加产能。当某个行业内的市场参与者通过增加产能来对预期的需求增长做出反应,他们没有考虑增加的供给对未来回报的影响。根据哈佛商学院罗宾·格林伍德和萨缪尔·汉森,"当公司收到其决策的后果的反馈存在时滞时,忽视竞争这种现象格外明显"[1]。《美国经济评论》中一篇论文的作者试图解释为什么那么多某一行业的新进入者会失败。他们发现管理层因为对他们自己的技能过于自信而忽视了竞争的威胁[2]。

这一忽视供给曲线向外侧的移动可以和另一个被称为"基率忽视"的常见行为特征联系起来。也就是说,人们在做决策时未能考虑所有可获得的信息的倾向性。就资本周期的运行而言,投资者侧重于当前(预测)的未来盈利能力,但忽视了回报赖以产生的行业资产基础的变动。有时候,这种倾向性演变成心理学家所称的"认知失调"——一旦决定采取某种行动,就故意忽视与此相悖的证据。

内部人观点

这种狭隘限定产生于决策者采用"内部人观点",这是心理学家丹尼尔·卡尼曼创造的术语[3]。当一个团体中的个体专注于"特定的场景并从其自身经历寻找证据"时,内部人观点便产生了[4]。就像投资策略师迈克尔·毛博欣(前美盛集团)写的:

内部人观点考虑问题时专注于手中的特定任务和信息,并根据该特定的输入值进行预测。这是分析师们在建模时最常用的方法,并且事实上普遍应用于各种形式的计划。相反,外部观点把问题看作是一个更为广泛的参照系中的一个个

---

[1] 罗宾·格林伍德和萨缪尔·汉森.船运价格和投资的波浪.NBER工作报告,2013年7月.关于过度投资现象,格林伍德和萨缪尔先生评论道:"市场参与者过度外推外生的给定现金流的模型在经济学中是广为人知的…但是在大多数行业中,现金流并不是外生的,而是内生性均衡的结果,这一结果受行业供给对需求冲击的反应的影响。公司过度外推现有的盈利水平,可能是因为(i)高估了行业面临的外生性需求冲击的持续性;(ii)未能充分认识到长期内生性供给对需求冲击的反应。"

[2] 科林·卡默勒和丹·罗瓦洛.过度自信和过多进入:一个实证方法.美国经济评论,1999.

[3] 迈克尔·毛博欣.死亡、税收和均值回归.美盛资产管理,2007年12月.

[4] 丹尼尔·卡尼曼.思考,快与慢.2011,P.247.

例。外部观点并不把问题当作是独一无二的，相反，它会问是否存在其他类似情况可以为模型提供有用的标尺。卡尼曼意识到这是一种非常不自然的思考方式，因为它要求分析师们把他们珍爱的所有挖掘到的与公司有关的信息搁置在一边。这正是为什么人们很少使用外部观点的理由。[1]

具有某一行业极为专业性知识的分析师往往容易采用内部人观点。他们假定他们的情况是特殊的。就投资分析而言，寻找相关的历史类似情况（例如，将美国21世纪初的房地产繁荣和日本20世纪80年代的房地产市场进行对比）就是一个采用外部观点的例子。前面引述的《美国经济评论》的作者在描写新进入者的失败的论文中写道："在内部人观点中，并没有特定职能去预测竞争者的数量或其能力。而在外部观点中，大多数新进入者失败了这一事实不能被忽视。"

外推

内部人观点与我们做外推的倾向有联系。行为金融——由卡尼曼和他已故的同事阿莫斯·特沃斯基创立的一个经济学分支——描述了我们如何"锚定"于眼前的信息，并且受我们最近的经历的过度影响（"近期偏差"）。另一种常见的思维捷径（heuristic）是倾向于从较小的样本中得出很强的结论。这些弱点强化了投资者线性预测的倾向，尽管事实上大多数经济活动都是周期性的——贸易周期、信贷周期、流动性周期、房地产周期、利润周期、大宗商品周期以及风险投资周期，当然了，行业资本周期。我们外推的倾向一定是与生俱来的。

购买盈利不振的便宜股票的价值投资者可以不受外推倾向的危害。正如一本最近的投资教科书的作者写的：

从行为经济学看，价值股票长期表现较好的原因在于投资者对未来多年增长率的过分外推。事实上，增长的均值回归比市场预测发生的更快，这使得增长型股票更容易令人失望[2]。

资本周期分析师认同上述说法，但需要加上关键的一条，均值回归是由供给侧的变化驱动的，这是那些只看量化指标的价值投资者容易忽视的。

---

[1] 毛博欣，前引。采用"内部人观点"的分析师的失败见下文3.1.食品换思考。
[2] 见：安迪·伊拉马宁.预期回报.2011，第12章.

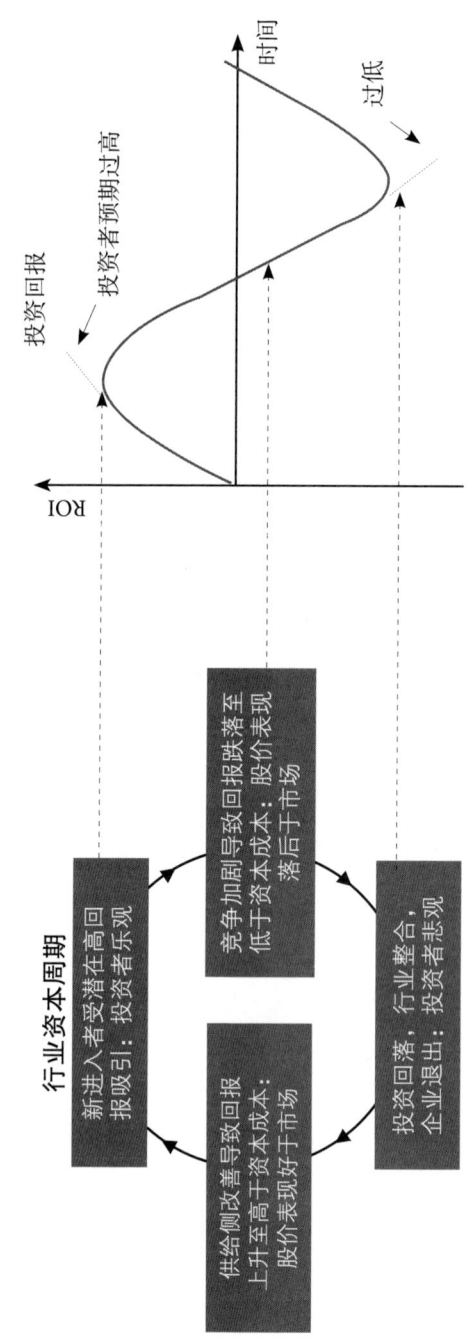

导言图1-3 投资者反应过度与资本周期

资料来源：马拉松公司。

扭曲的激励机制

扭曲的激励机制恶化了熟知的行为弱点。CEO 的薪酬通常是和短期业绩指标挂钩的，例如年度每股盈利或股东回报变动。股价通常对重要资本支出公告做出积极反应[①]。经常投资的公司常常获得更高的估值。资产高增长的公司常常表现出正的动量[②]。管理层薪酬还常常是和以收入或市值衡量的公司规模联系在一起的。这样，扭曲的激励机制就会让管理层热衷于增长而忽视长期的负面后果。有证据表明，拥有较多股份的管理层更可能会削减占用的资本——通过股份回购——如果他们找不到太多有利可图的投资机会。

薪酬与短期业绩挂钩的投资者也同样易于短视。驱动资本周期的投资银行家——通过债券和股票发行以及发起 IPO 来为投资筹集资金——的薪酬是根据其带来的收费而不是根据其筹资行动可能给其客户或股东带来的结果。投行分析师就像啦啦队一样，他们的薪酬是和由股票交易带来的投行佣金挂钩的。他们也同样对长期结果没有太多兴趣。

囚徒困境

博弈论还可以解释一个行业内的过度投资。一个具有高利润的企业的管理层面临的问题和囚徒困境有点类似。假设一种情况，其未来需求的增长可以支持一个参与者有利润的扩张，但无法支持更多的参与者。如果好几个参与者同时扩张其业务，他们的总利润会在未来的某个日子下降。在这种情况下，从集体理性的角度看，参与者不应该做任何扩张——因为只有一家能获利。如果行业是竞争性的或者进入壁垒较低，某一个参与者就会有动机去打破格局获取扩张的成果。其他参与者可能不得不跟进，因为他们无法忍受竞争对手超过他们而想保护市场份额。这样，过度的资产增长可能是由于在行业内缺乏合作行为而引起的（见 1.1 合作的演进）。

---

① 见：迪特曼，前引。
② 见前引。

套利的局限

如果资产高增长的公司持续地表现不佳,那么为什么聪明的投资者不卖空这些股票呢?或者,如果他们受到卖空的限制,至少不做多呢?答案在于高增长公司的股票常常有很高的波动性,而做空波动性的代价非常高昂——正像20世纪90年代末做空互联网和科技股的投资者发现的那样。此外,资产高增长的公司常常具有很高的市值——就像90年代末的电信公司以及最近的全球矿产公司一样。那些回避购买资产高增长的股票的投资者可能会被迫做与股票指数相反的很大对赌。短期业绩不佳可能会产生唯一让职业投资者晚上无法入眠的风险——"职业风险"[①]。还需要知道的是,资本周期长短不一,没有人能够提前知道周期什么时候会反转。这种不确定性构成了套利的另一个局限。马拉松公司的私人股权结构以及长期客户关系使得公司能够采用一种长期方法,并且对偏离指数有更多容忍,这对运用资本周期是必须的。

资本周期分析的基本原理

马拉松公司的方法关注的投资机会既包括价值型也包括增长型股票,就像通常定义的那样[②]。这些机会之所以产生,是因为市场常常搞错利润向均值回归的速度。对于"价值"股票来说,赌的是盈利会比预期更快反弹;而对于"增长"股票来说,盈利可以比市场预期的更久地停留在高位。

关注供给而非需求

既然未来是不确定的,那为何马拉松公司的方法会更好呢?答案在于大多数投资者把他们大部分时间用于试图预测他们跟踪的公司的未来需求上。航空业分析师会试图回到下面这个问题:2020年全球长途飞行数量会是多少?全球

[①] 见埃里克·拉姆和魏约翰.套利局限,投资摩擦和资产增长异常.金融经济期刊,即将出版。哈佛大学的安德烈·施莱佛和罗伯特·维什尼证明当理性的投资者面临过高成本时,例如,卖空波动性高的股票,市场将变得无效。他们杜撰了"套利的局限"一词来描述这一现象(见同名论文,《金融期刊》,1997)。拉姆和魏声称,资产高增长和此后的回报之间的负相关对于那些难以套利的股票尤其明显,因为它们具有高市值,更高的交易成本,或更高的波动性。

[②] 见下文,2.1 引以为戒的标签和2.7 增长中的价值。

汽车策略师会试图预测中国15年后对轿车的需求。没有人知道这些问题的答案。长期的需求预测很可能产生大的预测误差。

然而，资本周期分析关注供给而非需求。供给的前景比需求的不确定要小得多，从而更容易预测。事实上，行业总供给的增加常常是可以提前知道的，而且会在行业的总资本支出发生变化后按不同的时滞——取决于具体的行业——到来。在某些行业，例如飞机制造和造船业，在产的供给是广为人知的。由于大多数投资者（以及公司管理层）将其时间更多地花在思考行业的需求态势而非供给变动上，股价常常无法预测不利的供给冲击[①]。

分析一个行业内的竞争格局

从投资的角度看，关键在于投资是由供给侧的变化决定的。当竞争格局恶化时，一个公司的盈利能力受到威胁。资本周期下行阶段的特征是行业的碎片化和新增的供给。资本周期分析的目的是早于市场发现这些变化。新进入者大肆鼓吹其进入一个行业。一个热门行业内一连串集中的IPO是一个预警信号；和债务增加一样，增发股份是另一个预警信号。相反，对竞争态势的关注会让投资者注意到那些供给侧情况良好的公司能够维持利润比市场预期更久的机会。对竞争态势和供给侧变化的理解还能帮助投资者规避价值陷阱（例如2005—2006年美国房地产股票）。

小心投资银行家

资本周期分析师特别警惕投资银行的活动，以及后者的内部鼓动家——券商分析师的工作[②]。除了为他们自己创造收费以外，投资银行的主要经济功能是为资本饥渴的企业提供融资——通过这一工作他们可以收取很高的费用。人们

[①] 几个基于会计的指标提供了关于资本周期的洞察。如前面所述，资产增长最快的股票一般表现不佳。当一个公司的资本支出相对于折旧超过其平均水平时，这可能是一个资本周期恶化的信号（见1.4 超级周期的悲伤和第一章 资本周期革命）。报告盈利和自由现金流之差日益扩大是另一个预警信号（见1.7 石油巨头之忧）。赫芬达尔指数提供了一个衡量行业集中度的统计指标，它可以反映竞争态势的变化。事件信号被证明在衡量资本周期上是同样有效的。当一个公司开始建造一个宏伟的新总部大楼时，这通常是一个坏的信号（见4.9 触礁）。

[②] 关于这点的一个幽默描述，见第七章。

支付银行家报酬是为了让他们来推动资本周期，而不是为了让他们来担心资本扩张可能对其客户产生的长期不利影响。

券商对超过其短期利益的资本周期关注甚少。相反，他们把时间花在预测下一个季度盈利上，这有助于产生交易和佣金，他们有时也会"越过防火墙"去帮助他们投行部的同事推销一只新股票的发行。事实上，券商从来不擅长预测资本周期的变动。

本杰明·格雷厄姆写道："很少有券商能够根据一系列令人信服的证据，研究提出某个流行的行业即将衰落或者某个没落的行业即将开始繁荣。华尔街关于未来的看法臭名昭著地不可靠……（特别是在）预测各不同行业利润走势时。"

然而，券商在分析资本周期上持续不断地犯错并不意味着所有的努力都是徒劳的！好的资本周期分析师天生就是逆向投资者并且常常对华尔街的迷魂曲持怀疑态度。

选择好的公司管理层

马拉松公司喜欢重复沃伦·巴菲特的两句话。第一句大致是说大部分CEO之所以能爬到公司的顶层是因为他们"在诸如市场营销、生产、工程——或者某些时候，在机构政治等领域比较擅长"。但他们或许不具备管理者应该具有的资本配置的能力。在奥马哈的先知看来，资本配置的技能是必须的，因为"如果一个CEO在其任职期间内每年公司保留盈余相当于公司净值的10%，则任职十年后，这个CEO配置的资本就超过了公司全部资本的60%"（译注：假设第一年初资本为100，第一年保留盈余为10，则第二年初资本为110，第二年保留盈余为11，第三年初资本为121……第十年末的资本为259；累计保留盈余为159.4，占259的61.5%）。资本周期分析要求有敏锐的眼光来分析管理层配置资本的能力。马拉松公司花了大量的时间会见和提问管理层以达到这一目的（见3.8 思想的会晤）。

泛行业分析师可以成为更好的资本周期分析师

行业专家易于采用"内部人观点"。迷失在大量细节中，行业专家常常最终会只见树木不见森林。例如，他们会花大量时间比较在其行业内公司的业绩和前景，但结果却未能看到行业整体正在面临的风险。马拉松公司更愿意使用泛行业分析师，后者更不容易犯"参照组忽视"的错误，而能更好地理解跨行业的资本周期动态。

运用长期方法

资本周期分析和价值投资一样，都需要有耐心。一个行业的资本周期需要较长时间才能完成。NASDAQ 的泡沫始于 1995 年，但直到 2000 年春天互联网泡沫才最终破裂。新的供给的到来在不同行业有不同的时滞。正如我们所看到的，一个新矿的投产可能需要将近 10 年时间。马拉松公司最早警告新增矿业投资的危险是在 2006 年 5 月（见 1.3 这次没什么不同）——但在金融危机的反弹之后，又过了 5 年大宗商品超级周期才开始反转。马拉松公司的长期投资纪律，以及它极低的组合换手率，非常适于运用资本周期方法。

资本周期失灵

资本周期分析需要耐心，一定程度的坚持不懈（愿意错很长一段时间）以及逆向的思维模式。一旦周期反转，行业内的过度产能显现，事情的发展变得好像不可避免。这是后知之明的偏差。这时，结果似乎从未如此确定过。此外，有时资本周期的正常运转也会失灵。在过去二十年里，互联网在广告业（黄页）、媒体（报纸）、零售（书店）以及娱乐业（音乐和录像出租）摧毁了很多确立已久的商业模式。忽视新技术破坏性影响的投资者赔了钱[①]。在政策制定者保护行业（见 5.4 破产的银行和 5.5 边缘地带）以及在国家资本主义——正如在当代中国（见第六章 中国综合征）——的情况下，资本周期也停止了正常运转。

资本周期分析的信条

资本周期分析的精华可以被简化为以下主要信条：

- 大部分投资者在分析需求上比分析供给花更多时间。但预测需求比预测供给更难。

---

① 马拉松公司的经历见 5.6 资本惩罚的脚注。

- 供给变动驱动行业盈利性。股价常常未能预见供给侧的变动。
- 价值/增长的二分法是错误的。供给侧存在支持的行业内的公司有理由获得更高的估值。
- 管理层资本配置的技巧是首要的,和管理层的会晤常常能提供有价值的洞察。
- 投资银行家推动资本周期,在很大程度上损害了投资者。
- 当政策制定者干预资本周期时,市场出清过程可能会停滞。新技术同样会打断正常的资本周期的运转。
- 泛行业分析师可以更好地运用资本周期分析所必需的"外部人观点"。
- 长期投资者更适于运用资本周期方法。

本书简介

我按以下顺序排列马拉松公司《全球投资回顾》中的文章:

第一章 资本周期革命:这一章观察资本周期在从捕鱼业到风力发电机等一系列行业中的运转。正如前面所提的,当高盈利引起资本支出上升时,资本周期就进入了危险的阶段,正如最近这些年在矿业和石油行业发生的情况一样。在这些案例中,矿业公司资本支出对折旧比的上升以及能源公司现金转换率的下降为投资者亮起了一盏红灯。当低盈利引起行业整合时,资本周期就进入了一个良性阶段,正如在21世纪之初全球啤酒行业经历的那样。除此之外,当行业内的参与者停止激烈竞争并且开始学着合作时,资本周期也会朝有利的方向变化。

第二章 增长中的价值:这一章中的文章摆脱了传统的增长价值二分法。马拉松公司拒绝"价值投资者"的标签,这一界定通常和购买按会计指标看便宜的股票相联系。相反,马拉松公司的目标是要寻找具有较强竞争优势但价格低于内在价值的股票:这些公司可能受益于网络效应,占有安全的利基市场,牢牢地嵌入某一行业的供应链之中,或者因其产品通过更关注产品质量而非价格的第三方销售从而享有定价权。马拉松公司认为具有较强"护城河"保护的公司有理由获得更高的估值。如果行业的供给侧能够提供支持的话,那些只有很少或没有盈利,具有很高估值的高增长公司,例如亚马逊公司,仍然可以成为很好的投资。

第三章 管理层很重要:从中期看,公司的业绩取决于管理层配置资本的质量。因此，投资者通过和管理层会面来评价其资产配置的技能就很重要了。马拉松公司认为可以从和CEO的会晤中了解到很多情况——那些坐着私人飞机到处飞的、把时间花在建造奢侈的新公司总部的或者贪婪而空虚的CEO们，通常只会给股东带来糟糕的回报。最优秀的管理层，例如芬兰三普集团的比约恩·瓦尔罗斯，理解他们所处行业的资本周期，并以逆潮流的方式进行投资。

第四章　酝酿中的灾祸：金融危机让大部分人感到震惊。但是银行也可以从资本周期的角度进行分析。当银行的资产（贷款）快速增长时，这通常是一个负面的指标。在雷曼倒闭前的几年里，马拉松公司的专业投资者们和多家银行有过会晤，并日益为他们所观察到的情况感到担心——特别是盎格鲁爱尔兰银行，它的倒塌危害了爱尔兰的国家主权信用。一家欧洲的银行，瑞典商业银行，树立了一个如何克服现代银行业许多内在缺陷的典范，这些缺陷包括资产负债错配和长期的短视机会主义。

第五章　活死人：政策制定者通过降低利率和支持受到冲击的行业，例如欧洲汽车厂商，来应对金融危机。他们的活动干预了创造性毁灭的经济进程。低回报的企业在低利率时代仍然能够存活，这造成了一种可能，使得欧洲进入"僵尸"资本主义时代——和日本失落的几十年类似。低利率还鼓励投资者追求收益率，这可能会造成未来某个时候的资本损失。

第六章　中国综合症：很多投资者认为经济增长带来投资回报。但是中国股票市场自从20世纪90年代早期重新开张以来的回报是非常不理想的——尽管有时不时的泡沫产生。中国股票糟糕的回报在很大程度上是中国高投资的增长模式的结果，这一增长模式依赖廉价资本、债务豁免和永不停止的资产增长。很多中国的IPO是大型国有企业分拆一部分上市，通过美化财务报表来人为制造利润，这进一步损害了投资者的利益。

第七章　华尔街的内心世界：如前面所述，马拉松公司一直对现代投资银行家持怀疑态度，因为他们把收费（和奖金）置于所有其他事物之前。本书以一个发生在华尔街的讽刺故事作为结尾。故事描述了一个虚构的投资银行家——斯坦利·切恩（格瑞德斯宾投资银行的负责人）——的古怪行为。任何与真实的银行家和真实的银行，无论是死的还是活的，的任何雷同均属巧合！

上部

投资哲学

CAPITAL RETURNS 资本回报
穿越资本周期的投资：
一个资产管理人的报告 2002—2015

第一章　资本周期革命

　　下面的文章描述了资本周期在从鳕鱼捕捞业到全球啤酒酿造业和风力发电机厂商的不同行业内的运转。将这些文章联系起来的一个共同主题是理解竞争——或供给侧——如何随时间演化的重要性，以及它在决定行业和个别公司资本回报中的作用。此外，某些文章强调了监管的不良影响以及技术对特定行业资本周期的潜在破坏性影响。理解资本周期有助于发现和规避投机泡沫。很多时候，高回报吸引资本，引起过度竞争和过度投资。例如，过去几年在资源采掘领域爆发的波澜壮阔的资本支出。有4篇文章描述了过去10年在矿业和油气领域日益增长的投资对股东造成的危害。

1.1 合作的演进（2004年2月）

行业内的不稳定可以创造有利于提高未来回报的环境

1980年，美国政治科学家，《合作的演进》的作者罗伯特·阿克塞尔罗德，邀请博弈论专家来参加这一领域内最著名问题——囚徒困境——的重复博弈[①]。阿克塞尔罗德发现"针锋相对"或"礼尚往来"的政策在长期看是最成功的策略。他指出第一次世界大战时期堑壕战中耐人寻味的"针锋相对"案例。当英德两国部队被驻扎在彼此对面较长时间后，心照不宣的休战就自然产生了。如果一方违反约定，受损失的一方会进行报复，在此之后休战又会继续。

从投资者的角度看，在基础行业中类似的合作对股东价值创造非常重要。困难在于找到合作行为得以存在或演化的条件，并且回避那些合作无从发生的行业。对于逆向投资者而言，糟糕的行业历史回报可以代表潜在的机会，因为当公司不得不做资产负债表修复时，合作行为更有可能产生。正如美国经济学家，《稳定不稳定的经济》的作者海曼·明斯基观察到的，金融稳定具有不稳定性，因为它引起了各种过度行为；同样地，从资本周期的角度看，不稳定可以创造稳定的条件。

对我们来说，理想的资本周期机会常常存在于从过度竞争的环境中演化出少数几个大型参与者实施所谓"价格纪律"的环境中。参与者数量较少很重要，因为报复（例如降价）在主要价格制定者手中是更有力的武器，尽管也需要价格壁垒来阻止机会性的进入者来利用任何价格保护伞。

某些行业演化出了寡头垄断的行业格局，存在潜在有利的资本周期，但仍持续产生糟糕的回报。部分原因在于"针锋相对"策略只有在该策略可以被恰当地辨识出来时才可能奏效。例如，在汽车行业中，在每日的竞争战中存在太多

[①] "囚徒困境"涉及两个被分开审讯的囚犯，每个人都被诱惑去背叛对方。如果一方背叛另一方而另一方保持沉默，则告密者可以获释而保持沉默者则会受到严惩。如果双方均背叛对方，则每一方都会受到严惩。如果双方保持沉默，则每一方会受到较轻的惩罚。在单次博弈中每一方的理性选择都是背叛对方。在博弈进行若干次的情况下，会产生一个"针锋相对"的成功策略，在这一策略中每一次背叛都会受到报复。

的噪声。汽车生产商不仅需要决定价格，还需要决定规格、客户融资条件、新型号推出、服务和保修条款等，这引出一个令人费解的结论：产品差异化可以成为阻碍取得超级回报的障碍。对比钢铁和纸业生产商，这两者的产品相对没有差异。

政治也会阻碍资本周期的运转。例如，在欧洲汽车行业，大众有很多年都采用市场份额策略。在大众，下萨克森州（最大单一股东，持股18.2%）采用的更多是利益相关者而非股东的立场，并且总是关注本地就业情况。在航空业，保护"国家龙头企业"的习惯在欧洲还没有消亡。

交易频率是另一个容易引起误解的因素。例如在航空业中，定价权被下放到基层管理人员，这使得竞争环境变得极其恶劣。这可以和欧洲的汽车玻璃行业进行对比。那里只剩下拥有长期供给合同的三个公司，新增产能的决策不太频繁，并且提前会有清晰的信号。

阿克塞尔罗德在其囚徒困境重复博弈中，将"针锋相对"策略的成功归因于所谓的"未来的影子"，后者会对当前博弈的决策产生影响。如果参与者认为竞争对手在未来的博弈中会进行报复，那么他们就不太可能在当前的博弈中选择背叛。第一次世界大战中的将领们被他们采取"生存以及让别人生存"策略的部队激怒，他们意识到改变行为的办法是去除"未来的影子"。办法就是缩短部队在某一特定堑壕驻扎的时间，这样做会让士兵们更难和对方士兵建立起（不）交火的合作规则。那些管理层能够显示他们将如何对竞争行为做出反应从而来延长"未来的影子"的行业就是比较好的行业。

生物进化通过自然选择起作用，合作的进化也一样。就业和反垄断的考量影响了这一过程的有效性，最著名的就是《破产法》第十一章的破产保护。此外，我们在以前就观察到退出壁垒的实施会如何引起"不适者生存"。同样在更广泛的宏观经济层面，美联储低利率的政策——用房屋/信贷泡沫来取代投资/科技泡沫——（到目前为止）已经阻碍了很多自然演化的进程。但那是另一个故事……

一个基础行业如果只有很少的参与者，有理性的管理层和进入壁垒，没有退出壁垒，有不复杂的接触规则，那么这个行业就是公司选择合作行为的理想环境。找到目前上述条件存在的行业相对简单（只要看一下当前的资本回报），出于这个原因，真正吸引人的投资回报会在那些正在向这一阶段演进的行业中找到。资本周期视角的快乐在于，由于各种行为学上的原因，大部分投资者都只是事到临头而措手不及。在很多竞争性的战场中，我们总是在寻找下一段和平的开始。

1.2 鳕鱼哲学（2004 年 8 月）

鳕鱼捕捞行业提供了一个资本周期运作直到
政府干预的绝佳例子

喜欢思考的投资经理或许会把查尔斯·埃利斯的《资本：优秀长期投资的故事》作为他们今年海滩度假时的读物。然而，我们今年选择的假期读物却是马克·克兰斯基的《鳕鱼》。在这本美妙的书中，马克·克兰斯基从社会历史学和美食家的角度对鳕鱼捕捞和加工业的兴衰做了描述。书的形式是一本烹饪游记，配以菜谱。菜谱读起来非常诱人，但我们的建议是从资本周期的角度去读这本书；这样这个行业的兴衰就变得更有趣了。

尽管可以说海里总是有很多鳕鱼，但是鳕鱼贸易的受益者却总是在变。以下是从投资者的角度对这本书的一个简述，非常抱歉克兰斯基先生，我们这样来解读您的作品。

人们喜欢鳕鱼是因为它蛋白质含量高，但油和脂肪含量低。在新鲜的时候，鱼肉很容易从鱼骨上分离，因此便于加工。烘干之后，水分蒸发，剩下的成分有 80% 是蛋白质。几乎整条鱼都可以利用：在冰岛，人们把内脏用作化肥，甚至鱼骨都可以在牛奶中泡软后喂婴儿。鱼很大又很容易捕获——它太容易捕获了，以至于钓鱼的人对它毫无兴趣。鳕鱼的市场从北美一直延伸到欧洲和加勒比海。在捕捞业，鳕鱼就是钱的所在（或者至少以前是这样）。

在 16 世纪早期，葡萄牙渔民非常珍视鳕鱼，以至于驶入纽芬兰去捕鱼再卖到西班牙的巴斯克市场。这段航行并不容易，克兰斯基写道："欧洲的雄心远超过当时的技术水平,在更好的船只和更先进的航海技术出现前,船只失事和失踪是这一新的冒险的习以为常的成分。"我们有理由认为鳕鱼的价格一定体现了这种困难,价格至少应该能支撑整个行业的发展。在16世纪中叶,欧洲吃的鱼里有60%都是鳕鱼,这一比例维持了几乎两个世纪没有什么变动。

为了让鳕鱼能经过长途运输到达市场,人们把鳕鱼去除内脏,晒干并用盐处理。由于在小的以帆作为动力的渔船上空间有限,鳕鱼的处理都是在港口进行的。有用来晒干鳕鱼的天然裸露的岩石石板的港口在鳕鱼渔场附近和纽芬兰都有。新英格兰和冰岛海岸就成了海上渔场和欧洲家庭之间自然的节点了。结果就是鳕鱼加工业的兴起,"只要很少的资本,没有特定技能的人们都发了财"。然而,体系中的节点,也是超额利润发生之所在,并没有长期停留在渔港,因为这些港口太小了,以至于无法停泊跨大西洋的货轮。相反,瓶颈自然转移到了最近的有着中央市场的大港口,这在新英格兰就是波士顿。

直到美国革命,英国对马萨诸塞州的贸易垄断权要求殖民地只能把波士顿腌鳕鱼出售给指定的英国港口。但英格兰有它自己的鳕鱼捕捞业,并且喜欢吃新鲜的而非腌过的鱼。新英格兰鳕鱼的市场是在欧洲大陆,特别是在西班牙巴斯克地区和葡萄牙。因此英国政府对非法贸易睁一只眼闭一只眼,新英格兰的商人将腌鳕鱼直接卖到欧洲以交换货币和物资,并把质量较差的鱼肉屑卖到加勒比地区以换取糖浆。

这样一个三向贸易就形成了:船只将新英格兰鳕鱼运到欧洲,将非洲奴隶运到加勒比地区的甘蔗种植园,把加勒比糖浆运到新英格兰地区新建立起来的朗姆酒厂。到了18世纪,这一三向贸易在鳕鱼的驱动下,把新英格兰地区从一个充斥着饥肠辘辘的殖民者的偏远殖民地发展成了一个满是"鳕鱼贵族"的国际化的商业中心。

这一状态一直维持到技术开始跟进,或者至少3种技术被结合在一起发挥作用。第一个技术是克拉伦斯·伯兹艾(此外还有谁?)在20世纪20年代发明的:在经过一系列家庭试验之后,包括让其妻子恼火的将活梭鱼养在家里的澡盆里等,成功地发明了食品冷藏技术。第二个是蒸汽驱动的拖网渔船,它比早期帆驱动的船更大更有效率,在理论上可以把海里的东西都捞干净。第三个是声呐,它使人们第一次可以准确地定位鳕鱼群,并且到了20世纪 30 年代就成了英国船上的标准配置。一旦食品冷藏技术被运用到蒸汽驱动的拖网渔船上,就不再需要驶入原来的港口去处理鳕鱼或向波士顿市场支付佣金了。相反,西班牙渔船在纽芬兰沿岸捕鱼,并直接把鲜鱼运到法国的拉罗谢尔港。原先的港口和波士顿市场因此走入了衰退。

然而,新的设备价格昂贵;当然,那些"没有资本的人"无法进入该行业,而那些留下了的人则举借大量债务以保持竞争力。每一个人的财务动机都是去捕捞更多的鱼以偿还债务,过度捕捞变得非常普遍。随着鳕鱼价格的下跌,渔民们陷入了"囚徒困境",并选择去捕捞更多的鱼。围绕着捕鱼权的"鳕鱼战争"爆发了,行业陷入了困境。

第一个对"鳕鱼战争"进行干预的政府是冰岛,它声称对其海岸线 1 千米以内的水域拥有主权,然后是 4 千米、50 千米,到 1973 年则变成了 200 千米。在效果上是把这片水域国有化以支持本地企业并把外国渔船赶走。加拿大、美国和欧洲各国政府没有其他选择,也纷纷跟进。很快,北大西洋被瓜分为 4 个专属区,并设置了捕鱼限额以恢复枯竭的鱼资源。

从资本周期的角度看,干预是一场灾难。正常情况下资本会离开该行业,产能会缩减,价格会上升直到恢复经济回报。相反,政府通过征税筹集资金来支持该行业,结果使行业产能维持在较高的水平,而鱼价则较低。更为糟糕的是,配额体系管理起来复杂,执行起来困难,并且常常失败。据报道,加拿大渔场每挣 1 美元政府都需要在行业内投资 3 美元,这也算是创了官僚机构低效率的纪录了。

在大约 150 年的时间里,鳕鱼捕捞和加工业经历了超额利润由港口挣得,再到市场挣得,然后由食品加工者挣得,最后到鳕鱼消费者成为行业的主要受益者的过程。这一过程的主要驱动因素是技术成本的下降,它消除了行业过程中节点的超额利润。

正是因为这个原因,马拉松公司的研究不仅关注一家公司盈利能力的高低(节点的规模——波士顿港口的容量有多大?),还关注其可持续性(为什么要停靠在波士顿?)。持股越久,可持续性越重要,因此我们总是专注于那些能够控制其节点的公司。耐克公司 10 亿美元的媒体预算是否充分?伊森艾伦的广告支出是否足够?英维斯集团的研发是否是专有的?对于那些对其终端控制较少的公司,我们侧重于行业的供给侧是否有迹象表明竞争在加剧。泰国水泥行业是否又开始扩张了？禧玛诺是否日益受到利基市场竞争者的威胁？

让鳕鱼业利润消失的资本周期进程在整个经济中都能观察到：从转炉炼钢法出现到联合炼钢厂行业利润的消失用了大约70年时间，后者主要是由于轻资产的小型炼钢厂的竞争。大型连锁超市用了30年时间让百货商店风光不再。在半导体行业，超额利润在不到两年的时间内就被榨干了。投资者现在的问题是：在媒体分销业、电信和网上拍卖行业，这一进程会有多久？这些企业中哪些会成为21世纪的纽芬兰渔场和波士顿鱼市？

1.3 这次没什么不同（2006年5月）

高昂的大宗商品价格引起了供给侧的反应

如果最近的新闻报道可信的话，那么法国铁路的信号员目前日子不太好过。他们不得不对付史无前例的偷盗信号铜缆事件，包括架在空中的和埋在地里的铜缆，因为最近铜价的上涨引起了小偷的注意。仅一段铁路就报道被偷了7吨铜。同时，在英国，皇家铸币局警告人们不要想去熔化他们的分币，因为后者所含铜的价值就比货币本身的价值要高。这些奇怪的现象是过去几年大宗商品价格普遍上涨的结果。自2001年底以来，铜价上涨了6倍，而其他金属——包括铁矿石、锌、铝和黄金——的价格也飞涨。

繁荣的部分原因来自于新兴市场，特别是中国和印度的需求，这两个国家经济快速增长，有大量建设活动，而生产效率相对较低。据说一个大宗商品"超级周期"正在进行之中①。供给受到了20世纪90年代中后期投资不足的限制，那时大宗商品价格很低。看多大宗商品的人说这次周期和以往的不同，因为更好的投资纪律应该能够对供给侧有所控制。此外，采矿设备也存在短缺（这是

---

① "大宗商品超级周期"一词最早出现在摩根斯坦利2004年3月的报告中，那时正是大宗商品牛市启动的时候。

目前矿业公司常见的一个抱怨）。最近的一个投行报告声称日益上涨的采掘成本——据说成本在过去两年上涨了30%——意味着不断上涨的大宗商品价格，因为矿业公司能够持续地要求更高的价格。这就是牛市中的循环逻辑。

大宗商品价格的上涨自然引起了华尔街的兴趣。资产配置专家声称，大宗商品应该成为每个投资组合中关键的一个部分。对冲基金现在也成了大宗商品专家。银行计划将其大宗商品交易员的数量翻倍，有很多关于大宗商品交易员（他们在几年前或许找不到工作）获得了七位数签约奖金的令人喘不过气来的报道。好几家投资银行开发了大宗商品的专门指数，毫无疑问，他们用这些指数来开发衍生品然后卖给客户。在马拉松公司，我们收到了大量大宗商品特定领域内古怪会议的邀请（伴随着风电、太阳能、碳排放会议的邀请）。大宗商品相关基金的日益流行表明众所周知的跟风者，个人投资者，正在加入到这一活动中来。

一个简单的经济分析表明，一些大宗商品的价格快速上涨是不可持续的。以铜为例，目前的生产成本是每磅 0.8 ~ 0.9 美元，边际生产成本在这以上，假定是每磅 1.2 美元。但目前的价格是每磅 3.6 美元，是生产成本的 3 倍（5 年前，铜价只有每磅 0.6 美元）。不可能看不到是投机在起作用，因为对冲基金和其他非工业的买家推高价格，希望能在价格下跌前卖出。

大宗商品看多者将高价归因于供给不足，声称需要维持高价来刺激投资用于生产。和往常一样，可以肯定新增的供给一定会在某个时候到来[①]。的确，矿业公司对价格变动的反应和大家预期的一样：一开始他们对价格上涨有点怀疑，但后来他们就开始大肆投资以带来新的产能。2003—2005 年采矿成本翻倍。这些新增资本开支中的很大一部分是不得不承担更高的生产成本的后果，但不是全部。事实上，某些矿业公司相信会有足够的铜的供给到来，在几年内市场上会出现相当大的供过于求。供给瓶颈并不会永远存在。

需求是方程式的另一半。中国的需求的确增长很快，但要知道这一需求能外推多远则很困难。我们可以说的是：一般来讲，随着经济的发展，一国对原材料的使用会更有效率，因此如果这一规律在中国也缓慢发生，我们不应该感到太惊讶。事实上，中国政府说过他们希望在未来更多地转向一个以服务为基

---

① 世界钢铁协会预测全球铁矿石产量会在 2002—2013 年翻倍。

础的经济。减缓中国经济的努力会对需求产生同样的影响，但作用会更快。同样有理由预期大宗商品价格持续上涨会对需求产生不利的影响，正如20世纪70年代高油价迫使工业提高能源利用效率一样。这在德国已经发生了，随着建筑业转向使用更便宜的PVC塑料，那里对铜管的需求据说在过去几年已经从9万吨下降到了4.5万吨。

随着资本周期在大宗商品领域的展开，或许有必要强调另一个最近的小泡沫的后果：即集装箱航运业。这里，几年前我们也同样被许诺一个"超级周期"，因为此前的投资不足造成了新船的短缺，而中国经济的快速增长引起了船运业需求双位数的年度增长。我们的确收到了古怪的集装箱运输研讨会的会议邀请。受这些"一辈子只一次"的情况的影响，船运公司在2005年中进入了并购的繁荣期。船坞全力生产，订单预订到未来好几年。可以预见，这一狂热标志着周期的见顶，海运费率（以及船运公司股价）已经开始快速下降，而供给还会持续增加①。这会不会预示着同样的事也会发生在大宗商品的世界？

1.4 超级周期的悲伤（2011年5月）

大宗商品行业正在显示资本周期见顶的经典信号

对大宗商品行业的一个粗略资本周期分析——特别是近年来巨额的大宗商品资本支出，以及中国对原材料需求的危险性质——告诉我们大肆炒作的大宗商品"超级周期"正在走向下行。

资本周期始于几年前，当时大宗商品价格的上涨引起了矿业公司股本回报的显著改善。起初，矿业公司对其行业环境改善的反应还是相当有节制的——

---

① 根据克拉克森研究，新建干散货船订单从2004年的3300万吨上涨到2007年峰值的1.64亿吨，到2009年又下跌至3100万吨。波罗的海干货指数，一个主要原材料海运成本的综合指数，在2008年5月峰值为12000美元。6个月之后，它下跌了94%，跌到663美元，到2014年末，这一指数只是略微上升至782美元。

在21世纪初期,随着大宗商品价格的上涨,资本支出相对于现金流有一定的下降。那时在股票市场也没有泡沫。矿业公司的股价表现很好,因为基本面从来没有那么好过。

坏消息则是大宗商品行业正在显示经典的资本周期的顶部——高投资回报正在吸引更多的资本和更高的股价,导致更多的并购和IPO。MSCI全球股票指数中124家矿业公司的全部资本支出,预计到2011年会上涨到1800亿美元的天文数字,而10年前才仅是300亿美元——增长了6倍(见图1-2)。

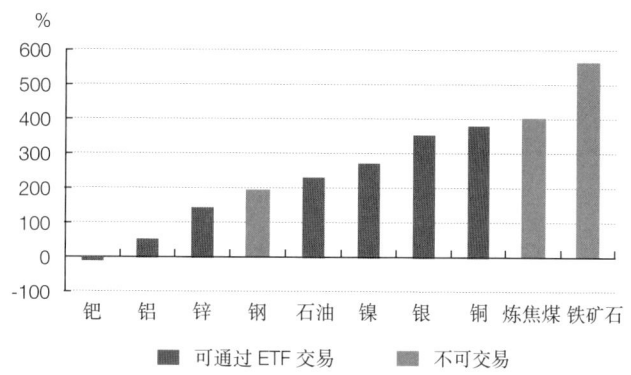

资料来源:Macquarie。

图1-1 大宗商品名义价格的变化(2001—2010)

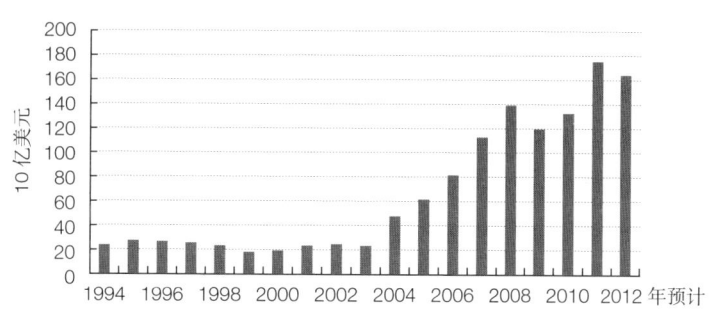

资料来源:Factset,彭博,马拉松公司。

图1-2 MSCI全球股票指数中矿业公司的资本支出

所有这些投资的影响都存在一个时滞。然而,在隔了几年以后,矿业公司资本支出的上涨,把产量推到了一个新的高峰。美林预计在2000—2014年,全球镍产量从大约 1000 吨上升到了约 2000 吨（上涨 100%），铜从约 15000 吨上涨到超过 20000 吨（上涨 33%），铝从约 25000 吨上涨到超过 50000 吨（上涨 100%），最厉害的是全球铁矿石的产量，从 21 世纪初的 10 亿吨上涨到 2014 年的 22.5 亿吨，10 年就上涨了 125%。

矿业运势的变动未能逃脱投资银行家的关注，后者一如既往地把更多矿业主题的 IPO 带到了市场上。在 2005—2010 年，金属和采矿行业股票发行的数量上涨了 50%。投资银行家还将其客户驱向并购的狂热之中，这一行业的交易也变得越来越大。在任何一个行业，大量 IPO 和高额并购活动的发生一般都在是资本周期的末期。

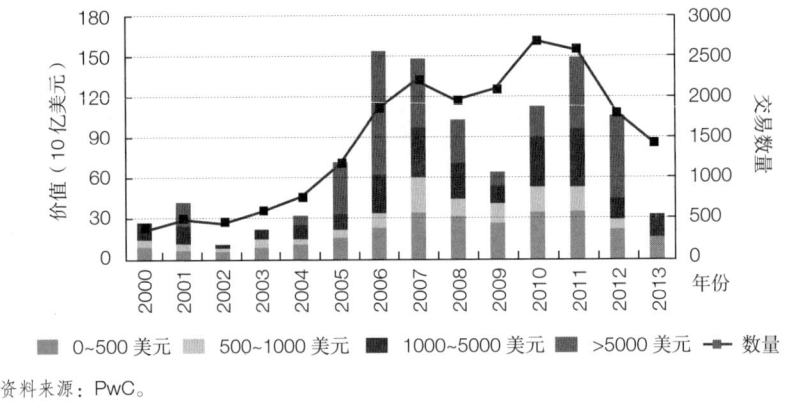

资料来源：PwC。

图 1-3　全球金属与采矿行业的并购活动

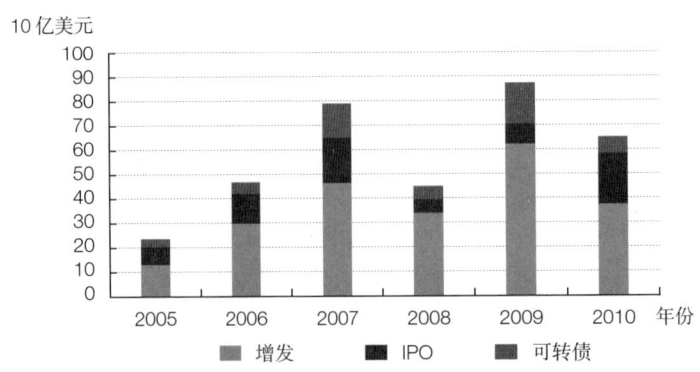

资料来源：Dealogic，瑞士信贷。

图 1-4　金属与采矿行业的资本市场融资

这样，日益增长的资本涌入了金属和采矿行业。此时，大宗商品的价格远超过边际生产成本，即便对于高成本的生产商也是如此。当超级周期最终反转时，很有可能大宗商品的价格在下跌到其重置成本前会经历一个漫长的过程。这对于那些盯住股票指数的投资者可能会是一个问题，因为金属和采矿行业——从 1999 年的低点上涨超过了 3 倍——在富时全球股票指数中的占比目前接近其历史最高位[①]。

很多评论家对于将大宗商品与中国的崛起联系起来的"新常态"感到兴奋不已。对大宗商品需求的增长几乎全都来自于中国对原材料难以满足的需求。中国目前消费全球铁矿石、镍、铜和锌的产量的近一半。然而，大宗商品看多者似乎忽视了某些令人不安的迹象。其中最为明显的是中国固定资产投资占 GDP 的比重已经一路飙升到了 50%——即便是日本，在其大量修建没有需求的公路的时候，投资占 GDP 的峰值也只达到了 30%。毫不令人奇怪，大部分这类资本被浪费掉了。中国工业行业净运营资本回报很低并且仍在继续变得更低。然而，低投资回报没有阻止中国的国有企业继续投资。例如，在电力行业，资本开支一直超过 100% 的经营性现金流（水泥和钢铁的资本开支对 EBITDA 比只比电力行业略低一点）。让事情变得更糟的是，所有上述行业都过度负债。乐观主义者希望政府能鼓励行业整合并降低产能。但是即便这能发生，这些行业更低的投资增长速度对大宗商品的整体需求也不会是一个好消息。

投资者忽视中国经济过热的信号，对大宗商品行业着迷，而这一行业已经吸引并且还在继续吸引大量的资本，这导致供给不断飙升。对我们而言，所有这些都是一个清晰的信号：大宗商品的故事已经接近了尾声，而非开始。

[①] 在 2012 年 1 月 1 日至 2014 年 12 月 31 日，MSCI 金属与采矿指数跑输 MSCI 世界股票指数 79%。

1.5 没有小啤酒（2010年2月）

整合改进了全球啤酒行业的定价能力

> 大部分人第一次喝啤酒时都不喜欢那种味道。但这是一种人们可以克服的偏见。
>
> ——温斯顿·丘吉尔爵士

有很多年，马拉松公司欧洲股票组合中唯一的啤酒头寸（我们在这里当然是在讨论投资头寸，而非那些在喝了啤酒之后产生的选股念头！）就是喜力啤酒。作为从2002年（当时我们第一次购买该股票）到2008年这家荷兰啤酒商的股东，我们的投资经历并不那么令人愉快，在此期间这只股票跑输欧洲股票大市近30%，尽管在2009年有一定的追回。

喜力的业绩表现不佳部分是由于一系列糟糕而昂贵的收购，该公司在到2009年的10年内投资了近95亿美元，而在此期间该公司的资本回报从20%跌到了不足10%。这一系列收购在2008年以运气不佳地收购纽卡斯尔（Scottish & Newcastle）啤酒英国资产而达到高潮，当时英国正进入衰退而英镑在收购后大幅贬值。尽管某些其他啤酒商的情况并没有那么糟糕，啤酒行业整体资本回报从2000年的13%持续下降到了2008年的9%。考虑到上述这些情况，我们克服自己的偏见加仓啤酒行业对有些人来讲就是令人吃惊的事了，目前我们在欧洲股票组合中持有4家上市啤酒公司中的3家——喜力、嘉士伯和百威英博（AB Inbev），在另一个股票组合——英国股票组合中，我们持有英国南非米勒酿酒公司（SABMiller）。

在过去几年驱动回报大幅下降的收购活动是一个更为广泛的行业整合的组成部分。这一进程始于2002年南非啤酒商南非酿酒公司（SAB）收购美国的米勒（Miller）啤酒，其他著名的并购活动包括2004年巴西安贝夫（AmBev）啤酒和比利时英特布鲁（Interbrew）啤酒的合并；2007年南非米勒酿酒公司和美国摩森康胜（Molson Coors）啤酒成立合资企业；2008年喜力和嘉士伯收购纽卡斯尔啤酒；以及同年英博（InBev）巨额（600亿美元）收购美国市场领袖安海斯-布希（Anheuser-Bush）。最近，喜力又以76亿美元收购墨西哥啤酒商FEMSA，该公司在墨西哥市场排名第二，在巴西排名第四。

除了给投资银行带来大量收费以及由于把各个公司名称来回组合而把投资者绕晕以外，这一漫长的交易过程还带来了如图1-5所示的市场格局，在其中全球啤酒市场被集中到4家（欧洲上市的）主要啤酒商手中，它们一起占有约50%的全球啤酒市场份额。

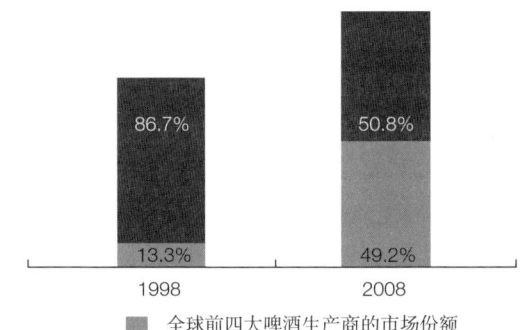

资料来源：伯恩斯坦，欧洲统计。

图1-5 全球前四大啤酒生产商的市场份额（产量）

这一进程在某些市场更为明显，某些市场变得极为集中。例如，在美国这个全球最大的啤酒市场上，80%的市场份额集中于两大巨头：百威英博以及米勒和康胜的合资企业；在全球第五大啤酒市场（英国），前三大厂商——喜力、摩森康胜和百威英博——占有67%的市场份额。在第六大啤酒市场情况也类似，在那里百威英博独自占有70%的市场份额；而在第七大市场俄罗斯，嘉士伯、百威英博和喜力联合占有70%的市场份额。

除了整合的巨大规模之外，其他有利的因素还包括：四巨头中的每一家都有不同的盈利侧重点，正如人们所预期的，其最大部分的利润都来自于其具有最大市场份额的领域。

那么这些对于盈利意味着什么呢？全球啤酒消费在2005—2010年以每年4%的速度稳步增长。这些增长都来自于新兴市场，主要是中国（年增长9%）

和巴西（5%），这些国家正在变得更为富裕并且起点人均啤酒消费都较低。相比之下，西方市场的消费增长平缓，在某些情况下甚至下滑。因此，令人注意的是美国和西欧市场在这一期间经历了相当不错的价格上涨。毫无疑问，在这些数据中有"成本推动"的因素——最大的原材料成本来自于大麦，后者的价格在2005—2007年上涨了60%——这同时也表明大型啤酒商可以利用其规模压制零售商，而无须担忧破坏型第三方的干扰。

这一令人欣喜的进程仍在继续，例如，2010年英国市场的巨头们都宣布涨价4%。在新兴市场，涨价更容易实现，这部分是由于零售渠道更为分散，以及更高的通胀更有利于掩饰涨价。这里，伴随着销量增长，还有日益的"高端化"——随着消费者变得更为富有，说服他们购买价格更高的产品。在欧洲，高端浅啤酒约占市场份额的25%（在美国是15%），但这一数据在大多数新兴市场国家都远低于5%。市场整合并非是高端化的前提，但一个市场的销量较高可以使得啤酒商在按差异化的价格提供更为广泛的产品线时更有利可图。

在供给方面，资本周期的态势较好，因为合并进程导致了啤酒产能的减少。特别是在欧洲，那里市场按地区分割的属性意味着零售商总是可以利用持续存在的过度产能。好几个市场经历了相当程度的去产能。例如，在英国，在喜力收购纽卡斯尔之后，酿造啤酒的产能下降了10%。爱尔兰、芬兰和法国经历了相同程度的去产能，相对而言荷兰的产能下降较少。啤酒生产商还努力在采购上节约成本，通过更高比例的跨国供给来提高产能利用率，以及简化产品线。

在大肆并购之后，行业平均净债务/EBITDA水平上升到了3倍，而行业长期平均水平是1.5倍，这使得啤酒企业更关注资产负债表纪律，有更少动力去激进地增加产量来保护市场份额。这样，历史上企业资本开支相当于折旧的2倍，而现在这一比例平均下降到了1.5倍，或者说从销售收入的10%下降到8%。企业也更重视流动资金，有好几个公司设立了明确的削减目标。

考虑到所有这些——重视定价能力、关注削减成本和资产负债表效率——可以预期利润率和资本回报都会改善。在估值方面，6%~7%的平均自由现金流收益率隐含的增长率接近或略低于GDP增长，这意味着股票市场低估了市场整合和纪律改进带来的潜在长期利益。考虑到啤酒生产行业改善了的资本周期，套用丘吉尔爵士的话说，我们发现我们也能够克服自己的偏见而增加对啤酒行业的头寸①。

1.6 石油价格见顶（2012年2月）

在能源市场，和其他市场一样，"没有比高价更好的解决高价的办法"

能源行业在过去12个月的股票市场表现相对较好（主要是由于石油巨头），目前石油价格处于历史高位（见图1-6），这使得回顾一下我们对石油行业的大幅低配很有必要。

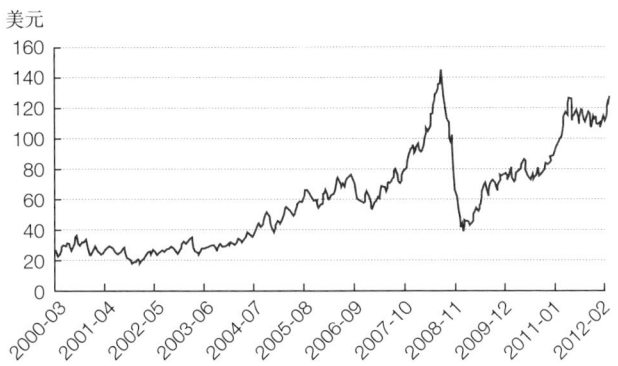

资料来源：彭博。

图1-6　布伦特原油价格

有很多理论被用来证明较高的石油价格以及对大宗商品更多的资产配置是合理的，"石油峰值论"就是其中的一个理论。乐观的预期认为，新兴市场日

---

① 从上文撰写到2014年末，除了嘉士伯以外，所有上述啤酒公司都跑赢了MSCI欧洲股票指数。嘉士伯没有跑赢是由于其俄罗斯业务遇到了问题。

益增长的能源需求，以及下降的石油储备和上涨的生产成本，会把原油价格推高到每桶200美元或更高。然而，尽管高石油价格被认为是对石油公司短期盈利有利，一些正在发展的趋势会严重影响未来几年石油价格和能源公司的股价。

有句俗话叫"没有比高价更好的解决高价的办法"。这样，尽管原油价格似乎稳定在一个较高水平，油价持续高于每桶100美元这一事实正在促成一些变化，从而给能源行业的投资者带来更大的风险。新技术和更好的钻井技术的运用，已经在北美通过常规天然气和页岩气以更低的成本生产了更多的天然气，这使得天然气供给大幅上升。预计美国页岩气储量巨大。开采技术持续获得改进，我们仍处于压裂开采革命的早期阶段，因此页岩气的潜在储量可能仍然是被低估了的，这正如早期的石油行业一样。这些额外和便宜的能源来源使得美元天然气价格变得很低，并使得原油和天然气之间的价差变得巨大。在美国，这些变化至少引起了使用更多天然气，而非石油和煤，作为主要的能源来源。

那些认为天然气供应大幅上涨只会影响北美的人们忽视了一个事实，即美国不仅仍然是最大的石油消费国（并且目前是净进口国），它还投巨资使其有能力出口这些便宜的天然气。我们观察到美国天然气进口设施正在被改造以用于出口天然气，而新的天然气出口设施也正在规划之中。此外，为利用十年来美国最低的天然气价格，很多行业正在将生产搬回美国，甚至转移实物资产。以全球最大的甲醇生产商梅赛尼斯公司为例，该公司正计划将智利的一个闲置工厂拆解运回到路易斯安那州重新装配。

高石油价格还推动了能源市场的其他显著变化。运输行业的燃料效率正在变得更好（航空公司正在采购燃油效率更高的新的飞机引擎，在航运业尽管运费较低并且老型号的船只过剩，对新的燃油效率高的船只仍有很多订单）。并且越来越多的非石油燃料被用于运输，只要看一下周围。在泰国，由于出租车、拖拉机、公共汽车和某些轿车采用的新技术，天然气销量已经超过了汽油；在美国和英国（那里有对"绿色"车辆的激励），人们不仅使用更多的混合动力车辆，而且现在有更多的全电动车（从经济型的Smart到运动型的特斯拉），而更多的充电设施也在建设之中；汽车制造商正在研发天然气动力卡车（由纳威司达公司和清洁能源燃料公司生产）和氢电池汽车（Acal公司）。简单地说，用于减少对昂贵的石油的使用的投资一点都不少。

同时，欧佩克石油生产国面对高油价开始变得有点自满。有些国家将其从高油价中获得的额外收益用于数十亿美元的社会开支。沙特阿拉伯目前需要石油价格维持在每桶 90 美元来满足其预算开支（其他欧佩克国家"需要"甚至更高的价格）。但是这些高支出的承诺不仅需要高的价格，还要足够的产量。这使得任何控制价格的产量纪律变得困难，因此会影响欧佩克未来影响石油价格的能力。

最近和几家全球最大的石油公司的会晤同样显示了某些令人担忧的迹象。石油公司的高管们似乎将其对未来石油价格的预期锚定在目前的市场水平上。例如，道达尔公司将其对长期石油价格的预期从十年前的每桶 20 美元左右提高到了 80~100 美元，它用这个价格来支持其开采和收购的支出。这家法国巨头声称，根据这一较高的油价，其愿意每年支出 200 亿美元。通过增加支出以扩大年石油产量，道达尔相信这会引起公司股票（向上）的重新评级[①]。

道达尔的情况并不是个例。整个行业都根据上涨的预期未来石油价格来为日益上涨的投资找理由。英国石油将其用于评估新的项目的石油价格由 2002 年的每桶 16 美元提高到了超过 60 美元。即便是管理较好的帝国石油，它在加拿大有大量低成本的石油和天然气资产（按现有生产规模有超过 100 年的储量），现在也开始使用每桶 50~60 美元的预期价格，而在十年前它用的是 35~40 美元。巴西石油公司计划在未来五年支出 2250 亿美元，并且将其目前已经是非常大的产量在未来十年再翻一番。这家巴西石油巨头假设原油价格在未来五年会是每桶 80~95 美元。它在去年创纪录的 700 亿美元股票增发表明，当油价较高时，为新的石油项目融资绝不会有困难[②]。

根据目前的盈利，石油公司的估值看起来并不算贵：现金流充裕，股利率超过平均水平。但现在的风险在于：石油公司关于高油价的新假设将其成本锚

---

① 从这篇文章发表到 2014 年底，道达尔公司的股价按美元计下跌了 9%，落后 MSCI 欧洲股票指数近 26%。

② 2010 年 9 月，巴西石油公司完成了历史上最大的股票发行，在巴西股票市场上募集了 730 亿美元——如果有资本周期的红色警告的话，这就是一个。然后，并非所有募集的钱都被用于石油生产。2014 年 3 月，联邦警察在一次反洗钱调查中逮捕了保罗·罗伯特·科斯塔——巴西石油炼化部的前负责人。根据《经济学人》报道，科斯塔先生为寻求宽恕，交代了更多的罪行。科斯塔先生声称，建筑公司为了能从他的部门获得合同，将 3% 的合同价值转入用于向政党行贿的基金中。警察发现了近 60 亿美元的可疑支付，这使得巴西石油公司成为巴西最大的腐败丑闻。

定在了一个较高的水平。这些公司越多地将其健康的现金流用于这些高成本的项目，其现有盈利和现金流就越有可能被授予较低的估值。石油公司盈利的经营杠杆在上升，这样其盈利就特别容易受到石油价格剧烈调整的影响。高石油价格维持越久，调整的风险就越大。考虑到这些，在我们全球股票组合中对能源行业仅维持一个适度并且因个股而定的头寸，似乎是合理的。在某个阶段，这种仓位应该能对业绩做较大贡献，至少在相对业绩上会是如此①。

1.7 石油巨头之忧（2014年3月）

石油公司正在承受其资本支出繁荣期的滞后恶果

现在是否是增长对主要石油公司头寸的时候？全球最大的五家石油公司股票市值合计占 MSCI 全球石油与天然气股票指数的 40%，它们的股价目前从市盈率看对 MSCI 全球股票指数有较大的折扣，而股利率约为后者的两倍。这些估值看起来较为吸引人，但是对五家石油巨头最近财务表现仔细观察却展现了一幅令人担忧的图像。

2003—2012年，布伦特石油价格年增长 16%，但主要石油公司净利润的增长仅为每年 8%。每股收益（EPS）的增长，即便包括股票回购的效果，也只有每年 10%——这落后于标普股票指数，后者同期的盈利按 12% 的复合增长率增长。2003—2007年布伦特原油价格的大幅上涨（年增长 33%）引起了主要石油公司的 ROE 上升到了 27%。正如资本周期理论预计，这引起了资本开支的大幅上升：从 2003—2007 年的 1.2 倍折旧和摊销上升到了 2007—2012 年的 1.7 倍。尽管资本支出上升，总的净利润实际略有下降，这解释了大型能源公司 ROE 的显著下降——从 2007 年的 27% 下降到了 2012 年的 17%，而在这期间石油价

---

① 到 2014 年年底，布伦特原油价格下跌到了 57 美元，从这篇文章发表之日算起（2012 年 2 月）下跌超过 50%。在同一期间，富时全球石油天然气股票指数下跌了 16%，跑输富时全球股票指数 48%。

格上涨了近20%。

为什么更高的油价和增加的资本开支未能产生更快的盈利增长呢？主要问题在于大型石油公司需要苦苦挣扎才能维持原有地位。油田和天然气田的产出在其生命周期内按每年5%的比例快速下降，因此需要相当大的资本开支来抵销产出的下降。最近的石油开采项目的质量无法与存量资产相比。新的油田在技术上更难开采，所处的国家风险往往又更高。要提供同样的产量，需要更多的投资，这不可避免地导致了资本回报的下降。这解释了为什么最近这些年净产量增长如此之低——主要石油公司合计产量在过去五年平均每年下降了2%。

当然，考虑到石油项目的长期属性——取得完全生产能力所需的平均时滞是六年——最近资本开支的效果在未来五年都看不到，盈利的增长也会滞后。然而，对公司预期和分析师未来四年（2014—2017）预测的分析不支持这一论断。预计资本支出/折旧之比将保持在1.6倍的较高水平，而预计现金转换率只有50%，甚至比过去五年还要低①。此外，预计产出增长仍将维持在较低水平，每年仅增长2%。尽管在理论上这一增速比过去五年的增速要高，现实常常会低于预期。

因此，很难认为主要石油公司目前"便宜"。从现金盈利来看，估值比从低盈利倍数来看要高得多——事实上，如果预测正确的话，那么主要石油公司目前的股价对应于22倍的股价/自由现金流倍数，这和股市整体比有很大的一个溢价。然而即便假定石油价格具有合理的稳定性，油气行业盈利增长的前景还是要弱于大市。而且非常现实的可能是石油价格在中期内会下跌——反映了能源生产和使用的过程。

此外，还有一些特殊理由说明为什么投资者在向石油行业投资时需要对现金流倍数打一个折扣。首先，每年巨量的资本开支意味着投资者必须对管理层正确配置资本的能力有很强的信心。考虑到管理层对增长的偏好要高于回报，特别是在石油价格快速上涨的时期，这在历史上是个问题。其次，油田是一种俘获性资产。政府干预和利润追回的风险高于一般行业，而且随着行业的资产构成逐步转向政治不稳定的地区，这一风险正在日渐加大。

---

① 现金转换率衡量财务报告利润转换为自由现金流的比例。

那是否有乐观的理由呢？从资本周期的角度看，一段较长时期的资本集约度的增长和低回报应该最终会引起供给侧的收缩，从而为资本回报的反转和更健康的股票回报奠定基础。从这个角度看，低油价对于投资者来说可能是乔装改扮了的福音——正如 2003 年以来的油价的快速上涨在某种程度上是一种诅咒，那段时期对产出的日益关注是以牺牲资本纪律为代价的。

1.8 资本周期革命（2014 年 3 月）

一家斯堪的纳维亚风力发电机厂商经历了资本周期的潮起潮落

马拉松公司寻求在行业资本周期的两个阶段进行投资。在那些被标为"增长型"的股票中，尽管这样的标签容易误导人，马拉松公司寻找那些高投资回报能比大多数投资者预期持续更久的公司。在这里，好公司努力不变成一个平庸的公司。在低回报，或"价值型"股票中，我们的目标是寻找那些改善的潜力被广泛低估了的公司。在两种情况下，公司向平庸公司回归的速度（或"衰减率"）常常被股票市场参与者错误估计了。马拉松公司自己的经验表明，由于行为经济的原因，错误定价常常是系统性的问题。

图 1-7 介绍了公司回报的"衰减率"。这一概念是 Holt 价值公司（现在是瑞士信贷的一部分）发展起来的。Holt 公司关于股票市场隐含衰减率的概念和我们对行业竞争格局以及资本流入（出）高（低）回报行业的关注相映成趣。使用这一框架，可以找到两类购买对象。购买对象 A 是一家能够持续获得高于市场预期回报的公司（图上部虚线）——即公司维持回报高于市场平均水平的时间更长。购买对象 B 是一家回报改善能快于市场一般预期的公司（图下部虚线）。

马拉松公司的经验显示，股票市场常常无法给超级衰减特征正确定价。对于购买对象 A 来说，错误定价源于几个方面。其中之一是低估了进入壁垒的可持续性。另一个因素是低估了可获得市场的规模和范围。管理层资本配置的能力也常常被忽视。最近和本泽公司（Bunzl）CEO 的会晤在这方面很有启示。这是一家领先的企业对企业分销公司。尽管跟踪这家公司的卖方分析师对核心业务的回报做出了合理的正确预测，他们一直未能就管理层通过收购来增加价值给予充分的认可，尽管这方面有近 20 年的证据。投资者似乎对本泽公司这样"乏味的"高回报公司存在偏见，因为这类公司不能提供股票快速上涨的可能。

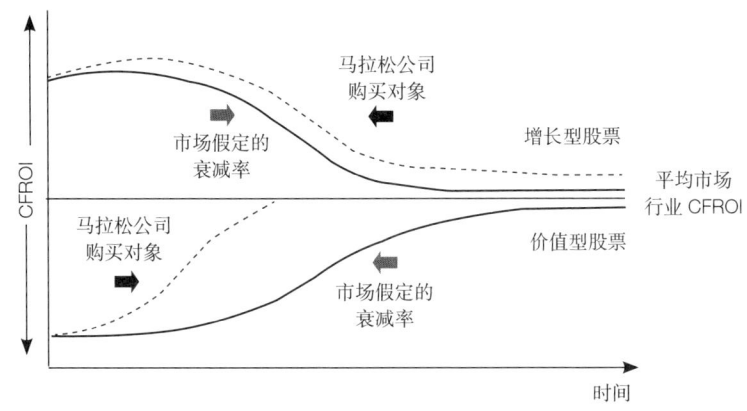

资料来源：马拉松公司，瑞士信贷 HOLT。

图 1-7　衰减率

引起投资对象 B 的条件常常产生于市场忽视竞争下降带来的有利变化，这里的竞争下降源于整合或破产导致较弱的竞争对手离开。此外，某个桀骜不驯的寡头可能厌倦了过度竞争而开始享受和平共处的降临。随着最弱的竞争对手在极度压力之下举手投降，资本周期的转折点常常发生于极度悲观的时期。当亏损的痛苦伴随着低迷的股价，投资者常常能发现非常好的投资机会，特别是如果他们愿意持长期观点而忍受短期波动的话。

管理层处理问题的技能也常常被忽视。这一情况在从外部招聘新的领导人时更是如此，因为这使得发生变化的可能更大。塞尔奇奥·马尔奇奥尼最近几年在菲亚特集团实现的转变是一个突出的例子[①]。能力强的经理人常常被扭

[①] 塞尔奇奥·马尔奇奥尼在 2004 年中被任命为菲亚特集团的 CEO。从那时起，马尔奇奥尼重振了菲亚特的汽车业务，并将公司的农业设备业务单元分立（纽荷兰公司）。自马尔奇奥尼任命之日对菲亚特的投资到 2014 年末价值上涨了 183%（基于菲亚特和纽荷兰公司的股价，未包括股利）。

转一家困境企业带来的挑战所激励，而非仅仅是为了财务报酬。这一因素在最近和罗伯特·索姆斯的会晤中非常明显，他最近刚成为信佳集团（Serco）的CEO，后者是一家处于困境之中的英国外包公司。

马拉松公司欧洲股票组合中最近的一个例子说明了投资者在低回报公司中面临的危险和机会。马拉松公司最早投资维斯塔斯风力技术公司是在2003年，当时该公司受到了美国市场因税收优惠发生变动而暂时变差的影响。作为应对策略的一部分，维斯塔斯收购了当地的一家竞争对手。此后，随着对风力发电机组需求的恢复，维斯塔斯的股价从最低点翻了40倍，达到2008年的高点。

好景不长。随着金融危机的到来，全球风力发电项目很快被搁置，而当时正是新的风力发电机产能达产的时候。尽管我们在股价接近最高点的时候（见图1-8）将客户持有的股票减少了1/4，剩余的持股经历了不光彩的"回到起点"——股价下跌了96%。

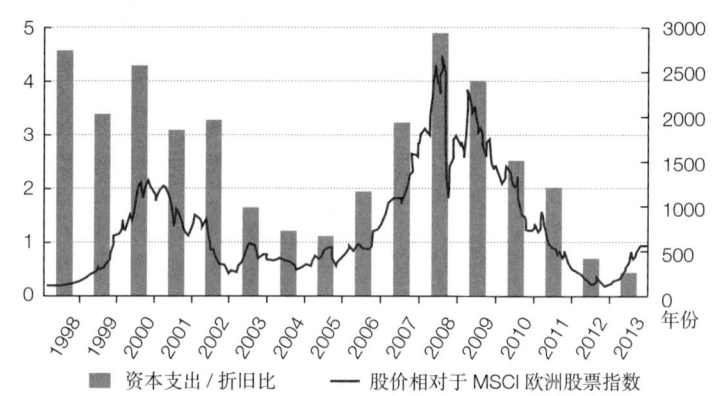

资料来源：Capital IQ，FactSet。

图1-8　维斯塔斯风力技术公司：资本支出/折旧比与股价相对表现

维斯塔斯是可再生能源资本周期的牺牲品。其资本支出/折旧比从2005年的1倍上升到了2008年的近5倍，也助长了风力发电机行业的产能过剩。事后来看，我们在金融危机之后应该将该股票全部出售，因为股价在此后四年多里表现一直落后于大市。这或许本来能让我们免于回答咨询顾问和客户的令人尴尬的问题：为什么还要继续持有该股票？

然而，和该公司的持续接触提供了在日后买入更多股票的机会，而如果我们在令人尴尬的情况下退出不干的话就会错过这样的机会。在 2013 年早期和公司新的瑞典籍主席印象深刻的会晤之后，马拉松公司买入了更多股票，将持仓增加了 90%，从而成为该公司的最大股东。新的管理层在此后实施了大规模的重组，在这一时期，投资者对行业需求不足的担心在日后被证明是过头了。资本支出在 2013 年被削减到折旧的 0.4 倍，这提振了现金流并有助于修复脆弱的资产负债表。此后股价 360% 的上涨部分洗脱了我们未能在最高点卖出更多股票的错误。

维斯塔斯公司的案例显示了一家公司可以如何在几年内从一个"价值型"购买机会蜕变为昂贵的"增长型"股票然后再度变回到便宜的价值型股票的例子。投资者可以利用"市场先生"的情绪变动。我们在维斯塔斯上的经历还展示了择时正确的逆向投资的好处，尽管这个案例也提出了卖出纪律的问题。

1.9 增长的悖论（2014 年 9 月）

资本周期部分解释了为什么公司盈利增长落后于 GDP 增长

那些假定公司盈利增长会和经济增长同步的投资者应该看看历史数据。自 1960 年以来，美国企业的盈利每年按 2% 的实际增长率增长，而美国经济增长是每年 3.1%。由于平均股利支付率为 45%，公司在事实上将大部分盈利重新投入企业，结果却落后于经济的增长。更令人费解的是，公司利润占 GDP 的比在此期间却有显著上升，从 1960 年的 6% 上涨到 2013 年的 10%。那么是什么出了问题呢？[①]

第一个问题在于在此期间的新股发行超过了股票回购，这稀释了现有股东。例如，在 2003 年的报告中，伯恩斯坦和阿诺特测算美国市场每年净新股发行

[①] 这一例子来自美国。但这一问题在全球甚至更为明显。1900—2013 年全球股利实际增长只有每年 0.6%（瑞士信贷全球投资回报资料书，2014）。

约为2%①。对这一现象的一个解释是管理层顺周期的行为，特别是在信心高涨和股价高企时回购股票，然后在环境不利和股价低迷时被迫发行新股的倾向。最近银行业的经历提供了一个管理层高买低卖倾向的野蛮案例。

并购活动显示了同样的顺周期特征，通常并购活动在牛市的末期达到高潮。以高估值成交的交易引起了股东价值的毁灭。最后，管理层授予雇员的股票期权也会对股东回报有拖累。如今1%的"消耗率"并不罕见——这一比例在强制要求将期权作为费用计入损益以前还要更高。②

盈利增长低的另一个惊人的解释是：新的利润中有很大一部分是由非上市公司产生的。③这部分是因为私人公司较少受到代理问题以及满足短期盈利预期的压力的影响，因此倾向于比上市公司投资更多。此外，新的商业模式和技术常常是由非上市公司发展起来的，只有在相对成熟和过了较快的增长阶段以后才会推向公开市场。对于公开市场股票的投资者，这带来两个问题。第一，新的商业模式和技术常常会对上市公司的回报产生破坏性的影响。第二，就像回购和并购活动一样，IPO活动的规模也有很强的顺周期性（见图1-9）。这意味着上市时的估值通常是被高估的，从效果上看在整体上引起了每股收益的稀释。让事情变得更糟的是，在股票上市之后资本的流入常常直接导致回报的最终恶化，特别是在同一行业内多家公司上市的情况下（一个经典的案例是20世纪90年代末大量电信公司的IPO，当时募集的资本被投入光纤网络）。④

资本周期的概念提供了公司利润滞后于GDP增长的更为广泛的一个解释。健康的公司盈利能力的主要驱动力量是一个有利的供给面——而非高需求增长。因此，行业高增长未能或只给投资者带来很少的利益的情况是可能的。事实上，需求的高增长常常是价值毁灭的直接原因，因为它吸引大量资本涌入行业，从而侵蚀了回报。

---

① 威廉·伯恩斯坦和罗伯特·阿诺特.盈利增长：两个百分点的稀释.金融分析师期刊，2003.
② 在2006年以前，FSAB会计准则没有要求将股票期权计作费用。
③ 见：约翰·阿斯克.上市和非上市公司投资行为的比较.全国经济研究局，2011.
④ 见：杰·瑞特.首次公开上市：更新的统计数据（2013）.一个全面的统计研究显示，IPO公司在前三年平均要落后整体市场。

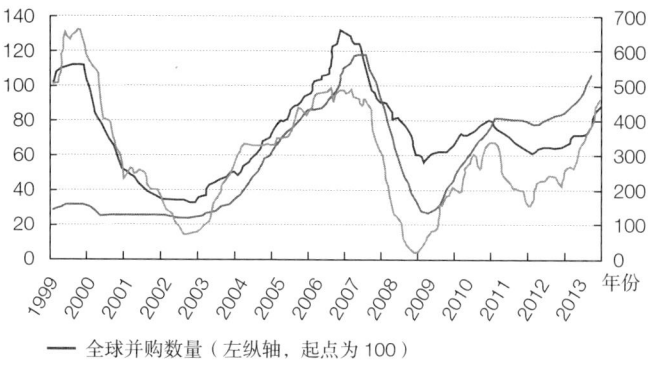

资料来源：花旗，Dealogic。

图 1-9　全球并购、IPO 与标普 500 公司股票回购

例子并不难找。数字半导体领域内的技术进步对技术和经济生产率产生了革命性的影响。但是半导体行业投资者的经历却是令人沮丧的。高度分散的供给侧，资本集约再加上低产品差异引起了经济价值的长期毁灭。只是在最近，随着供给侧因为整合而改善，行业前景才有所改善。航空业在过去 60 年给出行带来了革命，带来了经济上的利益，但同样一个糟糕的供给侧使得投资者的回报大起大落。① 回过头来看，即便是当年最乐观的科技股分析师也未能预见到手机会变得像今天这样普遍，然而这样的预见对于诺基亚、摩托罗拉或者黑莓的制造商 RIM 的长期备受折磨的股东也不会有什么帮助。

这样，顺周期的管理层行为以及资本周期的破坏性力量在很大程度上解释了何以美国股票市场实际盈利增长未能与更为广泛的经济增长保持同步。有证据表明，GDP 增长越快，这些问题越明显，而长期 GDP 增长和股票市场回报之间没有相关性。中国股票市场或许是最明显的例子——尽管有自 1993 年以来令人炫目的经济增长，中国股票的实际回报却是负的，每年减少 3%。

---

① 航空业的资本周期是如此之糟糕——很大程度上是由于整体供给并没有因为行业亏损和破产而下降——以至于美国全部航空公司在 1960—2000 年的总利润只够支付两架波音 747 巨无霸客机。然而，在过去十年，随着行业的整合（在全美航空公司和美国航空公司，达美航空公司和西北航空公司，联合航空公司和大陆航空公司，西南航空公司和穿越航空公司合并之后），资本周期开始变好。在这一轮合并之后，美国航空公司的表现强劲。然而，又有迹象表明行业再一次丢掉了资本纪律。西南和其他几家美国航空公司目前决定将"可获得的座位里程"每年增长 10%，或者说比经济增长快约 4 倍。

投资者不应该期望盈利增长与经济增长同步。相反，他们应该寻找那些少有的能够审慎运用资本的管理层。公司分析的起点不是对最终需求的预测，而应该是供给侧。我们的目标是要在资本周期开始转好时在萧条的行业中找到投资机会，以及在那些具有较好和稳定的供给侧基本面的行业中找到投资机会。

第二章　增长中的价值

　　正如其最初是在马拉松公司发展起来的,资本周期分析寻求投资于那些资本正在撤离的行业中的公司,并回避那些资产正在快速增长的行业中的公司。一般情况下,当资本从一个行业撤离后,利润和估值都会上升;而当资本涌入后,则会下降。换句话说,资本周期分析完全是关于均值回归的驱动因子分析。然而同样的分析框架可以用来找到那些出于这样那样的原因能够排斥竞争的公司。

　　那些具有很强竞争优势的公司拥有沃伦·巴菲特称为很宽的"护城河",能够比市场预期更久地保持利润。这样均值回归就被推迟了。从资本周期的角度看,可以观察到竞争的缺乏可以阻止供给侧对高利润做出反应。在过去十年,购买那些能克服均值回归的公司的股票对于马拉松公司来说是一个特别富有成效的投资策略。

　　有点令人混淆的是,用资产管理行业的术语来说,这种投资风格常常会被归为"增长型"投资,以与"价值型"投资相区别。在科技股泡沫之前和期间,马拉松公司在投资顾问那里被贴上了"价值型"投资者的标签,所以当我们越来越多地投资具有较高估值和更好的增长前景的股票时,我们很担心会被批评发生了投资风格转移。正如下面的文章指出的,"价值/增长"二分法是错误的——至少,对于真正的价值投资者,其目标不是要购买从会计指标上(如市盈率、市净率等)看较为"便宜"的股票和回避按同样标准看较贵的股票,而是要投资于那些股价低于投资者估算的内在价值的股票。

2.1 引以为戒的标签（2002年9月）

把基金经理简单归类为"价值型"或"增长型"，投资者有误解投资流程的可能

马拉松公司常常被归为价值型投资者。我们抵制这一说法，因为这过于简单，而且扭曲了我们的投资方法。传统定义的价值型投资者只投资于那些用市净率、市盈率、股价/销售比率、股价/现金流比率等衡量较为便宜的公司。价值投资法是和本杰明·格雷厄姆联系在一起的，他寻找那些具有低估值倍数的不受欢迎的股票——这被称为"香烟屁股"投资，因为目标被认为毫无价值而遭抛弃，但是仍然能让人再吸最后一口。增长型管理人投资于另一端的公司，即那些具有较高估值倍数的股票。

马拉松股票组合中的公司估值一般会低于市场的平均估值倍数，但这不是因为我们热衷于寻找"香烟屁股"。事实上，我们欧洲股票组合中的股票具有相对较强的盈利增长。这一表面矛盾现象的部分原因是因为我们发现增长潜能超过平均水平的小公司通常较为便宜。

小公司在过去几年倾向于具有较低的估值，而大盘股则往往会有不合理的高估值。这在很大程度上要归咎于大型基金公司的增长。在欧洲，MSCI欧洲股票指数成分股有540只，但其中只有88只股票的市值高于100亿美元。流动性的原因（也就是，买卖一只股票所花的时间）阻止了管理大量资产的基金管理公司投资于市值低于这一门槛的股票。问题在于最大市值的股票集中于某些行业，而在另一些行业中则较少。由于3/4的工业行业股票市值低于10亿美元，工业行业事实上就被大盘股基金管理人"筛掉"了。相反，85%的医疗行业股票市值高于10亿美元。结果，医药股就吸引了机构投资者不成比例的关注。

然而，贴风格标签的问题还要更严重。和最近对跟踪误差、指数投资以及所谓理解"新经济"的痴迷类似，它可以严重扭曲投资流程并要求鼓励基金经理使用不恰当的工具和衡量体系来构建投资组合。很多伟大的投资者会根据其对价值的理解来解释价值。美盛集团著名的"价值"投资者比尔·米勒喜欢亚

马逊公司和美国在线公司,而本·格雷厄姆的著名信徒沃伦·巴菲特则喜欢增长的品牌公司,例如可口可乐和迪士尼。然而,后者相信(或至少曾经相信)这些高质量的企业是便宜的(即相对于其未来收益的现值是便宜的),并仍然认为他自己是在买价值型股票。

事实是某个人的增长股是另一个人的价值股。最近,投资数据公司理柏报道花旗银行、AIG 和 IBM 的股票在大盘"价值"和大盘"增长"两个策略中均属于共同基金前十五大持仓股。这引出了我们的下一个观点,它或许非常好地解释了为什么马拉松公司永远都不应该被标为纯粹的价值投资者。我们的资本周期流程考察了资本主义的创造性和毁灭性力量在不同时期的作用。当较高的当前盈利吸引来过多的资本,引起回报下跌,成长型股票通常就会变成价值股票。在极端情况下,就像在科技股泡沫中的例子一样,最终的泡沫破裂会在一夜之间将增长股变为价值股。

电信行业提供了一个很好的例子。在 20 世纪 90 年代末的"新经济"繁荣中,由于认为宽带和数据网络具有巨大的增长潜力,英国另类电信运营商 Energis 的价格被炒到了已投资本的 10 倍。在大量资本被投入这个行业之后,Energis 的股价下跌到了只有已投资本的很小一部分。它还在继续没落。这里的教训不只是价值和增长之间的微弱的分界线,还包括"价值陷阱"的危险,因为无论 Energis(和世通公司一样)的股价跌多少,它都再没有变得便宜。①

马拉松公司在欧洲和其他地区的股票策略正在从过去五年一直保持的深度价值偏好转向相对价值倾向,因为过去相对于其增长潜力被高估的股票的股价现在已经大幅下跌了。同时,以前的那些深度价值行业——例如原材料、造纸、化工和某些资本品——现在从内在价值的角度看也不再是好的购买机会了。我们的思考可以通过两笔最近的交易来很好地说明。亚萨合莱是一家全球领先的门锁公司,它拥有的著名品牌包括 Yale、VingCard 和 Vachette。在过去十年,部分受益于并购,公司的年销售增长为 25%,盈利年化复合增长率为 38%。由于增长型股票被降级,它的股价下跌了 56%。亚萨合莱的股价曾经达到销售收入的 4 倍,但现在的股价不到 1.5 倍,相对于我们测算的内在价值有一个折扣。我们继续买入该股票。另一方面,我们出售了斯道拉恩索公司。这是一家我们

---

① Energis 在 2002 年 7 月被托管。它在此后扭亏并在 2005 年被出售给 Cable & Wireless。

持有很久的芬兰纸业公司,但我们不喜欢它的公司战略。尽管不再是一只深度价值股票,斯道拉恩索的股票在任何一个价值指标上都比亚萨合莱要便宜,除了一个不能用量化方法筛选的指标——即内在价值。①

给投资风格贴标签是投资顾问喜欢的另一个便捷的可以通过打勾来做的偏量化的流程。那些坚持于某一特定风格的投资者或早或晚都会陷入困境中。我们认为,股票不应该被看作是"增长"或"价值"机会,而应该分析市场是否有效地评价了其未来盈利前景。

2.2 持久战(2003 年 3 月)

长期投资能够奏效,是因为对真正有价值的信息竞争较少

描述投资可以有很多种方法,事实上投资咨询行业兴起的主要职能就是要做这个。然而,在我们看来,有一项指标可以更好地将不同类型的投资者区分开来,那就是组合换手率。马拉松公司的平均持股期限约为 5 年,这一数字很有可能在未来几年上升,因为在泡沫破裂后,投资组合中的公司的质量(以正常化资本回报和增长潜力来衡量)上升了。②或许读者已经预期到了,我们将在这篇文章里大声疾呼低换手率投资策略的好处。

尽管支持长期投资的理由常常会侧重于简单的数学优势,例如降低了(交易)成本,以及更少的决策(希望能)引起更少的错误,但在我们看来,这一方法真正的优势在于可以问更多有价值的问题。

短线投资者问问题时希望能够找到关于短期业绩的线索:例如,问题常常是关于经营利润,每股收益以及下个季度的收入增长趋势等。这些信息只在很

---

① 从本文写作之日(2002 年 9 月)到 2014 年年底,亚萨合莱的股价按美元计上涨了 452%,轻松地跑赢了斯道拉恩索公司,后者在同期仅上涨了 0.7%。

② 此后,马拉松公司在其主打产品 EAFE 股票策略中的持股期上升到了 7.5 年。

短的时间内有用，并且只有当这些信息是正确的、额外的以及强于其他信息时才有价值。即便这些信息是正确的，其价值也可能只是有限的，例如，只会引起业绩的几个百分点的变动。为了能够建立一个可行的、有经济意义的历史业绩，短线投资者需要在职业生涯中玩这种把戏数千次，并且/或者需要使用大量的金融杠杆来利用这些边角机会。

让我们正视现实吧，对这些零星投资机会的竞争是非常激烈的。投资银行给竞争火上浇油。华尔街严重依赖于煽动客户的疯狂来挣取面包屑。除了这个理由以外，你还能找到什么其他理由来说明为何所罗门美邦公司要写一篇研究报告，开篇说"我们专注于本月的未来三个月销售趋势模型"；或者为何德意志银行要出版"每星期汽车"回顾？难道真有价值要对这么短的期间内的行业发展说些什么？当然没有。但即便如此，我们也不会去劝阻这些研究，因为时不时的，这些沉溺于短期之中的家伙推销的东西也有可能会变成非常好的长期投资机会。

这里的关键词是"快"。然而，持股时间越长，公司内在经济模式对业绩结果的影响越大。这样，长期投资者寻求那些具有长久保质期的答案。如果投资者要一直持有一只股票的话，今天有用的答案或许需要在十年后仍然是有用的。具有长久保质期的信息比关于下个月盈利的提前知识要有价值得多。我们寻求和我们的持股期限相匹配的洞察力。这些认识主要与资本配置相关，并可以通过观察公司的广告、营销、研发支出、资本开支、债务水平、股票回购/发行、并购活动等来得到。

以营销为例，这对于长期价值创造是非常关键的，但却常常被忽视。对产品线扩张和广告策略经济性的理解被证明对消费品行业的投资者是非常有用的。高露洁在20世纪80年代早期进行了第一次产品线扩张——引入了蓝色薄荷牙膏，并在这个产品上花了大量广告投入。这是高露洁在整整一代中的第一支新的牙膏，而在其他日用品领域内已经获得非常成功应用的产品线扩张在牙膏市场上还是全新的。通过大量广告投入，公司希望能够改变一代消费者的购买习惯，让他们走近超市牙膏区域的时候下意识地就会想起高露洁来，而当他们到那里后，他们会发现一个全新的非常棒的产品，并且由于广告投入，他们认为那是值得信赖的产品。

我们在 80 年代早期没有参加任何高露洁的投资者见面会，但是如果那些会议和今天的一样的话，问题会是这样的：广告费增加对下个季度的盈利会有什么影响（这一信息几乎毫无价值）？或者，薄荷牙膏这一新产品线引起的折旧增加会对盈利产生什么影响（打哈欠）？投行在会后的研究报告会和今天早上我们看到的研究报告很像，题目是"走出思维局限，但短期前景仍然不佳"，推荐：落后大盘。很少有投资者能够理解，甚至更少有投资者关心，正在发生的变革。

即便在今天，高露洁的演示仍没有提到公司的广告开支。除了在墨西哥，那里的市场份额接近 90%，公司在所有国家的广告支出都要大于其市场份额。而且这还是在公司连续 20 年显示产品线的扩张和广告支持是重要的竞争性武器之后。公司的投资者关系发言人承认，"大部分人都认为这不重要"。尽管我们没有持有这只股票，马拉松公司是唯一和高露洁广告和市场营销部的负责人举行了会谈的基金管理人。[①]

从它在 20 年前第一次扩张产品线以来，高露洁的股价上涨了 25 倍，非常漂亮地跑赢了市场。这显示了长期投资者理解一家公司营销策略的重要性。然而，考虑到高露洁股票每年 100% 的换手率，只有很少的公司股东获得了其成功的全部好处。而由于在其第一次引入产品线扩张后的整个十年，高露洁的投资回报都没有显著超过标普 500 指数，专注于短期的投资者对这些问题也不会太关心。

那么为什么只有那么少的投资者坚持了下来？有一系列心理上的因素会和长期投资者作对。特别是，会有很强的来自于同行、同事和客户的社会压力要求提高短期业绩。即便有人有分析能力来甄别出赢家，长期持股所需要的心理上的特质也不是那么容易获得的。J.K. 加尔布雷斯曾经说过："在政治中没有比记性差更令人敬佩的了。"为什么要让政治来垄断懒惰的思维方式呢？这让我们认为，长期投资能够起作用并不是因为它难，而是因为那里对真正有价值的信息竞争更少。

---

① 那时，马拉松公司认为高露洁回购其自身股票的价格过高。自 2003 年 3 月以来，高露洁只是稍微跑赢了标普 500 指数。

2.3 双重代理（2004年6月）

商业世界中的利益冲突有时对投资者是有利的

查理·芒格最近在加州大学的一次演讲中介绍了他在一些美国商学院做的测试。[1] 在这个测试中，伯克希尔哈撒韦公司的副主席问 MBA 学生以下问题："你们都学过供给和需求曲线。你们知道，当你提高价格时，通常你能卖的数量下降了；而当你降价时，你能卖的数量增加了。是不是这样？是不是这就是你们学的？"商学院的学生都点头同意。芒格接着问："那现在告诉我几个例子，在什么情况下你希望销量增加，而正确的回答是提高价格？"一些学生想到了奢侈品困局，在那种情况下更高的价格暗示更高的质量，从而会带来更高的销售。

很少有学生想到了芒格的答案，也就是当消费者不直接参与购买决策时，更高的价格可以用来贿赂采购代理，从而导致更高的利润和销量。从经济学家的角度，消费者经历了一个代理问题。代理关系为代理人和生产商都带来了超级回报的可能。能够理解这一过程的投资者也能获利。很有必要讨论一下代理问题——迄今为止主要是讨论其与资产管理行业运行失灵的联系——是如何与我们持有或可能在未来某个阶段购买（如果价格合适的话）的一些公司相联系的。

当消费者缺乏了解而主要依赖于中介时，供应商、中介和消费者之间的正常联系会被扭曲。在很多情况下，中介和产品提供者之间的联系发展到了一定的程度，在他们之间形成了一种默契的联盟，以利用消费者的无知。我们从瑞士卫浴系统生产商吉博力那里了解到这一现象。该公司通过批发商将其产品销售给管道工，后者再把产品安装在最终用户的家里或商业建筑中。吉博力有一个推—拉的营销策略：经过培训的管道工将产品从批发商的渠道中"拉"过去，而公司的销售代表则把产品"推"到批发商那里。当我们问高管有关定价压力时，我们被告知管道工欢迎价格上涨，因为他们会按安装的系统收取一定百分比的佣金。

---

[1] 见：www.tilsonfunds.com/MungerUCSBspeech.pdf。

这一模式鼓励创新——在吉博力的例子里，这可能是一种新的墙内安装系统（不要问是什么）——因为管道工—代理发现很容易说服客户为这种创新来付钱。这在吉博力引起了产品创新的狂热，约有 1/3 的销售收入是从公司在过去三年开发的产品中获得的。在吉博力和管道工之间有点邪恶的联盟产生了一个很深的利润池，吉博力从中获得了一个丰厚的份额（其集团经营利润率超过 15%）。公司较高的市场份额——在它的七个核心欧洲市场约为 50%——以及极度分散的管道工程行业有助于其保持较高利润。

当然，公司可能会争辩这些安排最终会有利于客户，因为利润可以用来支持新产品的开发。有这种可能。非常清楚的是吉博力有一个非常有效的商业模式，在过去 20 年其销售收入年增长超过 8%。

生产商和分销商形成邪恶联盟来利用消费者的无知这一现象在医疗行业也很普遍。不去深究制药行业模糊的市场营销伦理，我们发现在欧洲牙齿种植行业和助听设备生产商中也存在着类似吉博力的代理模式。诺贝尔生物治疗和士卓曼是牙体种植技术领域内的领导企业。持续的创新和客户（在这个案例中是牙科医生）教育带来了较强的增长和高盈利。自 1995 年以来，诺贝尔生物治疗的销售收入年增长为 17%，其最近的经营利润率为 24%。那些采用其种植技术的牙科医生挣到了更高的收入。顾客获得了更好的牙齿，股东笑了！

高档助听器市场由欧洲公司——西门子、威廉德曼特、GN Store Nord 和峰力——主导，在那里也同样强调持续创新。安装助听器的医生和牙医一样，热衷于出售高端产品，这可以让他们挣更多钱。我们从威廉德曼特公司（投资组合持股之一，该公司将 7% 的销售收入用于研发，利润率约 20%）那里了解到，高端产品的一个特征是产品需要定制化安装，因为每个人的"耳道"都是独特的。其助听设备价值在 1000 美元左右，在此之上，安装师还要收另外 2000 美元用于定制化服务。和吉博力的管道工程业务一样，在助听技术方面的革新为提价带来了便利。同样地，客户（安装师—代理）也对价格不敏感。助听设备和植入牙齿的生产商受益于其产品销售的市场是高度分割的这一事实。

另一个代理模式的例子是付款客户并不实际选择服务。莱博检测技术公司是天祥集团在香港的子公司，天祥集团在伦敦上市。这家公司的职责是在中国消费品生产商和美国零售商之间把关商品质量。我们知道美国公司使用莱博检测技术公司来检测中国新产品的原型，以确保其满足特定规格。天祥集团向中国公司，而非美国零售商收取这项服务的费用。这项成本只占了产品价格的一个相对低的比重（低于1%的生产成本）。付款者与服务选择方的分离是莱博检测高盈利的关键所在——利润率高达33%——除了更为明显的网络和规模效应之外。

芒格是对的。当代理牵涉其中的时候，客户愿意支付更多。在我们讨论的每一个例子中，商业模式——无论是管道工程、牙医、助听设备还是产品检测——都涉及价值由付款人向代理的转移，而厂商则在其中切了很大一块蛋糕。上述每一个商业模式都经历了长期的演化，即便消费者在互联网时代变得更加见多识广，上述模式看起来也足够稳固。正如基金管理行业内的代理问题显示了非常强的持续性，我们预计那些利用代理问题的公司的超额利润也会持续。[①]

2.4 数字护城河（2007年8月）

投资用于构建竞争优势的互联网公司可以不用理会短期的盈利

八年前，当时看起来似乎未来属于互联网公司，你可以投资任何名字带有".com"的公司而在几个月内让你的投资翻倍。那时，我们无法证明任何这些公司的估值是合理的，也无法找到任何公司有把握说其在未来仍会继续走强。作为结果，马拉松公司的全球股票组合没有投资任何互联网公司。然而，最近我们全球股票组合表现最好的一些股票的所有业务都在网上。其中的两家还是此前在互联网泡沫时期的明星，亚马逊公司和Priceline.com。考虑到这些公司几乎没有即期盈利，我们为什么还要拥有它们呢？

一开始，这些公司建立起持续的竞争优势。其策略是利用互联网技术的低

[①] 从2007年8月至2014年年末，天祥集团的股价以美元计上涨了83%，吉博力上涨了152%，威廉德曼特的股价下跌了13%。在同一时期，MSCI欧洲股票指数下跌了21%。

成本和可扩展性为其客户省钱。它们认识到在其各自的市场维持压倒性优势的重要性,因此在短期内维持较低的利润率以最大化其长期的盈利前景。

亚马逊公司是这类业务中最著名和最成熟的,并且其业务范围也早就超越了其最初的网上折扣书店。围绕这只股票有很多质疑,部分是由于其在互联网泡沫时期的大出风头,以及最近公司利润率的剧烈变动。利润率的变动源于亚马逊公司持续扩张其业务范围的愿望,以及一系列新的服务——包括为客户提供计算服务的亚马逊网络服务(AWS),以及帮助其他零售商使用亚马逊在处理存货和订单方面专业技能的"由亚马逊公司实现"服务——需要大量的前期投资,并且需要一定的时间才能发展成为盈利的业务。这些投资,大部分都是以即期费用形式入账,使其近年来的利润率变得极为波动(见表2-1)。

表2-1 亚马逊公司的净利润率

年份	净利润率(%)
2003	0.7
2004	8.5
2005	4.2
2006	1.8

资料来源:彭博。

华尔街对其利润率的下跌感到不安,却没有思考投资可能带来的长期利益,而股价则从 60 美元下跌到了 40 美元。现在有迹象显示,亚马逊公司的利润率正在恢复,而销售则按每年 35% 增长。股价从 2007 年年初起几乎翻了倍。令人备感挫折的是,亚马逊公司对其新业务的潜在利润只给出了很少的长期展望,而只是暗示其希望当这些业务成熟后利润率可以达到高个位数。公司的过往业绩让我们相信它能完成这一目标。公司目前的估值只有 2.3 倍的销售收入,远未达到估值过高的程度。[1]

Priceline.com 的股价在互联网泡沫破裂时有巨幅下跌,从最高时的 974 美

---

[1] 我们最终在 2013 年 2 月和 9 月出售了亚马逊公司和 Priceline.com 的股票,从这篇文章发表之日起两只股票分别上涨了 231% 和 1055%。亚马逊公司的股价继续表现强劲,从出售之日到 2014 年末又上涨了 18%,而公司仍然没有显示将要盈利的迹象(其 2014 年净利润率为 –0.3%)。

元下跌到最低时的 7 美元。公司最初以一种无差异的"自行定价"模式运行，直到 2005 年对 Booking.com 的收购将公司的战略转向欧洲酒店代理业务。到目前为止有 32000 家酒店签约；目标 10 万家酒店，再加上欧洲对互联网的更多使用，Booking.com 处于一种很好的态势去获得欧洲酒店预订的更大的市场份额。运营平台只需要很少的成本，而公司已经在产生很好的现金流，后者被用于回购公司股票。Priceline.com 公司的管理层进军欧洲业务本来可能只是偶然，但是他们非常聪明地意识到开创一个新业务的可能，这个新业务能在 3～5 年的时间内产生足够的现金，使得公司现在的估值显得过于保守。

通过低利润率来最大化长期绝对利润额这一简单的商业模式早已为人们所熟知，沃尔玛就是其中最为典型的例子。一点都不令人吃惊，有些反应灵敏的公司会将这一老模式应用于互联网时代。这一策略极大地降低了商业风险（通过减少竞争）而同时提高了长期回报（通过可能的增长）。互联网技术会帮助这些公司获得竞争优势，而投资者会在长期获益。

2.5 质量时代（2011 年 8 月）

我们的组合转向了具有持续进入壁垒的高质量公司

某些不和谐的评论员质疑目前美国和欧洲较高水平的公司盈利是否可持续。然而，作为自至下而上的投资者，我们对资本周期更感兴趣，因为它更多地影响个别公司而非公司的整体盈利。我们寻找那些可以引起股本回报提高的因素，特别是：（1）在那些此前以低回报和过度竞争为特点的行业内寡头垄断的出现；（2）具有较高和日益上涨的进入壁垒的商业模式的演进；（3）鼓励这些趋势的管理层行为。

即便欧洲整体公司利润下降，我们投资组合中的公司也应该能够抵御这一趋势。这是因为在过去这些年，马拉松公司欧洲股票组合已经逐渐完成了向具有较强进入壁垒的高质量公司的转变。

我们已经花了较大篇幅讨论我们在所谓代理商业模式中的投资,包括医疗设备和建筑设备(门锁、电气设备和管道安装等)。基本上,这些公司依赖中介来销售其产品(医生、管道工、锁匠等),而无知的消费者则依赖中介的建议来购买产品,未能意识到厂商和代理在出售高利润的产品上具有共同利益。这些业务模式约占马拉松欧洲股票组合的 10%,并且在 2011 年预计平均 ROE 为 27%,比欧洲非金融公司平均值要高 11%。这些年对品牌消费品的头寸也提高了——包括增加了啤酒股票、联合利华和瑞士火柴公司——其目前占股票组合的 9%,平均 ROE 为 48%。

我们股票组合中权重在近年来增加的另一类商业模式是基于订阅的服务公司,这些公司具有年金一样的收入流。除了同样具有较高基于订阅收入的电信公司,这些公司目前约占欧洲股票组合的 12%,预计 ROE 为 42%。这里的共同主题是客户较长时期的承诺,以及续订时变更的惰性。这些因素,再加上订阅服务带来的规模经济,构成了显著的进入壁垒和持续较高的回报。

当服务成本仅占客户总支出中较小一部分的时候,就更是如此。我们股票组合中的一些公司,包括 Rightmove、Capita 以及一些信息提供商都是如此。英国网上房地产信息提供商 Rightmove 作为最受欢迎的房地产搜索网站,可以享受赢家通吃的网络好处。该公司向地产中介按每个店面收取订阅费,其价格远低于效率较低的印刷广告的成本。当我们在 2011 年 3 月与公司会面时,该年度 65% 的订阅目标都已经实现了,还有 20% 会在 5 月完成。这一年的价格上涨在 16% 左右。

在透析治疗领域,费森尤斯医疗(FMC)占了美国市场份额的 34%,并且从私人保险商那里获得了丰厚的利润。对于后者,透析成本仅占总支出的 2%。和私人保险商的谈判是按州进行的,这限制了客户的议价能力,并且越来越多的保险商转向使用具有内在涨价机制的多年合同。英国企业流程外包公司 Capita 建立了一种商业模式,来与地方和中央政府签订长期合同,并越来越多地扩展到保险和养老金市场中。通过为其客户带来显著的成本节约以及在某些情况下建立成本可以在几家客户之间分摊的服务中心,该公司的利润在过去一直在提高。

在信息提供领域，组合中的公司例如益博睿、里德·爱思唯尔、沃尔特斯·克鲁维尔以及英富曼集团，能够向客户提供独特的信息，其对于客户的价值取决于拥有一个完整的数据库。因此，即便是在经济下行时也很难会考虑取消订阅。即便益博睿的数据采集业务和信贷市场的整体增长相联系，它在金融危机期间仍然展示了适度的增长。

上述三类股票合计占马拉松公司欧洲股票组合的31%。在此之上，再加上医药和电信公司，这些公司也具有高回报（尽管对其可持续性存在较多怀疑），就接近整体组合的40%了（接近非金融股的50%）。这些公司平均ROE为39%，是非金融股整体平均值的2.4倍。

尽管这些公司对经济周期的敏感性各不相同，并且某些商业模式毫无疑问会比另一些更具可持续性，这些高ROE的商业模式很有可能会比消费者具有更多选择的领域表现更好，特别是那些对于较弱的欧洲国内消费有较大头寸的行业。其他对周期更敏感的组合持仓更多地侧重于全球增长，特别是新兴市场，后者的增长前景比成熟的欧洲国家更具吸引力。向高质量公司的转移使得马拉松公司欧洲股票组合的成功与否不再取决于是否能够正确回答下面这个问题，即公司整体利润，无论是因为周期性还是结构性原因，是否将会下降？[①]

2.6 逃脱半导体周期（2013年2月）

利基市场的半导体企业逃脱了行业资本周期的蹂躏

由摩尔定律所驱动，半导体行业在过去30年取得了持续和剧烈的绩效改进，极大地促进了生产力和整体经济。不幸的是，投资者没有从中受益。自1994

---

① 在这篇文章中提到的11家公司（亚萨合莱、罗格朗、吉博力、联合利华、瑞典火柴、Righmove、Capita、费森尤斯医疗、益博睿、里德·爱思唯尔、沃尔特斯·克鲁维尔）中，有10家公司在2011年8月至2014年底跑赢了MSCI欧洲股票指数——唯一的例外是瑞典火柴公司。

年以来,费城半导体股票指数落后纳斯达克指数近200%,并且波动率更高。

表现不佳的理由并不是什么秘密。在科技世界中没有比半导体行业更容易受周期性的繁荣和衰退的影响了。在年景好的时候,价格上涨,公司增加产能,新的参与者进入,通常是从亚洲的不同地区(20世纪70年代的日本,80年代的韩国,90年代中期的中国台湾,以及最近的中国大陆)。过度资本在周期顶部进入,这引起了了相对较差的总行业回报。

尽管半导体企业的历史提供了资本周期的一个经典案例,在行业的利基市场里也有一些公司为其股东提供了非常不错的长期回报。其中的两家在最近被加入到了我们美国股票组合之中:马萨诸塞州诺伍德市的亚诺德半导体公司,和总部在加利福尼亚州米尔皮塔斯市的凌力尔特公司。

半导体是构建电子系统和设备所必需的基本构件。模拟半导体占了全部半导体市场的15%,其余的为数字半导体。模拟半导体的功能是在现实世界和电子世界之间架起桥梁——监控、放大和转换诸如温度、声音和压力这样的现象。最终市场包括移动手机(例如,将声音数字化)、汽车(例如,气囊中的的撞击传感器),以及工业经济(例如,在自动化设备中的温度传感器)。这和数字半导体不同,后者主要是在纯二进制代码的数字世界中运行。

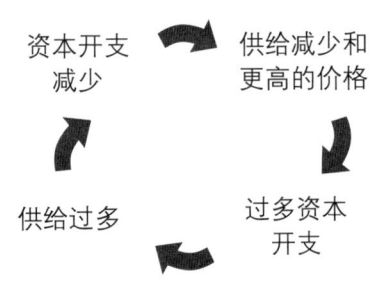

资料来源:马拉松公司。

图 2-1 半导体周期

模拟半导体子行业对于半导体行业较低和波动剧烈的投资回报来说是个显著的例外。例如,亚诺德半导体公司持续多年保持较高的利润率,即便在很糟糕的环境中也能保持可观的利润。在2000—2012年,公司平均毛利率为60%,而经营利润率为25%。取得这样可观的利润所需的资本集约度是非常低的。自

2000 年以来，亚诺德公司资本支出占销售收入比平均在 6%，并且在过去五年下跌到 4%。较低的资本集约度使得自由现金流转化率能够一直保持在较高的水平，平均超过净利润的 100%。

凌力尔特公司展示了甚至更强的经济特性。自 21 世纪初以来，其平均毛利润率为 76%，平均经营利润率在 50% 左右。资本支出 / 销售收入比在 5% 左右，而现金转换率则高于 100%。除了强劲的利润率之外，随着技术日益渗透到日常生活中，两家公司在历史上都经历了较强的销售增长。自 1990 年以来，亚诺德半导体公司销售收入的复利年增长率为 8%，而凌力尔特公司的销售收入则年增长 14%。

这些公司是如何取得这么高的回报的呢？这样的回报是否可持续呢？答案在于理解行业的供给侧——生产流程、市场结构、竞争格局以及定价能力的细节，这些共同组成了资本周期分析的核心。首先考虑一下模拟半导体行业的技术。由于现实世界远比数字世界要复杂和具有异质性，用于捕捉这一特性的产品设计必须要更为复杂和具有异质性。这意味着模拟半导体的产品差异性要更高，而公司独有的知识产权（无论是实物资本还是人力资本）则更为重要。

人力资源的部分基本上难以复制，因为工程技能随经验而加深。设计过程和其他技术领域相比更具有试错的性质，而更少依赖于计算机模型和模拟。要成为模拟半导体设计领域内的专家要花很多年时间——亚诺德半导体公司工程师的平均就职年龄为 20 年。这构成了一个非常重要的进入壁垒。此外，每一家模拟公司的工艺技术都是非常独特的（数字化半导体采用更为通用的流程）。

这样，一家模拟公司的工程师很难被另一家模拟公司挖走而不引起他自己的生产率大幅受损。模拟行业新工程师的供给是有限的——新的科学毕业生更有可能选择数字半导体行业的工作。这在很大程度上是因为在数字领域学习曲线不那么陡，而工作经验也相对不那么重要。作为结果，模拟半导体世界的研究能力在过去是，并且在未来可能仍然会是有限的。

这些因素——差异化的产品和因公司而异的"黏性"知识产权——降低了市场竞争。这些战略优势又因为以下事实而得以放大：和数字半导体相比，模拟半导体的终端市场更为分散，产品线更广，数以千计，而平均订单数量更少。这些市场特征使得一个新的进入者很难进行有效竞争。这样容易保持较强的定价能力，而市场格局在较长时间内都可以保持相对稳定。尽管整体市场相对分散——五家公司的集中度为50%左右——但在各个市场细分领域内集中度较高。例如，亚诺德半导体公司在数据转换器领域占有40%的市场份额。

模拟半导体芯片通常对产品非常重要（例如，气囊撞击传感器），但在材料成本中只占了非常小的部分。这一事实进一步加强了定价能力。凌力尔特公司的产品平均售价低于2美元。作为结果，竞争很少在价格上展开而更侧重于产品质量。此外，一旦一个芯片被设计入某个应用——这一过程通常需要最初的设备生产商和模拟公司通力合作，生产商要替换它会很费钱，因为需要重新设计整个生产流程。这样替代成本就很高，这增强了产品生命周期（通常为十年或更长）内的定价能力和收入重复发生的概率。

最后，非常重要的是，模拟生产过程比大部分技术组件的标准化程度都要低，从而更少会因为摩尔定律的不断前进而面临过时的风险，这显著地降低了资本集约度要求。亚诺德公司超过1/3的销售收入来自年龄超过十年的产品。这使得这个行业免遭资本周期的破坏性力量之害，后者在数字半导体行业造成了严重的破坏。因此，有充分的理由认为这些公司在历史上取得的高回报在未来仍可持续。

我们还相信管理层在未来会为了股东的利益而分配公司盈余现金。历史上，这些企业的增长大部分来自于内生增长，盈余的现金被分配给股东。这对于科技行业内的公司是一个了不起的成就，在科技行业内从事战略性并购的冲动是如此强烈，通常以损害股东利益而告终。我们希望两家公司任职多年的管理层团队能够继续谨慎地配置公司的资本。亚诺德公司和凌力尔特公司目前的自由现金流收益率都在5%。由于长期自由现金流增长很有可能与历史水平相同，我们预期总的年化投资回报在低双位数。[①]

[①] 从1994年初至2014年末，费城股票交易所半导体股票指数上涨了474%，落后纳斯达克综合指数近19%。同期，凌力尔特公司股票上涨729%，亚诺德公司股票上涨1059%。

2.7 增长中的价值（2013年8月）

一家中国互联网公司的市场主导地位证明其高估值是合理的

永远不要忘记，投资在其最基本的形式上总是并且在任何地方都是关于价格和价值。奥马哈的先知说，价格是你付的，而价值是你得到的。按照这个定义，任何认真的投资者都必须是一个价值投资者。这不是说投资者应该将自己限制在购买那些具有低估值倍数的公司。投资最终是关于以相对内在价值的折扣购买股票。

那么你该如何计算价值？从理论上说，价值应该从未来现金流按一个恰当的折现率折现到今天来计算。问题在于我们不善于做出预测，尤其是关于未来。但这并没有妨碍我们。用纳西姆·塔勒布的话说，我们都容易犯"认知的傲慢"的毛病——用大白话说，我们认为我们比自己实际能够的要更擅长预测未来。[①]结果是我们对自己的预测有一种错误的自信。投资者喜欢模型，因为它看起来好像很科学（使用的Excel工作表越多，效果越好）。

然而，投资模型会鼓励锚定。大多数模型通过调试，以在当前价格上下一定合理范围内产生一家公司的现值。另一个问题在于折现率。如果你认为历史波动率（贝塔）不是衡量风险的一个好尺度（我们认为不是），那就会不清楚该去如何计算折现率。在马拉松公司，我们认为详细的预测几乎不增加价值。

对待预测困难的一个常见反应是转而采用简单的价值指标，例如市净率、市盈率（P/E）和自由现金流收益率。很多"价值"投资者主张购买一篮子按这些指标衡量便宜的股票。这一方式并没有什么内在的错误。每一个指标都是很有用的衡量潜在价值的标志，但存在过度简化的危险。传统的价值指标没有反映一项投资的具体环境——例如，一家公司的商业模式、行业结构以及管理

---

① 纳西姆·塔勒布，《黑天鹅：高度不可能事件的影响》。该书词汇表将认知的傲慢定义为"某人实际知道的和他认为他知道的之间的差异"的度量。过度意味着傲慢，不足意味着谦卑。认知贵族是具有认知谦卑的人，他对自己的知识持极大的怀疑态度。

层配置资本的能力——而这些决定公司未来的现金流。

量化价值指标还容易鼓励将投资风格做狭隘的归类。以标普美国风格指数为例，价值股是根据股票的市净率、市盈率和市售率来定的。另一方面，增长指数是根据每股盈利三年变化，每股销售收入三年增长率，以及 12 个月股价动量来衡量。尽管这些指标中有一些很有用，但用它们来作为衡量价值的唯一框架就显得过于粗糙了。对我们组合的分析常常会产生一个疑惑：把马拉松公司放到哪个类别里更合适？传统的标签——"增长"或"价值"——不太适合于我们资本周期的投资方式。

以百度这家占统治地位的中国互联网搜索引擎为例，我们在最近把它加入了马拉松公司的投资组合之中。在购买之时，这家公司的估值在 7.2 倍的账面价值和 18 倍的盈利，从价值角度看两个指标都不吸引人。

然而，考虑到百度 70% 的市场份额，以及在这一行业中利润总是不成比例地向市场领袖集中，这使得其竞争对手很难生存。百度的商业模式还只需要很少的资本支出，利润向现金的转化率超过 100%。资产负债表轻资产的性质有助于管理过度投资和流动资产的占用，它们是快速增长模式的两大危险。百度目前单次搜索货币化率不到发达市场同行的 1/10，这留下了进一步改善的足够空间。此外，创始人、CEO 和董事会主席李彦宏持有 20.7% 的市场份额，这使得其利益和外部投资者一致。尽管在这一投资上存在一些风险（不仅包括供给侧的破坏性变革），我们认为"昂贵"的百度股票为长期投资者提供了一个非常吸引人的价值投资机会。

2.8 质量控制（2014 年 5 月）

资本周期分析帮助发现具有高且可持续回报的投资

资本周期的投资方法通常与"价值"股相联系，在这一领域较低且下降的回报引起资本撤离，这为最终盈利和估值的恢复奠定了基础。资本周期同样也能应用于那些具有较高和可持续回报的公司，但这点或许没有被太多人认识到。这类企业在过去十年提供了马拉松公司业绩表现最好的一些股票——康乐宝、天祥集团、吉博力、Gartner、花王和 Priceline.com 是其中的几个。这些投资是如何适用资本周期分析的框架的呢？

定价能力是这些投资获得高回报最持久的决定因素。定价能力来自两个方面。首先是集中的市场结构，它与跨越需求周期对产能的有效管理紧密联系，它促进了理性的定价方法。其次是产品或服务本身的"内在"定价能力。当价格不是客户购买决定中最重要的因素时，定价能力就产生了。通常，这一特性是由于无形资产的存在而产生的。无形资产有好几种，我们可以从马拉松公司的持股中找到例子。

一个明显的例子是消费品牌。在牙膏产品目录中，私人品牌的渗透率只有 2%，这支持了高露洁极佳的经济特性。[1] 无形资产还可以从长期的客户关系中产生，正如在代理商业模式中（罗格朗、亚萨合莱或吉博力），客户依赖于中介（分别是电气工程师、建筑师管道工）的推荐。代理的利益在于安全、质量、可靠性、易得性，以及或许包括他自己挣得佣金的可能。在这种情况下，价格传递到最终客户，在后者的总价中产品成本只占了很小的一部分。[2]

某些时候，一个产品已被嵌入到客户的工作流之中，以至于变动的风险远超过任何潜在的成本节约——例如，在基于订阅的服务中，如计算机系统（甲骨文）或工资单数据处理系统（ADP，Paychex）。客户可以从公司的规模中获益的网络是另一个例子，例如安保公司（西科姆）、工业气体公司（普莱克斯公司，液化空气集团）、汽车拍卖（USS）或质检公司（天祥集团）。最后，领先的技术（英特尔，凌力尔特）可以是另一个重要的无形资产——尽管这可能是不太能持久的定价能力，除非它能和其他因素相结合。当上述某些特征结合在一起，导致产品或服务的成本相对于其重要性较低，这就会产生非常好的经济效果：例如，模拟半导体芯片用于触发汽车安全气囊，但其成本却只是略高于 1 美元。

无形资产的存在构成了一个非常强大的进入壁垒。其从性质上看就是持久

---

[1] 见上文，2.2 持久战。
[2] 见上文，2.3 双重代理。

的，难以复制的和倾向于具有规模效应的。重要的是，壁垒常常随时间而增强，因为资本的高回报带来了充裕的自由现金流，后者又可以被再投资于企业。例如，在过去五年，宝洁花了400亿美元在广告上，而英特尔则花了差不多同样的金额在研发上。这驱走了新的进入者，短路了资本周期的破坏性方面——过高利润通常吸引竞争者，从长期看侵蚀了利润。这样，无形资产的存在创造了一个良性循环，它允许内在价值在较长的一个时间内以高于平均速度复利增长，如果还能再加上谨慎使用自由现金流，这对长期投资者来说就是一个极为强大的组合（管理层在这一进程中的作用是至关重要的——高内生增长可以很快被考虑不周的投资决策或错误时点的回购稀释掉）。

关键在于，这一较高的复利增长率的风险较低，原因在于，高回报业务的经济特性通常对不利冲击具有更强的抵抗力。这部分是由于数学——1%的利润率下降对于5%利润率的业务的影响要远大于对20%利润率的业务。同样，那些带来持续高回报的因素——无形资产，强市场地位和理性的管理层——还使得一个企业在面临商业环境中的不利变动时更为坚韧，无论这种商业环境是宏观经济或行业特性。

对于短期投资者来说，按较高的速度复利增长的好处可能显得不太重要。在较短的时间内，股价通常由其他因素驱动，例如宏观经济或股票特定的新闻流。投资于高质量的公司在短期看显得乏味和不值当。伴随投资高质量公司而来的低风险只有在较长时期才能被恰当地观察到。投资者通常更关注于短期，这一事实部分是由于心理的作用——人类的大脑更习惯于对短期的威胁和刺激做出反应，而并不习惯于做多年规划。这可以在多个行为学思维捷径（heuristics）中观察到——较为明显的是双曲贴现[①]和近期偏差。短期主义可以在机构化的设置中得以强化。在大多数投资公司中，基金经理与业绩相关的薪酬部分偏重于年度业绩，这阻碍了长期思考。

最后，还有一个更为技术的原因，为什么高回报企业的好处并不总是被投资者完全认识到。这是由于投资者倾向于关注损益表。这引起了对市盈率（P/E）估值指标而非对价格/自由现金流比（P/FCF）的痴迷。这样，所有的盈利

[①] 有证据表明，投资者对越是未来的现金流采用越高的贴现率——这一现象被称为"双曲贴现"。参见：安德鲁·霍尔丹.短的长期.英格兰银行，2011年5月演讲.

增长都被认为是相同的，尽管当资本回报和自由现金流产生率较高时会有显著更高的价值创造。在面临选择投资两个具有相同盈利增长的公司时，我们会准备为那个具有高资本回报和较好现金转化能力的公司付明显更多的钱（按市盈率）。

简单地说，有很多好的理由去投资具有可持续高回报的企业。现在似乎是一个格外好的时机去这么做。理由很简单——在几乎所有行业中，利润率都接近历史最高水平。因此，考虑到利润率在历史上具有均值回归的倾向，有理由去思考目前的利润率是否是可持续的。此外，尾部风险仍在潜伏之中——主要是私人和公共部门较高的负债水平，以及史无前例的货币刺激带来的不确定后果——可能会在未来某个阶段影响低质量公司的利润。目前的估值水平并没有要求投资者为这些具有极佳可持续回报的公司支付溢价，这也是我们全球股票组合中配置这么高比例的高回报公司的原因。①

2.9 无人关注（2015年2月）

向客户提供不可取代服务的公司通常被证明是非常不错的投资

典型的增长股刚开始时具有较高的回报，增长的销售收入和光辉的前景，但结果只是在日后一蹶不振。问题在于高盈利和增长的业务往往吸引大量竞争，尤其是当它们处于令人激动的行业，例如科技行业之中。那些以较高的初始估值购买增长的投资者往往以失望而告终。然而，我们发现有一类公司值得为其支付溢价。我们喜欢的增长股从事那些看起来乏味但对其客户而言却是必须的业务——这些业务是如此的必要，以至于其客户都很少关注价格。

当马拉松公司和这些公司接触时，从管理层那里最常听到的评论是，尽管

---

① 在本文写作之时，马拉松公司全球股票组合中前十大持仓股具有25%的总经营利润率和股本回报，而历史P/E倍数（18倍）和MSCI世界股票指数一致。这些公司超强的自由现金流转化率（92%对65%）意味着从股价/自由现金流比率看这些公司存在折价。

其产品（或服务）只占客户总成本的非常小的一个部分，但却对客户非常重要。可能是某个特定的部件对于某个工业流程或公司的工作流是"关键任务"。例如，如果客户因为某个关键的部件出了问题而不得不关闭一条生产线时，就会造成非常高的成本。因此，可靠性会远比价格要重要。产品还可能因为其质量、安全性或业绩特性而变得不可或缺。

产品对客户具有很高的价值通常伴随着其他好处，这限制了竞争，保证了较高和可持续的回报。这些其他的好处可能是生产和销售领域内的规模经济、监管壁垒和较高的转换成本。公司谈论"基于价值"或"技术性"的销售，这通常涉及具有较高资质的销售人员嵌入到客户的研发部门之中。有些时候这意味着该部件在产品的生命周期中是强制使用的，这在汽车和航空领域内是非常普遍的。

我们在一系列不同的行业内都观察到过这样的"不引人注意"的公司。在科技领域，模拟半导体公司，例如凌力尔特公司（资本回报率达到了惊人的141%）和亚诺德半导体公司（ROCE 为 25%）实现了一个关键的功能，来将现实世界的现象（热、声、光）和数字世界联系起来。芯片的成本只占设备总成本的很小百分比（见前述）。某些软件公司展现了类似的特征。薪酬处理公司例如 Paychex（ROCE 为 35%）和 ADP（ROCE 为 25%）提供了一个非常重要的服务，但是，以 ADP 为例，却只花雇主每笔工资 3 美元。小公司不愿意费力来做这种繁琐的，需要花费大量时间的工作，而且对于经验不够丰富的行政人员来说，出错的可能性很高。将这些工作外包给 Paychex 更好，后者可以照例每年提价 3% 却不会丢失客户。在欧洲，计算机辅助设计和辅助管理（CAD-CAM）公司，例如 Aveva 和达索系统公司为设计工程师提供了关键任务服务。成为供应链上必不可少的一环，为这些公司提供了有效的进入壁垒。

在消费品领域，调味品和香料公司出售对于最终客户购买决策非常重要的成分。然而其产品却只占最终产品的很小一部分。以工业制酶为例，大量的流程目前使用小剂量的酶来提高效率以及提供产品差异性。丹麦的诺维信公司目前在该领域占统治地位。酶在清洁剂中通常只占总成本的不到 5%。由于占全球 50% 多的市场份额，诺维信公司还可以享受巨大的规模经济。

类似地，专业化工公司在特定产品上可以获得非常高的利润率。禾大公司

（ROCE 为 23%）是一家英国的上市公司，其管理层曾经跟我们描述过他们如何在某种抗衰老化妆品的特定活性成分上获得了 90% 的利润率。考虑到产品（基肽）的成功，他们后悔没有谈判收取特许权费，因为该产品的定价只占最终产品售价的不到 1%。另一家英国利基市场化学公司威格斯，是世界领先的聚芳醚酮（一种在工程应用中使用的聚酯）生产商。它跟我们介绍过其专业销售团队是如何与 OEM 公司例如苹果公司在新产品设计阶段合作的。这家公司获得了可观的超过 35% 的经营利润率和约 25% 的资本回报。

实验室供应商的市场利润率非常高。这里的关键在于客户（科学家/实验室技术员）更关注产品质量、可获得性和服务，而不太关注价格，订单是经常性的（每天），并且量相对较小。因此客户很少会感知到价格。这里的例子包括沃特世公司（液相色谱）、颇尔公司（过滤器）和梅特勒-托利多公司（测量仪），这些公司出售设备和耗材。科学家们非常不愿意更换供应商——沃特世公司声称其甚至无法替换自己老的技术。监管造就了进入壁垒。在药品生产流程，产品通常需要经过 FDA 的批准，这带来了潜在的替换成本。如果他们试图去更换哪怕一个较小的供货商，制药商们可能也需要 FDA 对整个生产流程进行再次批准。

工程公司从那些看起来很普通的产品，例如阀门和执行器中也能获得很高的回报。罗托克公司（ROCE 为 24%）生产的执行器被用来在庞大的石油和天然气冶炼厂中控制流体和反馈数据。这对于工厂的运行和安全是如此的关键，以至于设施的拥有者，例如皇家壳牌公司，会指定分包商使用罗托克公司的执行器。在过去十年，罗托克公司的内生增长按 12% 的比率复利增长。斯派莎克工程公司出售用于在工业流程中控制和应用蒸汽的工程器件，它的资本回报率（ROCE）约为 17%。它用一支庞大的工程师大军来访问客户的工厂，演示其产品可以如何用来改进能源效率和环境影响，公司的利润率为 20%。最后，IMI 公司（ROCE 在 20% 多）重新将其业务集中到在关键应用中控制流体和气体的产品。

尽管这里讨论的公司的高利润率或许没有被其客户注意到，这没有逃脱投资者的注意。过去，当我们接触到这些非常棒的企业时，我们容易假设高估值意味着这些公司在股票市场中已经被公允定价，或甚至估值过高了。然而，在几年后，当我们再次接触到同样的公司时，我们常常发现这些公司的股价涨了很多。例如，当我们在 2005 年第一次接触到斯派莎克工程公司时，该公司的市盈率约 17.5 倍，股价约 8 英镑。我们放弃了这只股票。但五年后，当我们第二次与这家公司会面时，股价已经超过了 18 英镑。我们再次得出结论，这只股票的股价已经充分反映了其基本面。自那以来，股价又几乎翻了一倍。教训似乎是，对于那些高质量，"不引人注意"的公司，充足的估值通常是合理的。①

---

① 斯派莎克公司的股票目前交易价格约在 35 英镑。

第三章 管理层很重要

和很多其他投资者一样,马拉松公司从不吝于引用沃伦·巴菲特。这位奥马哈的先知的一句话已经几乎成了公司的口头禅,即,"如果一个CEO在其任职期间内每年公司保留盈余相当于公司净值的10%,则任职十年后,这个CEO配置的资本就超过了公司全部资本的60%"。这意味着投资者必须对管理者资本配置的能力给予特别关注。

随着马拉松公司投资持有期限的延长(这与基金管理行业整体情况相反),管理层资本配置的技能对投资结果十分重要这一认识得到了进一步强化。通过面对面的会晤以及一般的观察,对管理层的研究已成为马拉松公司日常工作中的一项重要任务。这一章描述的芬兰三普集团的比约恩·瓦尔罗斯的例子说明了为什么理想的公司高管是那些了解其行业资本周期,并且利益与外部投资者一致的人。

3.1 食品换思考 (2003年9月)

行业专家未能预测到某家荷兰公司的倒闭毫不令人吃惊

人们都说人从失败中可以比从成功中学到更多。随着时间的推移,马拉松公司的欧洲股票组合也经历了一系列失败,我们可以肯定上面这句格言对于投资也适用。观察他人的失败也同样具有启发(充满了幸灾乐祸)。阿霍德公司,一家源于荷兰的国际食品零售商,提供了一个近年来欧洲最著名的股东价值崩塌的案例。[1] 幸运的是,我们由泛行业分析师组成的专业投资小团队在事先就发现了由于资本配置不当、管理不善和糟糕的会计政策给这家全球第三大超市集团带来的危险。问题在于为什么由高度专业化(和薪酬极高)的分析师组成的团队未能发现这一问题。我们回过头去检查了由某些著名的投行出版的关于阿霍德的研究报告。我们发现,这一研究揭示了行业专家模式的系统性缺陷,在很大程度上是源于分析师与其所跟踪的公司之间的关系。

3.1.1 与管理层走得太近

分析师被管理层"俘获"的可能性总是存在。这一风险对于行业专家尤其高,后者将其大部分时间用于跟踪几个公司,而泛行业分析师可能跟踪上百个公司。俘获的风险在于分析师有可能成为管理层的喉舌。就阿霍德而言,俘获成了真实和现存的风险。例如,某个投行分析师的报告以"在赞丹(公司的总部)生活","访问 Stop & Shop(译注:阿霍德公司在美国的连锁超市)","与康奈提格州高绩效 Stop & Shop 团队共度的一天以及和 CFO 的一晚"为标题。在我们看来,分析师采用的标题揭示了其与阿霍德管理层不太健康的过分接近。

阿霍德公司在信息披露上的不透明臭名昭著。通过偶尔向特定的分析师透露专属信息,管理层使得收到信息的人(有意识或无意识地)觉得他们欠管理层一个人情——我们常说的"礼尚往来倾向"。而当情况开始变糟时,

---

[1] 2003年2月24日,在皇家阿霍德公司宣布其利润被高估5亿美元之后,这家荷兰超市集团在纽约证券交易所的股价下跌了63%。这一会计问题与其在美国的食品业务运营有关。

古怪而奇特的斯德哥尔摩综合征效果——人质成为绑架者的喉舌——就可能起作用了。①

3.1.2 过多信息

拥有更多信息并不必然能改进决策质量。我们从赌马的研究中了解到，当赌徒获得关于马和骑师的更多信息时，他们相应地变得更有信心，尽管他们挑到胜出者的可能性并没有变得更高。当分析师拥有太多数据时，会存在只见树木不见森林的风险。过度关注阿霍德公司每季度每平方米销售额的增长以及其他的一些指标并不会为将要发生什么带来好的洞察力。另一方面，对公司在过去五年现金流的分析，可以很快地让人发现关键问题，即阿霍德公司的管理层并没有能够从其核心业务中产生现金流。

另一个问题是"认知失调"，即与此前已形成的结论相冲突的信息被屏蔽掉了。这一问题似乎影响了某一家投行，该投行此前得出结论：阿霍德公司在多元化进入食品服务行业后被不公正地降级了（就估值而言）。这家投行此后对阿霍德公司的负面信息视而不见。后来发现食品服务业务的利润被欺诈性地高估了。参与赌马的赌徒在下注之后对其观点显得更有信心。风险在于，分析师根据单一思考得出结论，然后固执于其观点，无论发生了什么。

3.1.3 活在蚕茧之中

行业分析师活在蚕茧之中，他们过度接触公司管理层以及同行业的分析师，却对其余世界所知甚少。羊群效应倾向于在同行业分析师中加强类似的观点。他们的思考反映了丹尼尔·卡尼曼所谓的"内部人观点"。在阿霍德公司的例子中，零售行业分析师花大量时间用于比较公司与其美国同行包括艾伯森公司以及克罗格公司的一系列业绩指标。然而，作为全球投资者，我们觉得将某个特定行业内的公司与其他行业或国家的公司比较更为有用。特定行业分析师无法说出阿霍德公司相对于一家斯堪的纳维亚纸业公司或一家泰国水泥公司是否是更好的投资。

---

① 《经济学人》（2003年2月27日）报道某个投行分析师抱怨阿霍德公司管理层"试图吓唬我们"。

3.1.4 糟糕的激励

管理层对公司的资本配置有非常大的影响。高管的决策很有可能受其激励的影响。然而行业专家的研究很少会考虑像激励机制这样的关键问题（在关于阿霍德公司的投行研究报告中，没有关于激励机制的任何笔墨）。或许，卖方分析师的这一疏忽与其自身的激励机制，以及这一讨论可能引起在防火墙的另一侧公司金融部门同事的不高兴有关。尽管阿霍德公司释放了许多基于经济增加值（EVA）的激励计划的信息，我们了解到CEO的薪酬主要是基于每股盈利（EPS）的增长——而这一指标可以通过并购以及使用杠杆来加强。考虑到荷兰会计准则的尺度较为宽松，以及阿霍德公司通过并购来获得增长的模式，这让我们感觉不太好。当我们发现CEO只拥有不到1700股公司股票（在股价最高时只值不到7万美元）时，情况看起来就更糟了。

3.1.5 一个甚至更糟的业绩指标

毫不意外的，考虑到这些激励机制，阿霍德公司表现出特别善于实现每股盈利（EPS）增长。公司取得了连续23个季度EPS双位数增长的惊人表现。但这个纪录太好了以至于不可能是真的：阿霍德公司2000年度、2001年度以及2002年前三季度的业绩都被重新发布了。为什么行业专家分析师那么关注每股盈利呢？其中的一个理由与较短的业绩衡量期有关。如我们前面所述，季度现金流量表相对来讲是没有意义的。利用权责发生制的会计原则，管理层有相当大的空间决定报告的数字。不幸的是，欺诈的空间很大。季度EPS数字还在股票市场的游戏中扮演了一个角色。一旦分析师设定了下个季度的EPS市场预期，而管理层业绩又超过了预期，股价会上涨。我们此前讨论过这个游戏的无效性，因为它受制于"古德哈特"定律（也即，一旦某个数据被广泛接受为衡量指标，它就不再有效）。[1]

上面这些论述不是要说行业分析师没有任何优点。我们给他们打电话来帮助我们在每个行业中产生的大量专业术语中前进，并让我们了解行业的主要发展趋势。同时，由于上面提到的风险，我们无意在公司内部引入行业分析师的模式。困难在于如何说服其他人，"专家"（例如，大量的知识）并不必然带

---

[1] 见《资本账户》，PP.209-212。

来出色的投资回报。我们相信，原因很微妙和复杂。阿霍德公司令人沮丧的故事揭示了一部分问题之所在。①

3.2 踩错周期（2010 年 8 月）

公司世界一个极大的谜是管理层高买低卖的倾向

既然目前资本市场已经恢复了一些平静，回顾一下管理层在雷曼危机之前和之后是如何行动的就是一个很有意思的练习了。整体来看，大多数管理层，事实上是各个行业，都在从事顺周期的行为。非常令人沮丧的是，公司总是不断地在周期的顶部回购其股份，然后在周期的底部再去募集新的资本。在这一过程中，股东总是一如既往地赔钱。哎，这一次也没有什么不同。

公司为何总是高买低卖，即便在涉及其自身股票时也是如此？这个问题成了公司行为中一个极大的谜团。这基本就是过去几年动荡市场中的基本情况。当市场上涨到接近于其 2007 年的高点时，公司花了大量的钱用于购买高估的股票，无论是通过现金并购还是回购（见图 3-1）。即便股票发行也达到了一个峰值，我们怀疑大部分股票发行的目的是用来购买其他公司高估的股票。这正是富通银行增发 190 亿欧元股票的情况，该股票发行被用来购买荷兰银行的部分资产；而淡水河谷也在市场顶点增发 30 亿欧元股票，用于收购明显是高估了的资产（如果淡水河谷此后 66% 的股价下跌可以作为依据的话）。

公司及其管理层羊群一样的行为从来都不会失去让人震惊的能力。太多时候，当一家公司决定回购股票后，其竞争对手也会跟着干。同样地，融资（增发）也常常同时发生在同一个行业内的多家公司。它们同时发生的理由之一就是没有一家公司愿意看到其竞争对手获得融资优势。例如，欧洲的建筑材料公司——

---

① 马拉松公司此后在 2014 年中购买了阿霍德公司的股票，那是在公司收缩了业务并将管理层薪酬关注的重点由 EPS 目标转向资本回报之后。

包括豪瑞公司、拉法基公司和圣戈班公司——在2009年初的市场低点总共募集了100亿欧元，而在此前的2008年它们都少量回购了自己公司的股票。正是这些公司在周期的顶部大量投资，在2005—2008年期间总共投资了惊人的460亿欧元，而在此后的2009年它们则出售了90亿欧元的资产。法国水泥集团拉法基公司通过下面这个例子阐释了价值的毁灭：它在2007年末以102亿欧元的总价以现金和股票购买了埃及水泥集团Orascom公司，然后在2009年市场低点被迫增发股票。从那次收购算起，拉法基公司的股价已经下跌了约64%。

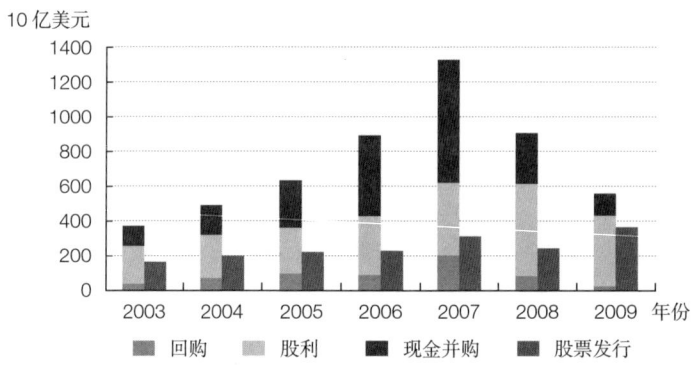

资料来源：野村证券，Dealogic。

图3-1　欧洲资本配置

顺周期的行为并非仅限于建材行业。欧洲的住宅开发商也在2003—2008年回购了19.5亿欧元的股票，结果却在2009年和2010年发行了更高金额的新股——该行业目前的市值只有其2007年顶点时的1/3。欧洲的汽车行业也是一个典型，其在2000—2008年适度净回购了70亿欧元的股票（其中2/3发生在2008年的市场顶点），然后在2009—2010年滥发股票，总计融资121亿欧元，来为这个被金融危机放倒的行业融资。

少数几家公司利用这场危机来达成交易，从事后看很可能将成为地板价。这主要发生在银行业，法国巴黎银行吞并了富通银行（比利时和卢森堡的业务）；巴克莱银行购买了雷曼的美国业务；三普集团收购了北欧联合银行很大一部分股权（目前已经有了10亿欧元的利润）；桑坦德银行抢购了Alliance & Leicester银行，Sovereign Bancorp以及法国巴黎银行的一部分。在汽车行业，菲亚特以零成本和政府部分担保收购了克莱斯勒公司。这些收购或许将成为巴菲特在市场低点用现金收购 GE、哈雷戴维森、瑞士再保险和高盛的欧洲版。

尽管董事会在为股东利益回购和发行股票时通常总是踏错了点，内部人在为其个人账户买卖股票时做的要好得多。在前面提到的淡水河谷的案例中，公司的 CEO 在接近市场高点时出售了他大部分的股票（价值 400 万欧元）。尽管内部人在股市达到金融危机之前一直是股票的净卖出者，对这一剧烈波动时期公司董事交易行为的研究却发现董事在此之后过早地变成了净买入者，并且在市场下跌的过程中继续买入直到 2009 年一季度末，从那时起，正当市场开始恢复，他们却成为净卖出者，并且卖出数量巨大。这或许是因为他们在市场动荡时被迫推迟交易，同时也是因为他们对再次下跌的普遍担心做出反应。

回头去看过去几年，我们最主要的印象是大部分公司都踩错了周期，误判了危机。作为结果，糟糕的资本配置决策横跨整个时期。便宜的债务以及看起来美好的增长前景的诱惑，使得很多管理层认为不仅他们自己的股票便宜，很多其他公司的股票也很有价值，特别是考虑到当时极低的资金成本。私募股权的泡沫又进一步恶化了这一羊群效应的行为。公司过度行为在周期高点不可避免地出现，这对公开市场股票投资者的回报是一个显著的拖累。

3.3 资本分配者（2010 年 9 月）

最好的管理者理解其行业的资本周期，并且以一种逆周期的方式进行投资

当投资者对一家公司做长期投资时，一般来讲，成功或失败取决于被投公司高管的投资技能。从中期来看，资本回报一般取决于 CEO 关于资本开支、并购活动以及为业务发展融资的债务和股票规模的决策。此外，是否发行或回购股票，以及做这些决策时的股价，可以对股东回报产生重大影响。当投资组合经理购买股票时，他们事实上将投资责任外包给了现有的管理团队。

CEO"资金管理"的技能可以和他日常经营管理的技能同等重要。不幸的是，正如我们在其他地方注意到的，欧洲商业领袖在资本配置这一问题上倾向于表现出羊群效应和顺周期的特征。

问题在于他们常常缺乏合适的技能。正如沃伦·巴菲特指出的：很多公司的领导缺乏资本配置的技能。他们的技能缺乏并不令人吃惊。大多数老板升到公司的顶层是由于他们擅长某一领域，例如市场营销、生产、工程——或者有些时候是机构政治。

对所有CEO来说，管理金融公司或许是最具有挑战性的了，因为这比管理一家食品零售商或消费品公司需要做更多的资本配置决策。近年来，有太多关于银行CEO们因为错误的资本配置而将银行搞砸的例子，其中最臭名昭著的或许就是弗雷德"粉碎机"古德温（译者注：苏格兰皇家银行前CEO）在全球金融危机爆发前夕通过购买荷兰银行的资产而将苏格兰皇家银行的资产负债表撑爆的例子。

然而，有时也会出现对这一基本规律例外的管理层例子。其中就包括在芬兰金融服务集团三普集团长期任职CEO的现主席比约恩·瓦尔罗斯先生。这是马拉松公司长期持有的股票，也是我们欧洲股票组合中最大的金融股之一。

比约恩·瓦尔罗斯先生是在非常好的时机将其精品投资银行（Mandatum）以4亿欧元出售给三普集团后，于2001年加入三普集团的。收购对价是以三普集团的股份支付的，瓦尔罗斯在Mandatum中30%的股权被转换为三普集团2%的股份。这个交易事实上是一个反向收购，作为协议的一部分，瓦尔罗斯成了三普公司的CEO。当时，三普集团由三块面向国内的业务构成，即银行、财产保险（P&C）和人寿保险。该集团当时持有诺基亚1%的股份，当时市值15亿欧元，或三普集团净资产的22%。瓦尔罗斯成为CEO后，其最初的行动之一就是在2001年11月前将诺基亚的股份由3500万股减持至670万股，平均减持价格为35欧元。现在，诺基亚的股价为7.2欧元。

他下一步的行动与作为公司主业的芬兰财产保险业务有关，该业务的国内市场份额为34%，但基本上已经饱和了。瓦尔罗斯将这块资产注入泛北欧财产险业务单元"If"之中。作为回报，三普集团获得了后者38%的股份（以及一半的投票权），外加1.7亿欧元现金。这一合并后的集团控制了挪威37%的市场份额、瑞典 23% 的市场份额和丹麦 5% 的市场份额。新的定价纪律（即寡头定价）被引入，综合成本率[①] 很快从 2002 年的 105% 下降到了 2005 年的 90%。

2003 年，在新的策略的全部好处被实现前，三普集团利用其合作方的金融困境买断了财产保险业务 100% 的股权，当时整个业务的隐含价值为 24 亿欧元。目前，投行用分类加总估值法估算的"If"最低价值为 40 亿欧元，而瓦尔罗斯先生在公开邀请潜在的买家的邀请中将这块业务定价在 80 亿～90 亿欧元。下一个战略举措是在 2007 年，三普公司在全球金融危机之前宣布将其芬兰零售银行业务出售给丹麦丹斯克银行。在这笔交易中，三普公司取得了 41 亿欧元现金的市场峰值价格。此后，随着三普集团逐步建立起其在北欧联合银行 20% 的持仓，这部分现金被逐步再投资于一个更高质量的银行业务中。他们目前在北欧银行已投资了 53 亿欧元，平均持股价格为 6.39 欧元，而目前市价是 7.7 欧元。几乎一半的头寸是在接近 0.6 倍的账面价值购买的，对比其在出售芬兰业务时取得的 3.6 倍账面价值，这是一个非常可观的套利。

在雷曼破产之前，瓦尔罗斯资本配置的神来之笔是将三普集团股票配置的比重降到 8%，而同时在流动性较强的固定收益资产上保持了较高的比重。作为结果，公司得以在 2008 年秋天从困境出售者那里以较低价格购买了 80 亿～90 亿欧元商业信贷。三普公司在购买芬兰最大的纸业公司芬欧汇川集团的债券时尤为积极，该债券在当时的收益率超过 8%。做出投资这家公司债券的决策相对容易，因为当时 UMP 公司的董事会主席正是比约恩·瓦尔罗斯先生。据公司反映，这一对公司债券的投资已经产生了 15 亿欧元的回报。

作为这些精明的资本配置决策的结果，三普公司的股价轻松地跑赢了金融服务业同类股票，并且自 2001 年 1 月起股票上涨幅度超过了欧洲整体股票市场近 2.5 倍。三普公司的案例研究包含了很多我们追寻的管理层的关键特质，即拥有一个能够了解并能推动行业资本周期（北欧财产保险行业整合的故事）的 CEO，逆周期地配置资本（在全球金融危机之前出售股票），恰当的激励机制（持有较多的股份）以及当有人愿意付高价时不带感情色彩地出售资产（出售芬兰银行业务）。遗憾的是，在欧洲其他地方很少有像三普公司管理层这样的案例。[②]

---

① 综合成本率是损失和费用之和与收到的保费之比，该比率被用于保险和再保险行业。超过 100% 的综合成本率意味着承保损失，而低于 100% 则意味着承保利润。
② 三普公司的股价持续表现强劲，从本文发表到 2014 年末以美元计又上涨了 75%。

3.4 北方之星（2011年3月）

北欧地区股票出色的长期表现反映了管理层的质量

对于一个深信盎格鲁—撒克逊资本主义自由竞争信条的人来说，北欧公司的成功是一个谜。北欧地区准社会主义的社会有较高的税率和全面的福利体系，它是如何成功地成为资本主义公司的天堂的呢？考虑到我们长期超配斯堪的纳维亚地区公司股票，我们或许可以试着回答这些问题。

从股票市场回报来看，20世纪瑞典的股票在全球表现最好，年实际回报7.6%，同期美国股票回报为6.7%。经过100年的复利增长，瑞典股票投资者的回报会是美国投资者的两倍。斯堪的纳维亚地区还在一系列不同行业产生了世界级的公司，包括H&M和宜家（零售业），马士基（航运），成功的资本品公司例如阿特拉斯科普柯（压缩机），山特维克（硬质合金刀具），以及沃尔沃和斯堪尼亚（卡车生产商）。在科技领域，爱立信和诺基亚仍然保有市场领先地位，尽管后者在近年来广为人知的困难。

除了受益于丰富的自然资源禀赋以外，北欧国家还得益于稳定的法律和政治结构，在瑞典还得益于其军事中立的政策。新教工作伦理，工会和管理层之间通常的合作关系，以及与世界其余地区接触的意愿，都是带来成功的因素。

北欧地区努力工作的文化与地理上的开放相结合。包括瑞典、挪威、芬兰、丹麦以及冰岛在内的北欧地区国家的总人口不到2500万人（瑞典的人口900万人，是其中最大的）。正如瑞典的阿特拉斯科普柯公司的老板指出的，这比中国重庆市的人口都要少，后者的人口超过3000万人。斯堪的纳维亚地区较少的人口数量和有限的国内市场迫使其公司到国外寻找机会，很多公司在全球化时代获得蓬勃发展。中国成为阿特拉斯科普柯公司最大的市场。北欧地区的政府也通过商业推销和其他手段积极推进其公司的利益，不受西方外交政策的限制。阿特拉斯科普柯公司在20世纪20年代就进入了中国，ABB是在1907年，爱立信在中国的业务可以追溯到1894年。历史上，斯堪的纳维亚公司成功地在那些被美国或西欧公司视为禁区的国家运营。

我们在历史上超配北欧股票的倾向主要是受北欧地区管理层较高的素质所影响。一般来说，北欧地区的管理层能够清晰地说出其策略并能专注实施，这在欧洲其他地区是不常见的。我们还能发现高度的适应力。斯堪的纳维亚公司不仅对进军国外持开放态度。我们在最近的一次出差中还吃惊地发现很多成功的大公司是由外国人领导的。阿特拉斯科普柯公司的领导者是比利时人，一个苏格兰人掌管 SKF，而诺基亚和伊莱克斯最近招募了美国老板。在对外国人开放这点上，北欧地区和南欧地区最近的发展形成了鲜明的对比：意大利和法国为了实行保护主义，通过重新定义战略性行业，开展了力争下游的竞赛。

然而，某种程度的保护主义在斯堪的纳维亚地区也是普遍的。很多大公司得益于其股权结构的保护，而不受多变的股票市场的影响。对于北欧公司的世界来说，著名股东集团的影响是不可避免的特征。在最近参加的在斯德哥尔摩大酒店（自 1968 年起由瓦伦堡家族持有）举办的研讨会上，马拉松公司和瑞典市值最大的前三家公司中的两家举行了一对一的会晤。这两家公司，伊莱克斯（自 1956 年）和阿特拉斯科普柯（在 1873 年成立之时），均由瓦伦堡家族持有。我们会见的第三家公司，阿法拉伐公司，由劳辛家族于 1991 年从瓦伦堡家族购买，当时瓦伦堡家族已持有超过了 50 年。劳辛家族以持有利乐四面体包装（Tetra Pak）而著名。

尽管人们可能会对瓦伦堡家族下一代的投资能力有争议，其家族控制的公司的管理层常常会辩称，存在拥有较高比例投票权（通过 A 股和 B 股的股权结构）的长期股东为组织提供了稳定性和专注度。简单地回顾一下某些北欧公司是如何在竞争中领先的会是非常有意思的。

阿特拉斯科普柯公司超越了最初具有更强优势的英国和美国竞争对手，而成为空气压缩机领域的全球领袖。目前的 CEO 将公司的成功归因于持续的长期战略、全球的拓展、创新的传统，以及对产品后市场的较早开发。阿法拉伐公司在流体控制和热交换器市场也取得了类似的成功。专注于有限的几个增长的全球工业应用领域的策略，使公司赢得了竞争力。

高度专注力加上全球化的导向可以进一步由亚萨合莱公司的例子来说明，后者是全球锁具行业的领袖，也是马拉松公司股票组合中的一只股票。公司前 CEO 卡尔·亨瑞克·思文凯曾经跟我们强调过，亚萨合莱受益于其乐此不疲只讨论锁具的董事会。人们可以很容易想象这样一群热情的瑞典人。近年来，公司逐渐将其生产运营转移至低成本的国家。他们在这方面受益于北欧工会开明的做法，其对于重组的态度与法国和比利时僵化的态度形成鲜明的对比。亚萨合莱的现任 CFO 说，斯堪的纳维亚工会认识到良好的工作前景只有当公司拥有安全的未来时才是可能的，而这需要持续的盈利和克服竞争威胁，无论是现存的或潜在的。

在马拉松公司的一般分析框架之中，管理层激励被认为是非常重要的。我们希望管理层的经济利益能够不可分割地与股东的命运联系在一起。但这一观点与斯堪的纳维亚民主社会主义传统并不能很好地适应。在很多时候，北欧公司仍然避免授予管理层股票期权，而税务体系对此类薪酬的安排也常常是不利的。缺乏对管理层高薪的热衷，以及对相对较小（按国际标准）的公司丑闻的不容忍，反映了斯堪的纳维亚的民主社会主义规范。

这并不意味着个人不能因为其成功而获得大量的财富。利乐包装的劳辛兄弟，H&M 的斯蒂芬·佩尔森，以及宜家的英格瓦尔·卡姆普拉德都位居世界亿万富翁的前列。即便在某些上市公司，CEO 们也积累起了相当的财富，尽管这相比盎格鲁·撒克逊董事会的通常情况而言常常要承担更高的风险。一个典型的例子是卡尔·亨瑞克·思文凯，他最初通过借款 300 万美元购买的亚萨合莱股票在其任 CEO 期间获利超过 3600 万美元。思文凯在 2003 年加入爱立信时还投资了 1200 万美元的爱立信股票，在当时正好处于股价低点，他在此后的获利超过 2.5 倍的最初投资。其他用自己的钱承担风险，建立起较大股票头寸的 CEO 们还包括三普集团的比约恩·瓦尔罗斯、亚萨合莱公司目前的 CEO 约翰·莫林，以及海克斯康公司的欧拉·罗伦。马拉松公司的持股倾向于集中在这类公司。

在平均主义的斯堪的纳维亚，尽管个人所得税以及对炫耀性消费的鄙视度都较高，但按国际标准公司所得税率相对较低。在丹麦，近一半的全职雇员支付 63% 的最高边际所得税率，而公司利润的税率仅为 25%。在其他斯堪的纳维亚国家，公司所得税率在 26% ~ 28%。这与在资本主义堡垒的纽约市 43% 的有效公司税率形成了鲜明的对比。

这样，尽管在斯堪的纳维亚地区有社会平均主义倾向，就公司层面而言财富创造的环境则十分有利。稳定的所有权和持续的战略专注为许多斯堪的纳维亚公司带来了长期的竞争优势。在近年来增长几乎全部集中于新兴市场的环境下，到国外市场寻求增长的必要性被证明是非常有益的。新兴市场增长的可持续性或许会成为一系列这类成功公司高市场估值的主要威胁。

3.5 关于薪酬（2012年2月）

在委托—代理问题所有不完美的解决方案之中，内部人长期持股是最好的选择

英国上市公司管理层的薪酬结构正在面临日益上涨的压力要求证明其合理性。这部分是周期性的。在每次股票市场泡沫破裂之后，对奖金体系的调查就会上升，尤其是所谓"对失败的奖励"。另一个因素则是长期的，即在很大程度上受全球化驱动的收入不平等的上升。政客们热衷于利用公众的不满。自1998年以来，富时100指数成分股公司的CEO平均薪酬上涨了4倍，而平均雇员收入仅上涨了50%。而同期富时100指数的价格却没有变化。我们对于薪酬顾问怀有一些同情。设计能将管理层利益与股东长期利益一致的激励机制不是一件容易的事。

有意思的是，股东们在年度股东大会上开始否决薪酬报告。马拉松公司接待了越来越多的公司董事会主席以及薪酬委员会负责人的来访，常常伴随着薪酬顾问，目的在于打消股东对薪酬方案的反对。部分的，这种和投资者的直接接触目的在于绕开独立的表决权咨询服务公司（例如ISS公司治理服务和PIRC）。相对于薪酬顾问的同业薪酬分析往往只起到单向上涨的作用，这些组织起到了一个有益的平衡作用。我们从来没有碰到过一个例子，公司会因为高管的薪酬高于同业中位数而建议降低薪酬的。

尽管我们乐于见到表决权咨询服务日益增长的影响力，但这些组织严格的基于规则的方法并不适用于所有情况，尤其是当它涉及管理层薪酬的时候。那么，什么是最佳激励机制呢？答案是依情况而定。基于每股收益（EPS）增长和股东总回报（TSR）业绩指标的薪酬结构日益普遍。然而它们都会遇到管理大师彼得·德鲁克在很久以前就发现的问题，也即，寻找合适的业绩指标"不仅很可能会像寻找哲学家之石一样徒劳无益，而且肯定会造成伤害和误导"。当薪酬和 EPS 挂钩时尤其如此——马拉松公司多年来都特别厌恶这种方式。

每股收益指标容易受肆无忌惮的管理层的操纵；这一指标没有考虑风险，并且鼓励摧毁价值的收购和回购，尤其是当利率较低的时候。它还鼓励了深受卖方分析师喜爱的猜测每季度 EPS 的游戏。有时候，实现 EPS 目标似乎成了公司的主要战略目标。这是令人遗憾的。公司战略应该是关于如何最优地配置资源。如果公司转型需要三年的投资期而管理层的薪酬却是与期中 EPS 结果相联系的，那么管理层就有可能不采用最优的商业方案。尽管这些跨期问题可以通过将业绩激励的发放延伸到若干年来得到部分解决，投资者的短视和管理层的私利倾向于引向完全关注于年度 EPS，尽管后者与长期价值创造没有联系。

将薪酬与股东总回报（TSR），最常见的基于股价的指标，联系起来比使用 EPS 更好，因为它迫使管理层思考什么是中长期驱动股价的因素。但这种方式受制于所取的时点：如果在起始日或考察期末股价受到并购狂潮或股票市场的整体高估的影响而上涨，那么这种方法也会受到扭曲。此外，问题还包括如何选取业绩衡量的期间；另外，基准应该是绝对的还是相对的——两种方法各有优点，但都不完美。就相对业绩而言，基准应该采用同类公司还是更广泛的市场指数？广告巨头 WPP 的老板马丁·索雷尔爵士由于业绩超过很小一组营销服务公司而变得非常富有。但不幸的是，公司的股东并没有分享到这种财富创造，因为这一行业在很多年里表现都落后于整体市场。

出于这一原因，我们通常倾向于将公司的激励方案与股票市场整体指数挂钩，这也和我们自己的业绩费计算相吻合。公司经理们或许会不满意，因为他们无法控制相对于整体市场的业绩，因为市场可能会受权重高的行业驱动，例如富时 100 指数中的矿业或医疗行业。有些公司来访问我们，希望能将股东相对总回报体系改为绝对总回报——通常是在一段时间相对业绩表现较好之后，管理层假设这种情况会很快结束。

至于应该采用什么样的衡量业绩的时间区间，这里会遇到股东短视的问题。

由于欧洲股票的平均持股期限已经下降到了 12 个月（见图 3-2），一般的投资者很少会有兴趣去关心一家公司的五年业绩表现。我们偏好更长的衡量期，和通过多年逐渐获得的利益，以鼓励长期战略思考。对于高频交易员以及满脑子季度 EPS 的投资者的看法，管理层应该不予太多理会。考察期还应该依行业而异。在资本品以及采掘行业，项目周期很容易超过五年（对于航空引擎，产品生命周期可能是几十年）。

考虑到每个指标都有其优点和缺点，薪酬顾问通过将一组不同指标打包放进激励体系中来进行折中，就毫不奇怪了。但所谓的"平衡"方法，例如将 EPS 目标和资本回报相叠加，然后再用股东全回报调整，这样一种混合很容易搞晕管理层和投资者，并且甚至更糟的是，可能鼓励处心积虑的业绩指标博弈。

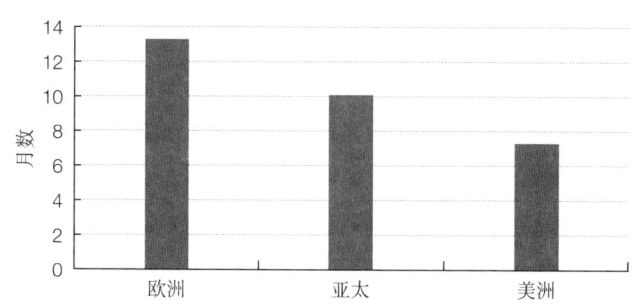

资料来源：世界交易所联合会，HSBC 估测。

图 3-2　按地区的股票平均持有期限（2012 年 2 月）

在我们看来，内部人持股总是解决委托—代理问题的最直接的办法，该问题源于管理权与所有权的分离。我们的股票组合会倾向于持有更多的由成功的企业家管理并持有较多股份的公司。令人高兴的是，很多公司开始以利洁时集团作为榜样，要求管理层持有较多的股份。类似地，汇丰银行在最近修改了其激励机制，从而其优厚的递延股票奖励计划要在 5 年后授予，并且必须要持有直到退休。长期持股或许是将管理层的注意力集中到真正的价值驱动因子上的最好办法。尽管存在雷曼公司前总裁迪克·福尔德不幸的反例[1]，管理层保护财富的本能本来应该能够防范过度的风险承担。

---

[1]　雷曼 CEO 持有这家华尔街银行股票近 1100 万股。从股票峰值到 2009 年 9 月雷曼破产，福尔德或许遭受了 9.3 亿美元的账面损失（见：卢西恩·别布丘克. 失败的工资：贝尔斯登和雷曼公司高管薪酬 2000—2008. 耶鲁监管期刊，2010。

3.6 幸福的家族（2012年3月）

家族控制可以给外部股东造成问题，但它也可以为代理问题提供一个完美的解决方案

在股份公司中由于管理和所有权的分离而带来的问题并不是什么新鲜事。早在美国革命的年代，亚当·斯密就已经观察到了我们如今称为委托—代理的问题：

这些公司的董事……作为他人钱财而非自己钱财的管理者，我们并不能期望他们会以[如同]管理自己钱财同样的焦虑和警觉来管理这些钱财……因此，在管理这样一个公司的事务时，疏忽和浪费总是或多或少地会占上风。（《国富论》，1776）

这一问题的一个潜在解决方案在于投资家族控制的公司。不幸的是，这并非没有缺陷。家族的利益常常会被置于外部投资者之上。除此之外，这些企业通常会有裙带主义的问题，而家族成员之间的争斗也会使企业陷入瘫痪。每个人都知道富不过三代。作为结果，很多投资者宁愿远离这些企业。但这是相当困难的，因为接近1/3的标普500公司是由家族控制的。此外，这种类型的公司的控制权常常会为外部投资者带来显著的利益。至少，有证据表明在美国家族持有较多股份的公司比其他类型的公司表现更好（见图3-3）。团结并且决心将财富传给下一代的家族们已经证明他们是资本最好的管家。

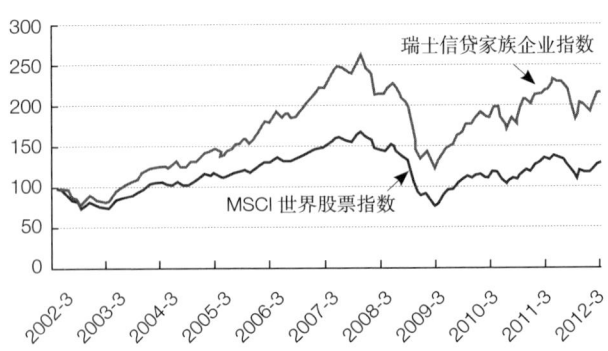

资料来源：彭博。

图3-3 瑞士信贷家族企业指数

如果运用得当，家族控制可以为代理问题提供一个完美的解决方案。家族善于忍受短期的利润波动，并为其和外部投资者的长期利益进行投资。互联网公司亚马逊由其创立者杰夫·贝佐斯持股 20%。这家公司愿意忍受只有 4% 的经营利润来对技术进行投资，并提供比竞争对手更低的价格，正如另一家家族控制的公司沃尔玛在实体零售店所做的一样。稳定的家族所有权的支持还使得管理层得以进入新的有利可图的业务线，正如一家饮料和金融公司收购了一家航运公司（基嫩科公司，智利），一家超市和旅馆集团收购了印度尼西亚的汽车制造商（新加坡的怡和集团），以及一家英国食品公司构建了一个非常成功的服装零售业务（英联食品）一样。[1]

投资者的任务是去分辨好的和坏的家族管家。具有科学倾向的读者会注意到安娜·卡列尼娜原则[2]，也即在一系列因素中只要有一个因素存在缺陷，就会使一项努力泡汤。下面是常见的家族企业的问题清单，其中任何一项都会影响公司的成功。

3.6.1 家族不和

家族分裂和内部争斗会对家族和非家族股东的利益造成持久的损害。意大利的古琦家族忙于内斗，以至于无暇顾及竞争和职业化的管理。直到在古琦被法国奢侈品集团巴黎春天集团收购后，其时尚业务才得以恢复。[3] 加利福尼亚葡萄酒王朝蒙大菲家族陷入了两代人的内斗，最终公司于 2004 年被出售给了饮料业的巨头美国星座集团。印度安巴尼兄弟的争斗最终导致业务横跨纺织业到电信业的企业集团信实集团于 2005 年被一分为二。然而，有时家族内或家族间对某项资产的争夺也会带来大规模的股票回购，从而对少数股东有利。

并非所有家族企业都是不幸的。巴黎奢侈品集团爱马仕——最后的老派公司，我们喜欢这么称呼它——获得了极大的成功。尽管有超过 70 个爱马仕创

---

[1] 多元化（或者"多元恶化"，如彼得·林奇所说）经营并不总是带来纯粹的好处。马拉松公司自己就与凯斯维克家族控制的怡和集团存在长期问题。

[2] 该原则在从统计学到生态学的领域广为应用，它出自列夫·托尔斯泰的《安娜·卡列尼娜》，这本书提出了一个观点，婚姻要幸福必须在好几个主要方面成功，而任何其中一个方面的失败都会导致不幸的婚姻。

[3] 在 20 世纪 80 年代，古琦家族的内斗失控，集团陷入困境。最后一位管理公司业务的家族成员于 1995 年被谋杀。后来证明是他的妻子雇用了杀手。PPP 于 2003 年控制了古琦。

始人的成年后代，该家族的股东集团却能保持团结。偶尔，某个特别强势的家族成员能够将他或她的意志强加于其他家族成员之上，以保持家族的领导以及公司的长期成功——我们可以想象一下大众公司的费迪南·皮耶希，汉考克资源公司的吉娜·莱因哈特，以及瑞典 Investment AB Kinnevik 集团的简·斯滕贝克。

3.6.2 丧失了商业敏锐性

"布登勃洛克家族效应"得名于托马斯·曼的同名小说，它描述了由于下一代对财富的炫耀而非创造更感兴趣而导致家族企业随时间日渐衰微的现象。美国化妆品公司雅诗兰黛衰落的例子展示了当控股家族变得麻木和低效后会发生什么。在那个时候，任命一个外来的职业经理对于公司业务的扭转是关键的。摩尔家族控制的英国目录簿公司 Littlewoods 因未能做好对互联网竞争的准备而导致最终被出售了事。

3.6.3 关联交易

无视公司治理原则的家族控制公司通常市盈率会低于其同类公司。真正的偷窃行为很少，但家族和上市实体之间的交易有利于前者则并不罕见。例如，当巴西钢铁公司 CSN 购买控股家族所持有的钢罐公司 Metalic 时，人们就有这样的疑问。控制印度尼西亚食品公司 Mayora Indah 的家族还持有位于上市公司之外的分销业务。另一家巴西钢铁公司盖尔道集团在向控股家族所拥有的种马场提供贷款并因为使用家族的名字而向控股股东支付使用费后，也受到了质疑。由于具有较好公司治理的公司容易获得更高的估值，这会促使家族控制的公司抵制关联交易。例如，巴西的杜拉特克斯公司和巴西航空工业公司为了消除股价中的代理人折扣而改进了公司治理。

3.6.4 糟糕的接班计划

家族控制的公司必须为代际交接做好准备。当公司的成功并非因为家族，而是依赖于创立者的社会政治联系，那么少数股东就要做好准备有时会付出代价。这是那些财富建立在从政治关系获得的垄断或特许权之上的亚洲家族企业的特点，缺乏对耄耋之年的创立者的接班计划常常导致股价疲软。

3.6.5 寻租的政治

尽管依赖于寻租的公司可以过得很好，但假设当创始人故去之后这些租金仍能持续则是过于天真了。对于家族（以及非家族的股东）有利的事未必对于国家有利。与政治人物以及监管者的紧密联系使得卡洛斯·斯利姆的墨西哥电信在墨西哥固话领域维持了一个近乎垄断的地位，该国的互联资费比 OECD 国家平均水平要高很多。在菲律宾、中国香港、墨西哥、以色列和土耳其少数几个著名家族的优势地位给家族和少数股东带来了很好的回报，但却扼杀了竞争和企业家精神。

在这种情况下，存在政治反弹的风险。卡洛斯·斯利姆的美洲电信公司遭到了近 10 亿美元的"垄断行为"的罚款。[1] 以色列似乎终于开始着手解决那些很有势力的家族企业集团，例如德莱克集团和 IDB 控股公司了。人们只要看看那些与穆巴拉克政权关系密切的埃及公司，例如棕榈控股公司和 EFG Hermes，命运的突然变化，就能够明白情况可以很快反转。相反，成功的家族公司——例如科齐集团、银瑞达集团和基嫩科公司——似乎善于和政治竞技场保持一定的距离。

通常来讲，那些竞争性的非明显寻租的家族公司相比那些成功主要依赖家族的政治和金融优势的家族公司是更好的长期投资。尽管家族控制也会带来问题，我们把客户的钱投到瓦伦堡家族（银瑞达集团）、贝佐斯（亚马逊公司）、科齐家族（科齐集团）、卢克希齐（基嫩科公司）和阿亚拉家族（阿亚拉公司）时会睡得更踏实一些。

3.7 约翰·鲁伯特的幽默和智慧（2013 年 6 月）

历峰集团离任的老板是一个真正的公司明星

马拉松公司寻求投资于那些知道如何有效配置资本的公司经理。这需要个人的某些特质，例如对投资狂热（以及投资银行家）的怀疑，以及逆潮流而动

---

[1] 在这篇文章写作之后几个月，墨西哥联邦竞争委员会撤销了对斯利姆 9.25 亿美元的罚款。

的意愿。我们的一个成功的决策就是投资于约翰·鲁伯特，他直到最近还是其家族控股的瑞士奢侈品集团历峰集团的执行主席和CEO。在鲁伯特先生将要离职之时，我们决定回顾一下和他的会议记录，以提醒我们将我们吸引到这个真正杰出的经理的品质上来。

让我们先提供一些背景吧。历峰集团从2002年起就是马拉松公司欧洲股票组合中的一个持股，而它的前身旺多姆公司至少在1994年（我们计算机记录的持股记录始于那时）就被我们持有，直到它在1998年被收购。当该公司在1988年成立时，鲁伯特先生是CEO，其主营业务是伦勃朗集团的南非以外资产，伦勃朗集团是由鲁伯特先生的父亲创立的。这包括乐福门烟草和一系列奢侈品牌，包括卡地亚、登喜路、蔻依和万宝龙。

随着时间的推移，烟草业务逐渐扩张并最终被分立给股东。在TMT泡沫期间幸运地摆脱欧洲付费电视业务之后，历峰集团专注于奢侈品业务，尤其是高端瑞士手表和珠宝。其收购的品牌包括江诗丹顿、沛纳海、梵克雅宝、积家、万国和朗格。自其成立以来的25年里，最初投资的5瑞士法郎现在值120瑞士法郎，再加上分配的股利和分立的股票，年化复利回报为13.5%。

鲁伯特先生不是那种花很多时间和投资者闲聊的人——马拉松公司从来没有和他有过一对一的单独会面。然而，这些年来，我们参加过很多次集体会面，并和历峰集团开过很多次电话会议。我们在下面收录了很多鲁伯特先生的即兴评论，他说话时带着独特的南非口音，这些评论解释了他何以能成为如此成功地管理他人钱财的人。

关于管理：

"当一个经理不理解他或她所从事的业务时，这总是一个危险的信号。"

（关于一个占优势的供应商）"当你是老鼠时，不要玩猫和老鼠的游戏。"

"我想如果你想成功的话，你需要有适度的妄想狂，你要担心会有人想要吃掉你的早餐，如果你不够警觉的话他们就会这么做。"

"不要把你今天可以布置的工作拖到明天。"

"很多年前我就明白——从你出生到你躺上灵车那天，事情从来不会太坏以至于它们不会变得更坏。"

"真正的问题在于公司是否能增长性地再投资自由现金流,还是把它浪费掉?"

关于短期主义:

"当阿尔·邓洛普(译注:绰号电锯阿尔,以企业扭亏著称,但后来曝出其扭亏大多是欺诈)倒在他的电锯上的时候,我举起了一杯香槟。"

"任何想要问'你认为明年会怎样'的人,你们还是别这么问吧,我们是不会回答的。这并不是我们腼腆或古怪。我们实在是不知道。"

"我不会跟你们讲我认为我们第三季度的 XYZ 会是多少。"

关于并购与回购:

"最终,如果任何资产是错误定价的,那就是遭人利用了。"

"如果你付一个过高的估值,那你就挣不回来了。"

"不,不,不。我不是在我试着出售企业时亏大钱。我亏钱是因为我买了烂货。那是在你花钱的时候,而不是在你试图找一个比你更傻的人来接盘的时候。"

(关于成功地退出付费电视业务)"永远不要把运气和天赋混为一谈。"

"我们的工作是创造商誉,而不是为了商誉付别人钱。"

"(一笔)收购(有)三个阶段,就(是)欢欣然后是幻灭。然后下一件事就是为收购决策找一个替罪羊。"

"邻居家的草地总是更绿。但只有在你翻过篱笆之后你才会发现那里更绿的原因是因为所有的牛粪都藏在草里。而当你踩到牛粪的时候,你马上就会问自己干吗要翻过那片篱笆。"

"你可以用股票收购来掩饰收购的成本。但股票总是最贵的支付方式。"

(关于在 TMT 泡沫期间用股票融资的收购)"就像一个小孩想把它的狗卖一百万美元,结果只是得到了两只猫爪子。"

"你通过吹牛来抬高股价,当股价下跌时,人们就会来找你。"

"对于我可以买的股票,我不会为它说一堆废话。"

"如果你看一下股票回购,特别是公司回购股票的价格,人们总是在接近市场最高点回购股票,因为那正是他们有大量现金的时候。但是兄弟,当两年后情况变糟之后他们难道不会后悔吗?"

关于投资银行家:

"衰退之所以发生,是因为投资银行家以太低的成本提供资本,结果引起产能过剩和经济下滑。"

"当你真的需要弹药的时候,你会发现银行都跑了,而资金也没了。"

关于公司治理:

"如果你想要一个完美的公司治理得分,你就去找一个你不认识的人,你从来没有见过他,而他对你的业务一无所知因为他从来没有涉及过,雇佣他然后付他丰厚的奖金来让他坐在董事会上。然后你(让投票代理服务机构)来把打分表上的所有选项勾上。猜猜看结果会怎样?五年后,一片混乱。在最佳公司治理打勾和中期业绩之间存在着直接的、反向的相关性。"

关于奢侈品业务

"我们知道保持持续竞争优势的唯一方法是培养品牌权益……因为品牌权益创造需求并形成定价权。"

"我只是一个认为奢侈品业务是创造股东价值的绝好行业的普通商人。"

(引用可可·香奈儿)"时尚消逝,只有风格永存。"

"可可·香奈儿很多年前曾经说过钱就是钱就是钱。只有钱袋在变。我们的任务就是去找到那些钱袋。"

"周年、生日和女朋友会一直存在。"

"如果你的业务模式,或者你的知识产权,是以数码的方式存在,那么你就会有麻烦。幸运的是我们的知识产权存在于原子,所以就很难被摧毁。"

"卡地亚睡在钱窖里。"

(关于品牌形象)"你不能在菲亚特工厂生产法拉利。"

关于中国:

"当中国的新贵们想花钱时,他们不想去买中国货。"

"在东方,真品、原创和历史至关重要。"

"我感觉我正在火山口举行晚礼服宴会。火山口是中国……从个人来看我不认为中国会出什么问题,这是我的观点,但我一无所知,我是认真的。"①

3.8 思想的会晤(2014年6月)

如果安排恰当的话,人们可以从和管理层的会晤中学到很多

在过去两年里,马拉松公司做了近2000次与公司管理层的会晤。这些活动,再加上会议准备和撰写会议记录,占据了投资团队大部分的工作时间。然而很多评论家认为这种会议是浪费时间。可以理解这种观点。如今的管理层在公关顾问的帮助下对会议准备充分,以至于会议倒像是推销的演练。投资者仍然会出席。但我们怀疑,对于其中很多投资者,其目的是想获得关于企业短期前景的信息优势——这在我们看来是徒劳的。考虑到我们投资的长期性,资本配置至关重要。我们会晤公司的主要目的是评价管理层为其股东进行投资的能力。

与管理层会晤并非是一个科学的流程。相反,这涉及对个人做出判断,这一活动易于出错(看一看离婚率就可以知道)。我们参加会议来寻求对以下问题的答案:CEO是否以一种长期的战略方式思考业务?是否理解资本周期在其行业中是如何运作的?看起来是否睿智、有活力并对其业务充满激情?是否以一种鼓励的方式与其同事和他人交往?看起来是否值得信赖和诚实?在甚至小的细节上是否以一种对股东友好的方式行事?

为了评估这些问题,会议的形式很重要。一般来说,参加的人数越少越好。双方参加的人数越少——大型会议常常会包括公司管理层、投资者关系人员、财经公关、券商和其他相关人员——越能鼓励一种开放和友好的对话。它还降

---

① 鲁伯特先生从历峰集团的离职是短暂的。他于2014年9月又回到公司担任董事会主席。

低了参会人员炫耀知识的风险,后者常常会导致对话令人绝望地陷入细节之中。一种追寻冗余细节的新的糟糕的表现形式正是很多卖方会议采用的"炉边对话"形式,在这类会议上 CEO 们通常被行业专家所诘问。对话常常变成对影响短期盈利因素的"深入讨论",而长期投资者对此可能根本不感兴趣。这类问题常常是荒唐的。在我们最近参加的会议上,一家主要工业公司的老板被问及我是否可以期望和去年一样的季节性波动。

公司庞大的与会人员队伍常常是 CEO 们缺乏自信、从而通过人数来获得放心的信号。这在会晤的公司处于困境时常常会是如此,在很多日本、西班牙和意大利公司中也是如此。与此形成对比的是吉博力公司,一家非常成功的瑞士卫浴公司,其 CEO 总是单枪匹马来到我们公司,看起来好像是自己做了旅行安排,在与管道工、建筑师和其他顾客会晤之间安排了与我们的会议。

在讨论公司战略时,令人吃惊的是管理层们常常会搞混所讨论的话题。太多时候,CEO 们错误地将短期目标——例如每股收益目标或门槛资本回报率——当作战略。他们说,"我们的战略是取得 15% 的资本回报。"真正的战略,无论军事的或商业的,涉及对一方所处环境,面对的威胁,如何克服威胁的方案,以及对手会如何应对的分析。在其任职 GE 公司期间,杰克·韦尔奇要求 GE 公司各业务单元的经理们准备几张简单的幻灯片,用来描述其运营的环境,包括:你所处的全球竞争环境如何?在过去三年里,你的竞争对手做了哪些改变竞争格局的事?在同一时期,你又做了哪些工作来应对?他们在未来会如何攻击你?你有什么方案来超越他们?

让 CEO 们来敞开谈其竞争对手可能是困难的。他们害怕过度坦诚可能会引起泄密(专业投资者是彻底不可信的一群人)或者泄露公司真正的市场主导地位可能引发反垄断问题。此外,很多管理层过于专注增长以至于未能预见到竞争对手可能的反应("内部人观点"的另一个例子)。但即便如此,偶尔也会有一些有价值的东西透露出来。当管理团队赞赏其竞争对手时,这对于投资者就像金砂一样宝贵。了解到英国传媒公司 DMGT 发现其难以与网上房产信息公司 Rightmove 竞争,有助于我们决定投资后者。[①]

[①] Rightmove 在英国住宅信息市场上取得了垄断地位,从 2006 年该公司上市到 2014 年末,从美元回报看该公司股票上涨已超过 400%。

研究一家公司是如何使用投资银行家以及如何做出收购决定（无论其偏好友好协商的交易还是参与竞争性收购）的会对人很有启发。出乎意料地，多元化进入一个非相关领域或许意味着其核心业务出了某些问题。对股票回购的看法也很有启示。可能是由于不愿意收缩公司的任何部分，很少有公司的 CEO 会把股票回购看作是可以与资本开支或并购决定等同的合法投资。很多人担心股票回购相当于是承认公司找不到投资机会。在这个问题上，我们喜欢听管理层基于其内部估值模型来论证股票回购的合理性，因为这会引起关于其业务估值的有趣讨论。

可以通过不同的提问技巧来获取关于 CEO 性格、智力、激情和可信度的印象。可以让 CEO 选出他或她认为最重要的事来测试其智力上的诚实。为了对付那些更像是在做推销的 CEO 们，我们会问公司存在哪些问题，然后看他们是否对这一问题曾经有过思考。有时老板会设法逃避责任，让其同事来讲一个存在问题的业务领域。不承认问题的 CEO 常常会将问题归罪于某个事业部负责人，然后说管理团队现在已经被替换了。CEO 是如何与其同事例如 CFO 或投资者关系人员交流的，常常反映了其管理特质。我们喜欢在会议上看到个人好奇心的迹象——例如，他们对我们的业务表现出兴趣。谦卑的信号——例如承认过去的错误——会给我们以信心，说明 CEO 能够把握现实。

外表同样能说明问题。一个穿着昂贵皮鞋或时髦西服的工业公司的 CEO 可能更喜欢投资银行家花费不菲的陪伴，而非花时间访问工厂和客户。虚荣的迹象通常是令人厌恶的。我们曾经看到某个 CEO 在我们公司洗手间里仔细梳理他那过于精致的蓬松发型。几个月后，他发起了一个巨大而愚蠢的收购。

会议还能提供管理层对于成本的态度的信息。这通常由关于薪酬的讨论而引发。了解诸如公司差旅政策这样普通的事情也能告诉我们很多信息。在巴西的安贝夫啤酒收购了比利时的英特布鲁公司后，其管理层告诉我们，公司新的政策将商务舱飞行限制在只有 6 个小时或以上的航班上。这一对公司节俭措施的了解也提供了管理层削减安海斯—布希公司成本——该公司在合并前拥有八架猎隼号公务机——并提高这家美国啤酒公司经营利润率达到可观的 10 个百分点（2005—2011 年）的能力的信号。在了解到另一家公司的高管们在伦敦出行时更喜欢使用地铁而非由专职司机开的豪华车时，我们同样留下了很深的印象。出席的投资者关系人员的数量是公司是否仔细考虑其花费的另一个好的指标。当然，我们在评价管理层团队时也犯过错。但在我们看来，努力发现优秀的管理团队是一件非常值得去做的事。

3.9 文化热衷者（2015年2月）

马拉松公司对管理层的关注迫使我们思考公司的文化

公司文化由一套共同拥有的假设和价值构成，该假设和价值指导员工的行动，并鼓励员工朝一个特定的目标共同努力。文化既反映管理层的价值，也是管理层的一个主要职责。但是强有力的文化可以在创立它的人不在了之后仍然长期存在。即便这样，持怀疑态度的人或许会问，投资者为何要关注如此难以表述且无形的东西呢？证据表明文化是有回报的。

关于这一主题最广为人知的研究或许是约翰·科特和詹姆斯·赫斯克特的《公司文化与业绩表现》。这一研究考察了20世纪80年代超过200家公司的企业文化和公司业绩之间的联系。作者征询雇员关于竞争对手公司对待客户和股东的态度的看法。具有较强正向文化的公司在研究期间股票表现超过其对手800%多。其他研究用员工如何看待其工作环境来衡量企业文化，也得出了在团队精神和股票市场表现之间类似的联系。

科特和赫斯克特的研究表明较强的文化易于产生极端的结果，无论是特别好的还是特别糟的。积极的文化可以有不同的形式。或许最常见的成功企业的特征是对成本控制的重视。几乎每一家公司都会时不时做成本控制。然而卓越的公司却会对不必要的费用做持续的革命。在英国保险公司Admiral的早年间，想使用打印机的员工会被要求到CEO眼皮底下去打印。另一个吝啬公司的例子是法思诺公司，一家美国低值工业品分销商，它号称拥有"美国最廉价的CEO"。有很多关于法思诺公司经理被要求在会议期间共用酒店客房的故事。

节俭的文化或许对员工而言不具有吸引力，但当这一特征和分权的利润共享体系相结合时，它们却可以创造奇迹。在1987—2012年期间，法思诺公司的股票回报超过380倍（不包括股利），表现比任何其他成分股都要好。接招吧，比尔·盖茨。

削减成本并非是唯一的成功文化模式。事实上，很多公司通过花更多而非更少钱来强化其文化。经典的例子是好市多公司，一家北美的折扣零售店。挑战传统的零售模式，好市多付给其员工高于最低工资的薪酬——并且远超其竞争对手。好市多公司平均雇员工资超过每小时20美元，而美国全国平均零售业工资不到每小时12美元。该公司还为近90%的雇员提供医疗保障。华尔街总是不断地向好市多施压要求其降低薪酬，这一不和谐的声音在2009年危机期间达到顶点。相反，公司在此后三年提高了工资。这一慷慨举动的回报在于好市多公司的雇员在职时间更久，这样就节约了培训费用。在公司工作超过一年的员工的离职率只有5%。忠诚的员工更有可能成功。好市多常常被评为最佳客户服务公司。

问题的关键在于强有力的企业文化构成了一项无形资产，甚至可以像著名的品牌或客户关系网络一样有价值。就像沃伦·巴菲特说的伯克希尔·哈撒韦公司的业务一样：

如果我们能让我们的客户满意，消除不必要的成本并且改进我们的产品和服务，我们就能获得力量……就每一天来看，所做的努力不容易被察觉，但是日积月累，其后果是显著的。当我们的长期竞争力随着这些不易被察觉的行动而获得改善时，我们将这一现象称作"拓宽护城河"。

另外，一个腐败的文化可以是公司毁灭的原因。只要看一下AIG，最近的金融危机中的一个主要灾难就行了。长期由一个皇上一样的CEO汉克·格林伯格统治，用某个评论员的话说，这家全球保险公司发展了"一种共犯文化"。不假思索的服从，缺乏"外部人观点"，以及对不惜代价追求增长的迷恋导致了越来越高的风险头寸。即便在末日即将来临的时候，AIG的高管们也未能意识到公司所面临的危险。2007年8月，AIG金融产品部的负责人对其部门在信用衍生品市场中的头寸做如下评述："可以毫不轻率地说，我们很难会看到在任何一种合理的情况下我们会在任何一笔交易中损失一美元。"仅仅一年多以后，AIG宣布了110亿美元的季度损失，大部分都来自于金融产品部。

正如好的文化有多种形式，坏的文化也一样。对盈利增长的迷恋有时会导致直接的欺诈。20世纪90年代，在阿尔·邓洛普（电锯阿尔）任职期间，消费品制造商Sunbeam通过伪造财务报表来达到激进的盈利目标。在极端的例子里，糟糕的企业文化可以造成悲惨的后果。2010年，29名矿工死于梅西能源公司一个煤矿的爆炸。美国劳动部的调查指责"将生产置于安全之上"和培养"恐惧与恫吓"的企业文化。

如果积极的文化是一项宝贵的无形资产，而一个腐蚀性的文化是一个现实的威胁的话，那么下面这个问题就变得很重要：外部投资者该如何来识别呢？正如在很多投资中所做的，这一过程需要将在长期的会议和研究中所搜集到的不完整和模糊的信息进行整合。

某些量化指标可以有所帮助：在那些雇员相信其所从事的工作的公司，雇员忠诚度和内部人持股可能会更高。公司的激励方案反映了很多企业文化。管理层是否贪婪？哪些业绩指标被看重——为了增长而增长还是为了客户满意度的增长？雇员怎么想？员工的想法可以通过诸如glassdoor.com（类似公司领域的TripAdvisor）之类的网站来了解。我们持续地关注管理层浮夸和虚荣的迹象。危险的信号包括昂贵的管理层差旅（公司专机容易引起吐槽），年报中太多CEO的照片，以及花花公子一样的服饰。

在我们股票组合中的公司有无数成功文化的例子：例如，在瑞典商业银行中对支行经理授权来促成负责任的银行文化。另一只持股，利洁时公司，在其高管中培养企业家精神。然而即便在一家公司培养了强有力的文化，其作用的完全发挥也需要很多年时间。这可能超出了华尔街有限的投资期限。然而，对于长期投资者来说，关注企业文化是明智的。

下部

繁荣、萧条、繁荣

CAPITAL RETURNS 资本回报

穿越资本周期的投资：
一个资产管理人的报告 2002—2015

第四章 酝酿中的灾祸

在金融危机爆发后，英国女皇在访问伦敦政治经济学院时提出了一个著名的问题：为何事先没有预见到这个问题。真正的答案——可能没有提供给女皇——在于经济学家们发展了一套具有严重缺陷的关于经济如何运行的范式。经济学家们设想了一个均衡和理性的世界，其中货币和金融的运行基本是不活跃的。这一学术模型被证明是远远脱离现实的。

然而，如果说金融世界中没有人预见到危机来临则是不正确的。相反，在2008年前的很多年里，很多严肃的投资者和独立的策略师都对由信贷的强增长、可疑的金融创新以及世界各地出现的各种地产泡沫带来的危险提出了警告。置身于金融市场的边缘，马拉松公司最早在2002年初就开始对证券化以及信贷的过度增长表示了担忧。这些担忧在此后几年随着与不同银行管理层的会面而进一步强化了，后者似乎正在引导其机构加速撞向礁石。以下会详细探讨盎格鲁爱尔兰银行的案例，这是一家几乎拖垮了爱尔兰国家主权信用的金融机构。

日益迫近的金融危机还可以从资本周期的角度来理解。在繁荣年代，银行资产（贷款）快速增长而竞争则加剧——体现在影子银行系统的出现以及银行信贷利差的下降。金融业供给侧的向外移动最终对行业的盈利能力产生了影响。从这个角度看，银行业并没有什么特殊的地方。资本周期分析还可以用于有效地分析危机前的住宅市场。

第四章 酝酿中的灾祸

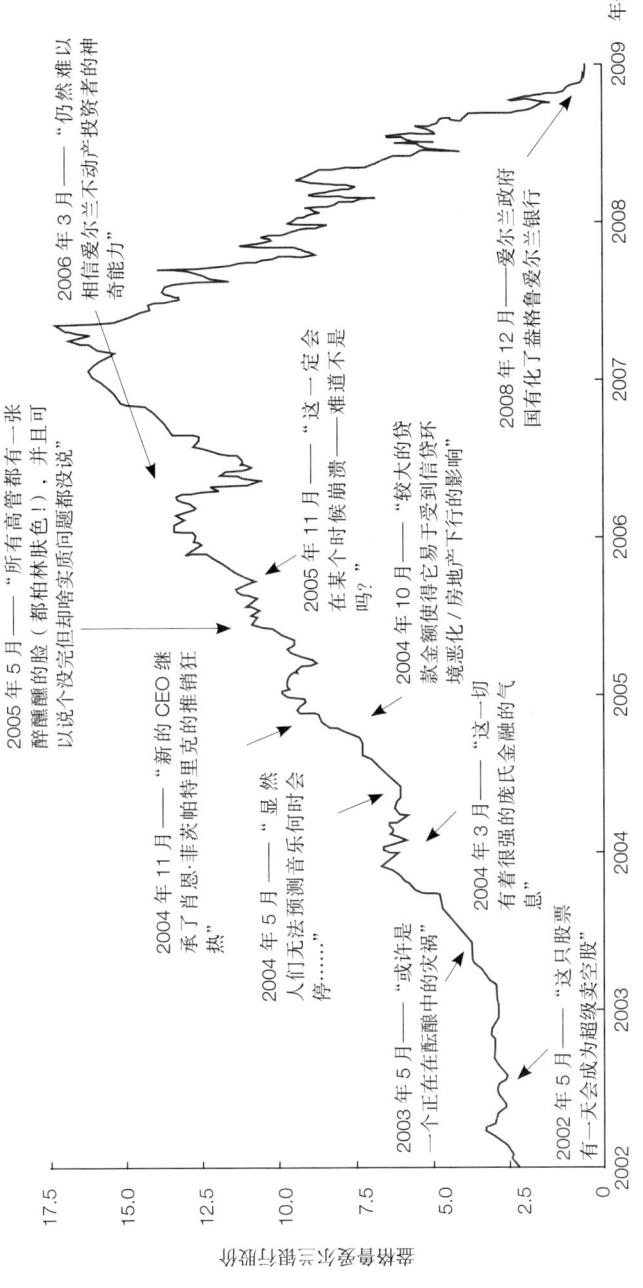

图 4-1 盎格鲁爱尔兰银行：马拉松公司会议记录摘录

资料来源：马拉松公司。

下部·繁荣、萧条、繁荣 103

某些国家日益高涨的住房价格引起了供给侧的巨大反应，在西班牙和爱尔兰非常明显。这些经历了最极端资本周期——以信贷和住宅存量的增长来衡量——的经济体此后遭受了极为严重的后果。

4.1 酝酿中的灾祸：与盎格鲁爱尔兰银行的会晤

（2002—2006）

在危机前的多年里，我们与盎格鲁爱尔兰银行管理团队的会晤给我们一种强烈的不祥预感

投资行业内有很多人都对与管理团队会晤的价值表示怀疑。安逸的分析师认为这一过程已经成了一场推销的演练，结果很可能让投资者更加远离而非接近事实。詹姆斯·蒙泰尔在其《行为投资》一书中花了整整一章谈这个主题，题目是"为何要浪费你的时间聆听公司管理层？"蒙泰尔认为会晤会让基金经理收到过多信息，并且可能强化先入为主的观念，特别是那些过度乐观的观念。基金经理还有可能变得过于相信权威人物。我们承认，存在让天真汉被骗犯下可怕错误的风险。但另一方面，接触一个真正糟糕的管理层可以帮助投资者避开礁石。马拉松公司在信贷泡沫中避免某些最糟糕的银行灾难的亲身经历表明会晤可以是很有价值的。我们会对会议做记录。下面是在危机前对一个即将发生的银行灾祸的某些观察。

盎格鲁爱尔兰银行

会议日期：2002 年 2 月（市值：19 亿美元）

业务评述：

盎格鲁爱尔兰银行向企业主管（所有人—经理）提供贷款，主要面向爱尔兰、英国和波士顿的服务行业。90% 的贷款抵押品是房产。毫不羞耻地，他们

声称从盎格鲁爱尔兰银行贷款的成本比客户在其做日常银行业务的普通银行要高。那么你可以问一下自己,难道他们不是在提供一种高风险的最后贷款人服务吗?如果我知道他们贷款的利率更高,那我为什么还要向他们借款呢——除非我知道劳埃德银行不会给我提供贷款?

他们给出的答案:他们的贷款通常金额更大(在英国平均是 450 万欧元),并且劳埃德银行要几个星期才能做出是否贷款的决定,而他们却差不多可以当场决定。他们一笔典型的贷款是客户要为一套 2000 万欧元的房产融资,但只有 500 万欧元的现金。他们审阅与租户签订的租约并力图理解租户的信用状况。

他们声称不必关心房地产市场是否会下行,因为租户通过一个长期合同承诺付租金,只要租户有偿付能力,他们就有信心利息可以获得支付。这引起了本金偿付的问题——但那是在太遥远的未来,没有人需要在现在有任何担心!当然,如果房价腰斩,他们仍然可以收到利息,但难道不会损失很多本金吗?

关于(银行的)基础设施,基本上没有什么。其客户基础不需要有很大的分支机构网络。在过去七年,2/3 的业务来自已有客户,而新客户由口碑介绍而来。结果是极低的成本收入比,约 30%。2002 年上半年贷款余额(180 亿欧元)增长了 12%,其中英国和美国分别增长了 21% 和 26%。爱尔兰在今天占全部贷款的 50%,而在五年前这一比例为 80%。

总的来看,我发现很难不相信这是一个风险极高的商业模式,它建立在爱尔兰房地产繁荣的基础之上,在现在则依赖于英国类似的现象。

管理层评述:

"我在这里不知羞耻地向你推销盎格鲁爱尔兰银行!"(CEO 肖恩·菲兹帕特里克说),倒好像这还不明显,推销是如此卖力(我见过最糟的一个)。股票从去年 9 月起已经翻了一倍还多,从 1997 年起已经上涨了 7 倍。

估值评述:

这只股票有一天会成为超级卖空股——问题在于菲兹帕特里克会迷惑他的听众以至于很难说这只股票是否还会翻倍。

会议日期:2003 年 5 月(市值:26.48 亿美元)

管理层评述:

管理层具有很强的推销倾向，一切看起来都很棒。CFO（威廉姆·麦卡蒂尔）是属于那种一下子就能记住别人的名字然后在整个会议期间都能亲切称呼的人。他看起来好像也认识（投资者）会议演示现场的很多听众，这总是令人担忧的，因为这意味着他密切关注投资者，知道谁可能买他的股票。他的财务助手同样是过于具有推销特质的。

估值评述：

股票看起来不贵，因为股权回报有 25%；但是，他们的贷款策略和高增长率存在隐含的风险。人们很难不对其行为感到不安。或许是一个正在在酝酿中的灾祸……

会议日期：2004 年 3 月（市值：50 亿美元）

业务评述：

正如此前所说的，其商业模式是在没有分支行网络的情况下向爱尔兰和英国（还有一些在波士顿）的企业（主要是与房地产相关的）提供贷款。竞争优势是他们审批贷款的速度（信贷委员会周例会的审批通过率为 95%）以及他们执行的灵活性和速度。（有能力很快说"是"是否真的是银行业务的竞争优势？）……

他们的"使命"是让富人变得更富。他们依赖现有客户以及口碑介绍来获得增长，并不使用经纪人。去年，贷款净增长 43 亿欧元，或 33%……这一切有着很强的庞氏金融的气息，因为本金的偿付不像利息的偿付那么安全。例如，如果我借了 1000 万欧元，期限 10 年，来为购买一栋不动产融资，而麦当劳是我的客户，支付贷款利息应该没有问题。但当我不得不归还 1000 万欧元贷款本金时，我只能寄希望于 10 年后的市场能像现在这样繁荣。

因为这些是长期债务，他们不会影响菲兹帕特里克在马贝拉的别墅，特别是在最近的股票出售以后[1]。他们计提的拨备达到 NPL（不良贷款）的

---

[1] 马拉松公司关于这位退休的盎格鲁爱尔兰银行总裁可以在西班牙南部安享退休生活的预言被证明是大错特错。尽管有上述股票出售，菲兹帕特里克保留了近 500 万股盎格鲁爱尔兰银行股票，在峰值时价值超过 8500 万欧元，但随着该银行的崩溃变得一文不值。后来显示，菲兹帕特里克还在盎格鲁爱尔兰银行有巨额贷款。2010 年，他宣告破产。三年以后，这位银行前老板面临诉讼，被控未能向审计师披露爱尔兰全国建筑协会对其个人及关联方的贷款。据称该贷款临时置换了盎格鲁爱尔兰银行对其的贷款，因此规避了会计披露的要求。2015 年，爱尔兰政府仍在努力争取从美国引渡大卫·德拉姆来面对欺诈指控，后者接替菲兹帕特里克成为 CEO。

217%，相比之下欧洲平均值为 80%。但这一比例理应更高，以反映单笔贷款金额较大这一事实。

管理层评述：

菲兹帕特里克在其演示中提到董事在二月大量抛售内部人股票时"误判"了市场——或许是指市场反应与其抛售时机正好相反（当时股价是 13 欧元）。当我问他董事们为何这么积极抛售股票时，他显得非常恼火。他为自己出售 2000 万欧元股票找的理由是分散风险，因为他已年近退休。他此前总的持股为 6000 万欧元。然而，42 岁的英国业务负责人（约翰·罗恩）在同期出售了 300 万欧元股票（持股的 40%）。菲兹帕特里克似乎暗示这会影响罗恩接替自己的机会。但这难道不正显示他如同菲兹帕特里克一样聪明，从而是一个合适的接班人吗？

估值评述：

由于股权只有 10 亿欧元，这用不了几笔 1000 万欧元的贷款就能把一半的股权抹掉（事实上，只要 50 笔贷款——而他们每星期批准 20 ~ 25 笔贷款）。内部人抛售股票和长期债权的定时炸弹的确是令人害怕的特征。股价在 4 倍的市净率，这只股票看起来很贵。

会议日期：2004 年 5 月（市值：50 亿美元）

业务评述：

利基市场贷款银行 CEO 斗志昂扬的演示——"我们不提供全面服务——我们只要客户把几个蛋放在我们的篮子里"……英国和波士顿被看作是"爱尔兰的延续"。英国业务增长快于爱尔兰，所以现在占了贷款余额的 40%，或 87 亿欧元，平均每笔贷款 500 万 ~ 700 万欧元。其中"很大的一部分"是投资用不动产……

我想到的另一件事是口口相传的扩张策略或许意味着公司有着非常不均衡的客户分布——或许都是外籍人士及其配偶？盎格鲁爱尔兰银行还正在变更其拨备计提的政策。该银行目前有约 2.9 亿欧元的坏账准备，或者相当于 210 亿欧元贷款余额的 1.34%。实际坏账率为 0.66%，这样拨备/不良贷款率就为 207%，相比之下欧洲银行平均值为 80%，考虑到其二手贷款的性质，人们会认为这一拨备比率是恰当的。然而，菲兹帕特里克说他们已经决定在贷款余额达到 550 亿欧元前不再增加拨备，这会把拨备比率下降一半还多。

这是在证明其商业模式还是若隐若现的自负？

管理层评述：

菲兹帕特里克在发言人的讲坛上怒目而视，无畏任何敢于表示不同意其商业模式的人，当然，作为爱尔兰的会议，没有人这么做。规模显然很重要——他以吹嘘开头，"我们现在比爱尔兰银行在 1998 年还要大"。他认为他们在十年内可以将其目前 14% 的爱尔兰市场份额翻倍，但是很难想象怎么会有 28% 的市场愿意并且能够支付盎格鲁爱尔兰银行这样的服务——因此这种利基市场的商业模式必须加以改进才能保证增长。他声称 2004 年和 2005 年（盈利）都已经"落袋"了。

估值评述：

很难不得出结论说这种增长和盈利是不可持续的，但是显然人们无法预测音乐何时会停止……

会议日期：2004 年 10 月（市值：62.7 亿美元）

管理层评述：

新的 CEO（已指定但尚未上任的大卫·德拉姆）今年 37 岁，此前是都柏林和美国银行业务的负责人。他显得相当低调，特别是与即将离职的 CEO 相比，人们会怀疑他是否能以相同的方式鼓动投资者。约翰·罗恩是那个在今年早期和菲兹帕特里克一起积极抛售股票从而使得继承菲兹帕特里克的机会泡汤了的家伙。当听众中有人问到接班计划的变动时，他看起来非常不自在。

估值评述：

这家银行的股价是账面价值的 4.2 倍，股权回报是 30%。较大的贷款金额使得它易于受到信贷环境恶化／房地产下行的影响。上行情形是基于非常快速（每年 25% 以上）的账面价值增长。

会议日期：2004 年 11 月（市值：75.8 亿美元）

业务评述：

扼要重述：80% 的利润来自在（物业）抵押基础上向企业提供的贷款，其中一半的贷款在爱尔兰，41% 在英国，其余的在波士顿地区。在过去五年，英国贷款增长快于爱尔兰并且有可能超过爱尔兰而成为最大的市场。这有一点古怪，考虑到英国很难说是尚不成熟或竞争不充分的市场，而爱尔兰经济增长要远高于英国……

对于一笔新的贷款，贷款/押品价值比通常在 70%，当租约到期时，贷款通常占押品价值的 35%。因此他们估计房产价格至少要跌 65%，盎格鲁爱尔兰银行才会出问题……

我怀疑市场高度依赖于租金收益率、贷款利率和房产未来价格之间的关系。管理团队谈了当前爱尔兰住宅市场狂热的投机的风险：租金收益率暴跌而房价持续上涨，这是庞氏骗局式的。我们怀疑住宅和商业不动产市场（例如，牙医的诊所）在某种程度上是相互联系的。

管理层评述：

新的 CEO 继承了肖恩·菲兹帕特里克的推销狂热，要提问题很难，因为每个回答都包含了另一堆冗长的看涨观点。

新的投资和理由：

贷款余额在去年增长了 63 亿欧元（35%），由于有 30 亿欧元的还款，这实际代表了 90 亿欧元的毛增长。他们不断强调他们尚未达到增长目标（每年增长贷款的目标），这让人感觉"强调过头"了。

会议日期：2005 年 5 月（市值：86 亿美元）

业务评述：

由于对股票"日益增长的兴趣"，这是第一次在伦敦召开业绩发布会。像平常一样，业绩显示了很强的增长，上半年随着净新增 40 亿欧元贷款，总资产上升了 17%，达到了 400 亿欧元……

他们承认英国（现在是 4%）和爱尔兰的租金收益率已经下降，但坚称其客户的贷款并不依赖于资本增值，并且银行的还款保障计算是安全的。但他们还提出其客户是聪明的房地产人士（他们在价格上涨时获利），在价格下行时也能获益，因为届时会有新的机会出现。这一故事似乎与周期顶部 15% 的贷款增长速度并不一致。然而，股票市场仍然相信 EPS 的增长故事（上半年增长超过 30%），股价在宣布当日上涨了 5%～6%。

管理层评述：

所有高管都有一张醉醺醺的脸（都柏林肤色！），并且可以说个没完但却任何实质问题都没说。

估值评述：

股本目前为 15 亿欧元（或相当于 4.4 倍 P/B），在过去两年半翻了一番，ROE 目前为 33%。有很多理由让我们怀疑盎格鲁爱尔兰银行商业模式的稳健性，不只是因为像英国这样一个银行业过度发达的市场在未来五年如何还能提供这么好的商业不动产信贷增长机会。

会议日期：2005 年 11 月（市值：93.5 亿美元）

业务评述：

由于爱尔兰贷款（占总贷款余额的 56%）以 46% 的高速增长，盎格鲁爱尔兰银行继续完成了非常高的信贷增长（到 2005 年 9 月 30 日的过去一年增长超过 40%）。英国增长 27%，占 2005 年贷款的 40%。他们此前曾经说过英国会成为增长的主要引擎，我们怀疑即便是他们也对爱尔兰业务的持续繁荣感到有一点吃惊。其力量来源于爱尔兰经济的活力。然而，46% 的信贷增长显著高于市场水平，后者增速为 26%～27%。当年毛信贷增长为 100 亿欧元……（这）实际上相当于年初贷款余额的 80%……

和以前一样，他们坚称所有的新增贷款都有资产（房产）抵押，并且 70% 是提供给现有客户，他们为能够快速决策而自豪，因为他们把权力下放并且有高效的信贷委员会……

在英国，净新增贷款为 26 亿欧元，毛新增贷款为 50 亿欧元，年初余额为 99 亿欧元……想起英国负责人（约翰·罗恩）最近离职（在错失了最高职位以后），似乎是放弃了相当大一笔股票期权（100 万股期权，行权价为 6.3 欧元，因此值大约 800 万欧元），这有一点可疑。麦卡蒂尔表示，罗恩先生是否能保留部分期权将由薪酬委员会决定，尽管事实上第一次行权将在 2006 年 12 月，而期权的主要目的（留住和激励管理层）很难说还仍然适用！

新的投资和理由：

他们在 2005 年通过优先股募集了 3 亿欧元，因为爱尔兰监管者认为他们的"核心"一级资本"过于紧张"。

估值评述：

P/E 倍数最近被重估（由 10～11 倍上涨到目前的 14 倍），而同时，盈利也经历了快速增长。大多数券商给出了买入评级，（爱尔兰券商）Goodbody 用了一组东欧银行（其增长型的"同业"）来说明盎格鲁爱尔兰银行有多便宜！这只股票仍然感觉像是依赖于爱尔兰不动产市场的繁荣——对东欧房地产的贷款也有快速增长（增长到 10 亿欧元，占总资产的 4%，与 2004 年比增长了 66%）。这一定会在某个时候崩溃——难道不是吗？

会议日期：2006 年 3 月（市值：115 亿美元）

业务评述：

情绪一如既往地充满乐观。按地区看 41% 的信贷资产在爱尔兰，而 56% 的贷款是给爱尔兰客户的，这反映了他们为境外爱尔兰投资者提供融资的程度。2005 年爱尔兰人总贷款上涨 46%！例如，他们在布拉格设立了一间办公室来为爱尔兰不动产投资者提供服务。他们对其客户的能力有极大的信心（难道在投资房地产时爱尔兰人有更大的大脑吗？）……

从我们上次会晤起，这家银行增发了 5%（的股票余额），并且获得了 4 倍的超额认购。当然，他们认为这（股票增发）与紧张的资本充足率（风险加权资产 400 亿欧元，股本为 17 亿欧元，一级资本仅为 4%）无关。没有发生每股盈利的稀释，也没有近期的并购计划。"市场仍然有"。在爱尔兰，他们声称没有受到诸如丹斯克和苏格兰皇家银行这样的新进入者的影响。

在英国，目前的重点是在伦敦以外的"地区"（曼切斯特、伯明翰、格拉斯哥、贝尔法斯特）增长。苏格兰皇家银行是他们在英国商业不动产贷款市场最大的的竞争对手，在爱尔兰则是联合爱尔兰银行。整体来看，盎格鲁爱尔兰银行得益于商业不动产的周期性增长，后者由低利率、日益增加的流动性和极度宽松的信贷条件所助长。这使得银行在利率上行的环境中容易受到不利影响。

管理层评述：

（CFO）威利·麦卡蒂尔和往常比看上去心里有鬼。薪酬委员会决定将约翰"银行的朋友"罗恩所拥有期权的三分之一赠予他，尽管上述期权在罗恩离职时仍未被授予。

估值评述：

仍然难以相信爱尔兰不动产投资者的神奇能力。这一商业模式不太可能被轻易调整到适用于不同的信贷环境。公司治理也是糟糕的。[1]

4.2 开发商的银行（2004年5月）

危机前对盎格鲁爱尔兰银行棘手问题的观察

时间是伟大的说书人。

——爱尔兰谚语

任何认为欧洲是一个患硬化症的成熟经济体并且注定只会有永恒的低增长的人，都应该来参加最近在都柏林举办的爱尔兰股票会议。再也没有比爱尔兰主要金融机构的演示更能把增长作为主题的了。增长的主要驱动因子是按揭贷款，去年在爱尔兰增长了26%（令人奇怪的是，所有主要银行报告的按揭贷款增长速度都高于全国增长速度）。随着低名义利率——得益于欧洲统一货币政策，在爱尔兰的情况是负利率——吸引个人推高房地产价格，爱尔兰经历了住

---

[1] 后记：盎格鲁爱尔兰银行前CEO肖恩·菲兹帕特里克于2008年12月在被揭露其在银行隐藏贷款的大量报道后辞去了董事会主席的职务。这一丑闻引起了公司股价的暴跌以及此后2009年1月银行的国有化。爱尔兰政府承接盎格鲁爱尔兰银行债务引起的总损失预计超过300亿欧元。

房繁荣。支持和反对这一大趋势可持续性的论点经过了反复的讨论。① 或许更有启发的是去观察一个特别成功的爱尔兰银行的例子，即盎格鲁爱尔兰银行，然后想象一下在储藏室里到底藏着什么。

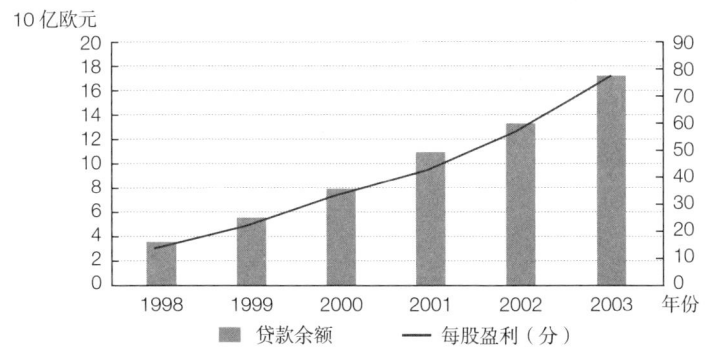

资料来源：盎格鲁爱尔兰银行。

图 4-2　盎格鲁爱尔兰银行 EPS 增长与贷款余额

盎格鲁爱尔兰银行从一个 1998 年市值只有 800 万欧元、资产只有 1.38 亿欧元的小金融企业成长为市值 43 亿欧元、资产 255 亿欧元的大银行。该银行的增长由在爱尔兰经济繁荣下对房地产的贷款驱动，它还把业务扩展到了英国和波士顿市场。目前 90% 的贷款都有房产做抵押。但是，盎格鲁爱尔兰银行通常并不做个人按揭，而是贷给中小企业，这些企业或者希望增加其房产，购买此前租赁的物业，或者用物业抵押来贷款以释放资本。

这家银行的成功不依赖于分支机构网络。尽管这剥夺了其获得低成本存款的机会，但另一方面没有分支机构也意味着较低的管理费用。盎格鲁爱尔兰银行吹嘘其令人印象深刻的成本收入比，只有 30%。在爱尔兰的平均贷款金额为 450 万～550 万欧元（在英国是 700 万～800 万欧元），这反映了这家银行没有太多做住房按揭的事实。在英国，更高比例的贷款是用于投资用不动产，借款人融资购买一个物业（常常是商铺或仓库），然后再通过长期租约将其出租给租户。英国目前占了 170 亿欧元总贷款中的 70 亿欧元。

---

① 资本周期注解：和英国的情况不同，爱尔兰较高的房地产价格引起了新供给的繁荣。2003 年，爱尔兰共和国境内建筑了 6.9 万套住宅，而该国人口只有 400 万人。相比之下，英国的人口有 6000 万人，而新建住宅为 18 万套，按人均来看房屋供给差了 6 倍。这一相对房屋供给的差异解释了为何英国住宅市场和英国住宅开发商比其爱尔兰同行更好地承受了全球金融危机的冲击。

拨备占不良贷款的 217%，而欧洲平均值为 80%。在估值方面，银行的 ROE 为 32%，P/B 为 4.2 倍，股利率为 1.6%。去年每股盈利增长了 34%，自 1998 年以来年均复利增长 41%。

商业模型中的一个核心特征是盎格鲁爱尔兰银行与其拥有物业的客户之间的关系。CEO 肖恩·菲兹帕特里克从 1986 年起就管理这家银行，他暗示其竞争优势在于其批准贷款的速度，这和官僚气十足的同行形成了鲜明对比。在每周的信贷委员会会议上，最多可以批准 25 笔贷款，批准率为 95%。该银行公开宣称的使命是"让我们的客户变得更富有"。

管理层演示的盎格鲁爱尔兰银行的信用风险是以即期偿债率来衡量的，但这忽视了潜在的还款风险。在下行的房地产市场，即便利率偿付是安全的——假定租户仍有偿付能力，在这种这情况下，不动产开发商偿还贷款本金的能力肯定有一个大问号。套用特立独行的美国经济学家海曼·明斯克的术语，盎格鲁爱尔兰银行似乎在从事"投资性融资"，即借款人的收入只能覆盖利息偿付；而非更谨慎的"对冲性融资"，即借款人能用当期现金流来覆盖所有债务，包括利息和本金偿付。我们还没有到达明斯基所说的"庞氏融资"的程度，在那种情况下借款人甚至无力用当期现金流来支付利息。

该银行的商业模式在利率下行的环境中可以运行的特别好。在成本方面，该银行在批发市场的融资成本随着欧洲银行同业拆借利率的下降而下降。在收入方面，低利率使得按揭更能负担得起，这推动了不动产的价格和强劲的信贷增长。由于到目前为止爱尔兰的租金和房价基本同步，利用杠杆的不动产开发商有更多的收入来应对更低的利率支付。

但是，如果利率上升，则这一美好的循环就会变成一个糟糕的循环。由于没有存款基础，盎格鲁爱尔兰银行的资金成本可以快速上升。在收入方面，下跌的不动产价格会使得现有贷款的本金偿付出现问题，从而加大违约风险。换句话说，盎格鲁爱尔兰银行在利率下行时是一个美妙的赚钱机器，但在别的情况下就不是好的投资对象了。用不了几笔 1000 万欧元的贷款出现问题，盎格鲁爱尔兰银行 10 亿欧元的股本就会出现严重问题。

或许可以辩称管理层已经预见了这些风险，并且为长期或有事项做好了准备。问题在于向高管支付的基于股权的激励偏好短期的增长，而坏账问题则很可能要在很久以后才爆发。该银行已经发放了超过 620 万元的股票期权（占总股份的 2%），行权价在 1.09 ~ 6.7 欧元，而现行市场价格则为 13 欧元。管理层对大幅上涨的股价——该价格未能对短视的市场未能看到的问题打出折扣——的反应是卖出大量的股票。菲兹帕特里克先生将在相当年轻的 55 岁退休，他在最近出售了他持有的 2000 万欧元股票的一半，而 46 岁的英国业务负责人则出售了其所持股份的 40%。

查尔斯·T. 芒格喜欢说"银行比银行家多"。对于老派的银行家来说，基于快速发放贷款意愿基础上的竞争优势是非常可憎的想法。让我们特别担心的是爱尔兰银行家向投资者大肆推销的程度。他们中的某位在我们最近参加的会议上声称"我在这里毫不羞耻地向你们推销 A 银行！"这和我们偏好的银行家类型，即关注长期下行风险的谨慎的个人正好相反。正如我们在很多其他行业中所见到的，对增长的过度迷恋，再加上过度推销，容易以眼泪告终。至于这会在何时发生，我们必须等待时间，爱尔兰谚语里的说书者。

4.3 危险的资产证券化（2002 年 11 月）

证券化让某些行业充斥了过多廉价资本

马拉松公司的投资方法建立在任何特定公司或行业的资本回报向正常水平趋同的长期趋势之上。取决于这一演变的发生相对于市场预期有多快，投资机会可能会产生。然而，要想让这一过程发挥作用，糟糕和失败的企业必须被剥夺掉廉价资金。然而证券化过程目前给本质上高风险的业务提供了成本极低的资本，这阻碍了利润的正常化，并积累起未来的损失。这具有资本周期的含义。那些用从证券化获得的容易钱融资的行业的股东回报很可能会围绕着较低的边际融资成本上下波动。

对于那些不熟悉这一操作的人来说，简单描述一下典型资产证券化的机制或许是有用的。例如，在航空业，这一过程始于向飞机制造商的一个订单，订单价格相对于飞机挂牌价有较大的折扣。在飞机交付时，该资产被航空公司出售给一个新设立的证券化机构，价格接近于飞机挂牌价，然后飞机又在其使用寿命内被回租给航空公司。该机构向投资者发行增强设备信托凭证（EETC）。租金支付分层，承担最大违约风险的投资者（次级证券持有者）收到更多的租金，而承担最低风险的投资者（优先级）收到的租金较少。与传统的债券形式相比，证券化吸引人的地方在于航空公司常常保留次级证券。这成为其资产负债表上的资产。购买飞机的折扣远大于因这些证券信用等级较低而造成的折价，从而在飞机交付时立即产生利润和现金流。现代金融炼金术就是这么奇妙。

在好的甚至正常的商业环境下，航空公司向证券化机构支付租金。但在衰退或破产申请时，当付款被拖延，优先级证券的持有者可以扣押抵押品。而证券化的次级参与者则没有任何权利，航空公司资产负债表上的任何此类资产都必须被冲销到零，这进一步增加了航空公司的损失。通过这种聪明的金融工程，航空公司以极低的融资成本获得了崭新的飞机——最近甚至低到了6%——而证券化权益持有者则承担了几乎所有的商业风险。一个几乎从来没有挣到过可接受的资本回报的行业居然能获得如此便宜的资本，这实在是令人震惊。

在资产证券化的帮助下，类似的金融工程特征在美国住房按揭市场这样闭塞的地方也出现了。绿点金融（Green Point Financial）通过一个经纪网络来发起不符合房利美和房地美按揭标准的按揭贷款。这些高风险贷款被称为次优抵押贷款，平均收益率比典型的合规按揭贷款要高100个基点。一个漫不经心的旁观者或许会假定这个较高的收益率是对增加的信用风险的补偿。因此，我们很吃惊地了解到，绿点公司可以把这些贷款一次性出售，不保留任何信用风险，而获得高于政府机构债利率的95个基点的利差作为出售的一次性收益。

根据绿点公司，这一暴利之所以可能，是因为购买者——通常是投资银行或按揭贷款服务的专门机构——获得贷款后会将其打包证券化，以吸引绿点公司对按揭贷款质量"一点儿都不关心"的资金。通过割裂地看最近低得难以置信的违约率（年损失低于5个基点），优先级证券的买家被哄骗认为风险回报特征对其有利，从而接受了比合规按揭贷款只高一丁点的信贷利差。那些购买更高风险次级证券的投资者乐于获得一个相当高的收益率溢价，而推迟（不可避免地？）冲销这些高杠杆的证券。绿点公司充分利用了市场的疯狂，在过去几年将其按揭贷款发起和批发贷款出售的数量翻了倍。

飞机和次优抵押贷款证券化的买主为获得"可信赖的"现金流，而搁置可能的损失的狂热，在金融短视的年代并不令人惊奇。证券化成了模糊这些活动的真正经济效果来帮助越来越多的资本流入的一个有效手段。[①] 对于航空公司而言，只有当管理层追求增长的野心受到更理性的金融的限制时，行业的资本回报才有可能向更可接受的水平靠近。[②]

4.4 继续私募股权（2004 年 12 月）

收购繁荣已经进入了泡沫阶段

安联保险的投资主管保罗·阿赫莱特纳最近评论说："传统的买入持有（上市资产）策略已经奏效了几十年，但在现代监管环境下不会有效……私募股权持有的资产的价值不会像上市公司一样波动。"

他对私募股权的热情并不是唯一的。根据各种行业估计，欧洲按交易量看已经是世界上最大的私募股权市场，占了全球私募并购活动的 60%。据报道，私募股权投资的公司雇佣了英国 20% 的私人部门雇员。11 月，有 4 笔主要的欧洲私募股权竞标交易被宣布，总金额 200 亿美元，其中包括一个可能由私募股权竞标团对西班牙第三大移动电话运营商奥纳价值 140 亿美元的竞标。如果成功的话，这笔交易会成为欧洲历史上最大的私募股权交易。私募股权公司正

[①] 高盛估计总量为 1.3 万亿美元的次优按揭贷款在金融危机后的损失为 6000 亿美元（《经济学人》，2009 年 2 月）。2004 年 2 月，绿点金融被诺斯福克银行以 63 亿美元收购。2006 年 12 月，美国第一资本投资国际集团收购了诺斯福克。一年后，第一资本在遭受按揭贷款损失后关闭了绿点金融。

[②] 在本文写作后，出现了一系列北美航空公司的破产案例，包括美国联合航空公司（2002 年 12 月）、加拿大航空公司（2003 年 4 月）、全美航空公司（2004 年 9 月）、西北航空公司（2005 年 9 月）、达美航空公司（2005 年 9 月）以及美国航空公司（2011 年 11 月）。

在使用更多的债做更多的交易，就其业务范围看有点类似于20世纪60年代的多元化经营的企业集团，例如LTV，Litton和ITT。那么，今天的私募股权公司是否会遭受过去的企业集团同样的命运呢，或者它们会生存下来，并发挥公开市场所无法发挥的职能呢？

有很多因素有利于私募股权。在一个痴迷季度盈利数据的时代，拥有非上市资产的所有权使得私募股权公司可以做出股票市场"投资者"所无法接受的长期决策。在私人股份所有权下，公司重组或许也更容易实现。只要想一想西门子要裁减其900个分支机构中任何一个的员工会有多难。私募股权公司中的管理层不会受到萨班斯—奥克斯利法案的影响，后者对上市公司提出了日益烦琐的要求。此外，管理层的薪酬也可以逃脱公众对上市公司高管薪酬的日益关注。理论上，委托—代理问题可以通过所有人更大的控制而减缓（但事实上，收购给这些公司带来了一群新的渴望收费的代理）。

然而，我们对目前这轮私募股权繁荣却有一系列担忧：

- 这一繁荣似乎是由银行和其他金融机构愿意以更宽松的条件为私募股权公司融资的意愿驱动的。净债务比息税折旧摊销前利润（EBITDA）——一个用来衡量银行愿意为公司并购提供多少贷款的现金流指标——已经上升了。债务在6~7倍EBITDA的交易现在并不罕见。正如某个评论员说的"7就是新的5"，这让人想起了信贷泡沫的幽灵。银行充斥着资本，将其对私募股权交易的热情建立在利率较低以及历史上私募股权贷款很少有违约（一种"看后视镜驾驶"的论据）的基础上。我们还注意到贷款人对抵押品和贷款合同的要求正在被放松。宽松的信贷条件鼓励私募股权基金承借更多的债务。考虑到并购贷款对私募股权基金没有追索权，风险不是由私募股权公司承担，而是更多地由贷款提供者——也即银行或任何从银行购买贷款的机构——承担。然而，负债能力的提高使得私募股权交易定价过高的风险也提高了。

- 如果底层的业务有足够多的可预测现金流来支持更高的杠杆率，那么更高水平的债务也可以是合理的。但是在一系列最近的案例中，大量债务被用于高度周期性的业务。以法国电力器件分销商蓝格赛公司为例，37亿欧元的收购价格通过债务融资，而债务/EBITDA倍数达到了7倍。或者以大宗化学品公司塞拉尼斯为例，12 亿欧元的收购价格是以 5.5 倍 EBITDA 的债务融资的。[①]

- 私募公司自身也充斥着现金。据说现在有超过 100 家并购基金可用现金超过 10 亿美元。根据英国风险投资公司 3i，私募股权公司募集的全部资本中有 3/5 是在过去五年募集的。

- 有理由怀疑私募股权行业是否能复制其在长牛市中取得的较好历史业绩。耶鲁基金管理人大卫·史文森在其《机构投资者的创新之路》一书中指出，在 1987—1998 年，私募股权基金取得了 48% 的年化回报，与此相比，同期标普 500 的年化回报只有 17%。这看上去让人印象深刻。然而，正如史文森指出的，如果标普投资也运用了与私募股权同样的杠杆率，那么其年化回报会达到 86%。

- 私募股权公司目前出价高于行业投资者。这在我们与公司的会晤中已成为了一个非常寻常的抱怨。在最近与英联食品的一次会晤中，CFO 抱怨难以和私募股权竞争。例如，缪斯公司最近以 16 倍经营利润的价格购买了令人尊重的维多麦早餐麦片业务。（在这一特定的案例中，可能会存在与缪斯公司其他食品业务的协同效应。）当问及他们何以能够比行业投资者出价更高时，3i 的一个高管最近回答因为他们比行业投资者"更聪明"，并且为交易"做更多功课"。这并不太令人信服。

- 私募股权行业缺乏透明度常被认为是其显著优点，事实上这是一把双刃剑。至少，很容易忘记提高公开市场透明度的要求是对一系列公司不法行为的反应。如果这些行为在私募股权领域"处于暗处"，问题并没有消失。在我们看来，掠夺养老金、高估资产价格或任何其他可疑的行为更有可能在私募股权领域而非在公开市场中发生，因为后者会受到更多的监管关注。

- 存在一些私募股权泡沫的先兆，包括对冲基金进入私募股权领域，对 EBITDA 估值指标的过度迷恋（这让我们想起了在科技股泡沫中的"备考"盈利狂热），以及复杂融资结构的传播，包括对"特定目的机构"的使用。私募股权成了 MBA 毕业生最热门的职业选项——一个值得依赖的反向指标。

[①] 塞拉尼斯公司于 2005 年 1 月首次公开募股（IPO），据报道其私募股权发起人黑石集团在这家美国化学公司获得了 5 倍的投资回报。

- 考虑到目前冷清的 IPO 市场，私募股权公司寻求其他关系混乱的退出途径。涌现了一波"二手收购"——由一家私募股权公司将其投资的公司出售给另一家并购公司。很难想象新的买主还能够继续创造巨大的收益，如果理应有同样的想法的前所有者已经利用了所有的价值创造机会。另一种退出方式是杠杆再资本化，在这种方式下公司通过借款融资来支付特殊股利，以达到把股本归还投资者的目的。如果情况变糟的话，风险更可能由银行承担，而非由私募股权公司承担。

- 私募股权公司为投资银行、商业银行、律师、会计师以及金融世界中的各种其他食客创造了数以十亿美元计的收费。在"一体化"的公司金融世界中，我们看到了潜在的利益冲突。一个明显的冲突来自于银行创造交易费用（咨询费、融资费等）的愿望及其保证贷款本金安全的需要。我们假定急于达成交易的投资银行家比传统上头脑更清醒的信贷经理在银行中更有话语权。一个暧昧的新做法是"订书钉贷款"，在这种交易下，向卖方提供出售咨询的银行向买方提供一笔贷款，与买卖合同"钉在一起"。这发生在 VNU 出售其目录簿业务的交易中，在该交易下高盛和瑞士信贷第一波士顿都同时为卖方提供咨询和为买方提供融资。作为顾问，这些银行应该帮助其客户获得最高报价，但从贷款银行的角度出发，希望购买价格最低难道不是合理的吗？

- 最后，安联保险对私募股份的热情足以让最为乐观的人战栗。在资本配置上，安联保险乐于给出傻子的价格也是活该。只要回想一下这家德国保险公司在 2001 年以 250 亿欧元收购德累斯顿银行，或者其在 2002 年市场谷底募集 120 亿欧元的股票！安联保险的投资主管无法区分价格和价值这一事实对于激起人们对它的信心毫无帮助（提示：信心并不随市场每天的情绪而波动）。长话短说，私募股权以及对冲基金的资本周期变坏的可能性很大。①

---

① 回头来看，马拉松公司未能预料到私募股权公司被金融危机后非传统的货币政策拯救的程度。他们成为超低利率以及量化宽松最大也最不应该的受益者之一。

4.5 吹泡泡（2006年5月）

好几个投机活动的指标显示市场已经见顶了

> 我一直在吹泡泡，空气中漂亮的泡泡，
> 它们飞得如此之高，几乎触到了天空，
> 然后像我的梦一样它们褪色死掉，
> 命运总是在隐藏，我到处寻找，
> 我一直在吹泡泡，空气中漂亮的泡泡。
>
> ——西汉姆足球联队球迷之歌

市场最近的下调已经在近几个月市场参与者过分自信行为的迹象中显露征兆了。考虑到我们公司对资本周期的关注，我们总是有很强的兴趣来识别泡沫。最近在大宗商品、新兴市场、对冲基金、IPO，当然还包括私募股权领域的投机活动都预示着市场已经见顶了。当前关于市场泡沫的证据可以在以下几方面找到：

1. 大宗商品泡沫

金价在最近达到了二十五年来的高点，而铜、锌和其他基本金属都已经快速上涨了好几个月。然而，最近大宗商品的价格似乎已经涨过头了，因为自然的用户强劲需求（主要来自中国）已经被金融市场参与者的投机性需求放大了。铜的价格已经高于了铜币的价格。现在把1992年前的英国分币以及美国的分币和5分镍币融化了是有利可图的。商品价格在最近几周的大幅上涨让我们想起科技股泡沫期间2000年最后几周互联网公司在交易日内的大幅攀升。《金融时报》于5月10日设置了一个新的附页，名为"FT铜"，这是一个不祥之兆，当天正好是铜价达到历史最高位的前两天，而在此后则大幅下跌了14%。

2. 私募股权的狂热（I）

在过去几个月，一些最大和信誉卓著的私募股权集团——如KKR和阿波罗公司——都利用市场充足的流动性以及其自身历史业绩的吸引力将投资于其基金的基金上市。不用说，这些基金在下层基金已经收取的管理费之上继续收取管理费。KKR 最初打算募集 15 亿美元，但市场兴趣是如此强烈以至于他们将金额上调至 50 亿美元。在花旗集团和其他银行收取了 2.7 亿美元（净资产价值的 5.5%）承销费后，KKR 的基金目前的交易价格相对于发行价有一个折扣。多好的钱啊，如果你能拿到的话！凑巧的是，阿波罗基金也准备向高盛及其朋友支付 6% 的费用。

3. 私募股权的狂热（Ⅱ）

几周前，世界上最大的私募股权集团之一的黑石集团投资 27 亿欧元用于购买德国电话运营商德国电信 4.5% 的股权。德国电信是一个公开上市的公司，因此指数基金（不收费）和很多只做多基金（费率很低）的管理人都可以自由投资。但黑石集团却付了 2.6% 的溢价来购买股票，并同意锁定两年——其获得的安慰奖在于可能在该公司 20 个人的董事会中获得一个董事席位。目前该股票的交易价格相对于黑石集团的购买价格有 11% 的折价。这是到目前为止私募股权最大的上市公司股票投资。其私募股权客户为何要付那么高的管理费来做这种投资是令人费解的。对我们而言，德国电信的交易表明并购集团现在有比投资机会更多的现金。

4. IPO 狂热

IPO 的日历突然爆满了。马拉松公司专有的 IPO 指标——我们办公桌上堆积的招股说明书的厚度——在 TMT 泡沫期间运行良好，正闪现着强烈的预警信号。有意思的是，从上一个泡沫到现在 IPO 的行业构成已经有了显著变化，当前资本募集的主要领域包括能源、大宗商品、公用事业以及专业金融行业。

对于后者来说，专业基金管理集团以及基金的基金管理人也利用该机会来募集资金或卖出股份。3 月上市的公司中有一家引起了我们的注意。这是一家瑞士公司，名为合众集团，它管理投资私募股权以及对冲基金的基金。去年年底，合众集团管理的资产（AUM）有 110 亿瑞士法郎，2005 年的收入是 1.25 亿瑞士法郎。在第一个交易日，股价上涨了 25%，公司市值达到 21 亿瑞士法郎，高达 AUM 的 19% 和几乎 17 倍的收入。

差不多在同一天，查理曼资本在伦敦股票交易所上市。这一资产管理业务是由那些曾经在励晶太平洋集团和现在已经不复存在的励晶东欧杠杆债务基金工作过的人成立的。查理曼专长于投资热门的东欧新兴市场。它的 AUM 从 2000 年的 2.5 亿美元增长到目前的 50 亿美元。目前的股价对这家基金管理公司的估值相当于 AUM 的 10%。全年利润的 2/3 来自业绩费提成。IPO 为这家公司的内部人和股东提供了出售 25% ~ 33% 公司股份的机会。随着过去几天新兴市场的大幅波动，查理曼的股票自上市以来在 7 周内已经跌了 32%。

5. 并购狂热（Ⅰ）

另一个市场泡沫的指标是并购世界中动物精神的恢复。并购活动已经恢复到了 1999—2000 年科技股泡沫期间的水平。根据汤普森金融，2006 年第一季度欧洲宣布的并购数量已经达到了 4370 亿美元，比上年同期水平高了 240%。传统的智慧告诉我们从长期看并购摧毁价值，这也是为什么收购公司的股价在交易宣布后通常会下跌。然而我们最近数次观察到收购公司的股价在交易宣布后上涨的情况，即便是在对目标公司支付较大的溢价情况下。例如，当西班牙基础设施公司法罗里奥集团宣布以收购前价格 28% 的溢价收购规模更大的英国机场集团 BAA 时，法罗里奥集团自己的股价上涨了近 6%。同样地，当米塔尔钢铁宣布竞购对手公司阿赛洛时，米塔尔的股价在 48 小时内上涨了 14%。

6. 并购狂热（Ⅱ）

缺乏战略逻辑或潜在成本节约的并购交易已成为一个强烈的发展趋势。我们最近观察到一家澳大利亚基础设施基金购买爱尔兰的一个全国电信运营商，以及一个类似的新加坡机构和一家投行的 PE 机构一起购买英国的码头运营商。尽管缺乏协同效应，在两个案例中都支付了可观的收购溢价。这两家公司下市后通过杠杆融资获得的税收抵扣很难证明巨额收购溢价是合理的。

7. 零售投资的繁荣

如果不讨论零售投资者的可笑行为，那么任何对股票市场过分行为的讨论都是不完整的。在世纪之交日内交易崩盘的经历之后，零售投资者在最近才恢复了他们对股票的兴趣，他们的情绪因美国房产价格创历史纪录以及股票市场连续 18 个月上涨而高涨。在美国，嘉信理财 2 月的佣金收入与 3 年前相比翻了 3 倍。目前零售客户占了纽约证券交易所期权交易的 60%，换手率快速上升。考虑到新兴市场在过去几年的强劲表现（从 2003 年的低点到最近的峰值，MSCI 新兴市场指数上涨了 240%，而标普 500 从 2003 年低点仅上涨了 63%），新兴市场引起了主街（main street）的关注就毫不令人奇怪了。在今年前十周，新兴市场基金从美国投资者吸引的资金流入就超过了 2005 年全年的流入，而 2005 年本身就是一个创纪录的年份。

8. 内部人抛售

董事交易也同样发出了某些强烈的信号。内部人卖出的量在过去几个月持续上升。英国最近一个月的统计数据显示，董事在 4 月份卖出股票的数量是买入股票数量的 16 倍。这与一年前该比率低于 4 倍形成了鲜明的对比。尽管由于董事总是通过长期的期权或激励计划积累免费或低成本的股票，从而内部人买入与卖出的比例总是更偏向于卖出，当前内部人卖出的量也是显著的。

所有这一切，再加上在与公司以及卖方从业人员的会上传递出来的征兆，都显示 2006 年 6 月代表了某种程度的市场顶部。[①] 判断市场转向总是非常困难的，但过度的信号以及傲慢的行为都可以作为预警信号。容易钱助长了很多此类投机活动，但容易钱的时期可能已近尾声。如果容易钱还会继续，那可能会是因为更糟糕的理由。

4.6 击鼓传花（2007 年 2 月）

证券化债务市场造成了私募股权的疯狂

几乎没有一天没有关于即将发生的私募股权收购的传闻。被收购对象的规模已经提高到了包括某些被认为是国家级机构的公司（在英国，包括机场集团

---

① 赌市场见顶是一项危险的工作。如事后显示的，标普 500 一直上涨到 2007 年 10 月，在那个时候标普 500 比本文撰写之日又高了 22%。

BAA公司，以及商业街化妆品零售商Boots公司）。这引起了公众对私募股权"蝗虫"剥离资产和逃避税收的抱怨。在英国，怨气集中在私募股权公司的合伙人身上。这些人富有而又是外国人，正好是绝佳的替罪羊。

然而，我们怀疑，如果一定要有的话，那么真正的恶棍是债务市场。债务为并购提供了绝大部分弹药。尽管交易价格越来越高得离谱，更低的信用利差和更为宽松的信贷条件是使得私募股权交易较高的预期回报仍然能够得以实现的神奇因素。简言之，理解私募股权业务的关键在于信贷世界中正在发生的情况。

信用利差被压低了。这是一个全球而非欧洲特有的现象。穆迪的分析师在最近的一次会议上将其归因于来自亚洲和中东地区的"储蓄过剩"。太多的钱追逐太少"高质量"的金融资产。在欧洲信贷市场中，由商业银行提供的并购融资的比例也在下降。银行在杠杆融资中的占比从世纪初的超过90%下降到了今天的不足60%。证券化信贷机构——抵押债务凭证（CDOs）和抵押贷款凭证（CLOs）——以及对冲基金正在取代银行，在欧洲并购贷款融资市场中获得更大的市场份额。在美国，这一信贷市场的发展在很多年以前就完成了。在欧洲，这一趋势在最近并购融资的高风险贷款部分更为明显，传统的银行贷款人在过去18个月几乎消失了。

过去，欧洲银行紧紧盯住贷款，因为它们能带来相应的公司关系以及净利息收入，但是这样的日子已经一去不复返了。这些发展有一系列的含义。首先是道德风险方面。由于银行持有比它们发起更少的贷款，它们会更少关心长期贷款质量。英国金融服务管理局（FSA）最近的调查发现，平均而言，银行在完成大型并购交易的120天内会将其头寸的81%分销出去。此前的证据显示这种发起然后分销的模式引起了信贷质量的下滑。

例如，瑞典商业银行是一家谨慎的机构，也是唯一一家经历了20世纪90年代早期银行危机而毫发无损的瑞典银行。它目前正在经历瑞典公司贷款领域市场份额的丧失。该银行的政策：除非做好准备把贷款保留在自己资产负债表上，否则不会签贷款协议。这不禁让人得出结论，它目前丧失的市场份额是因为竞争的银行采用"击鼓传花"的商业模式并降低信贷标准的结果。我们还注意到，在其他地方出现了急于收费的投资银行为私募股权融资提供通用贷款的做法。这样的融资无疑可以从潜在的竞购方那里收取尽可能高的费用。但是毫无疑问，提供这类贷款的投资银行不会持有这些贷款很久。

《金融时报》最近的一篇文章提供了更多关于信贷标准下降的证据，在这篇文章中，金融城的一个律师感叹，如今似乎没有人会去谈判与可能的公司违约相关的银行间的安排条款。在向 50 家基金发出贷款协议草案之后，这位律师没有收到关于违约安排条款的任何反馈。在过去，围绕每一条款都会有很多的争斗。信用评级机构标准普尔最近做的一个调查显示，有完全分期付款偿还安排的优先级公司债所占的比例已经从 2002 年的 41% 下降到了 2006 年的 25%。另一个发现是：将剩余现金流用于偿还债务的杠杆并购公司所占的比例下降了，这使得这些现金流可以被用来向并购发起方支付股利。

对于那些从事这种"击鼓传花"游戏的银行，总是存在当信贷市场变坏时贷款砸在手里的风险。此外，银行可能没有像他们自称的那样聪明，可以消除潜在的不良信贷风险。在卖出后，这些证券化资产却有可能被同一家银行的自营交易部门买入。FSA 最近的一个银行调查发现，只有 50% 的答卷能够提供其认为这些被分销出去的债务最终去了哪里的一点意见。HBOS 银行的 CEO 安迪·霍恩比说过，杠杆信贷风险最终落在了哪里是英国银行当前面临的最大问题之一。①

对于私募股权基金而言，抓住机会大干一场是合理的，尽管日益上涨的违约率不太可能让他们全身而退。从上市股票投资者的角度来看，对欧洲金融业持小心态度看起来是合理的。尽管发起然后再分销的银行模式被广泛采用，银行资产规模持续创出新高。然而，把风险传递出去似乎要比把骂名传递出去要更容易些。

---

① 霍恩比或许应该花更多的时间寻找家门口的风险。根据英国议会的报告，HBOS 最终由于"HBOS 公司业务部门采用的草率的信贷政策"而倒下。

4.7 房地产嘉年华（2007年2月）

西班牙在过去几年经历了地产疯狂

> 长歪了的树永远不会伸直其枝干。
>
> ——西班牙谚语

Astroc Mediterraneo 最近吸引了我们的注意力。这是一家西班牙的房地产开发商，它在去年早期进行了 IPO，当时没有引起太多人注意。即便从西班牙股票市场最近的牛市标准看，Astroc 的股价表现也是属于壮观的。这只股票自上市以来已经涨了 10 倍，目前公司市值在 80 亿～90 亿欧元，使得这家公司成为欧洲市场第五大的房地产公司。管理层利用这一强劲的市场表现又发行了另外 20 亿欧元股票。

其他西班牙房地产公司也同样炙手可热。欧洲最大的办公楼拥有者 Metrovacesa 目前的股价相对于其净资产价值有 100% 的溢价——相对于其他欧洲地产公司而言是相当高的一个溢价，尽管这一价格部分反映了其最大的两个股东对这家公司控制权的争夺。这个行业上涨的股价吸引来了新的资本。去年有 4 个西班牙地产公司的 IPO，这和此前 4 年该行业上市的数量一样。

这些事件反映出的特点对于任何在最近访问过西班牙的人来说都是显而易见的——在过去几年这个国家似乎经历了一场房地产的疯狂。到处都是脚手架，城市的中心变成了一个巨大的建筑工地。取决于你相信哪个估计数据，建筑占了西班牙经济产出的 15%～20%，与此对比，欧洲的平均值不到 10%。尽管西班牙人口仅占西欧人口的不到 15%，但西班牙目前消费了欧洲大陆年消费水泥的一半。

建筑狂热的原因之一在于西班牙在过去几年从欧盟那里获得了慷慨的团结基金将近 2/3 的支出，团结基金的其他受益者还包括其他几个小经济体，如希腊、葡萄牙和爱尔兰。这些钱被用于公路、桥梁、机场和其他大型基础设施项目。当西班牙从欧盟基金中获取的份额下降以资助其他更需要钱的国家后，西班牙政府计划增加自己的基础设施预算以补足缺口。

然后就发生了住宅建筑市场的繁荣。西班牙建筑的规模是惊人的：每年有 80 万套住宅动工，这相当于欧洲新建住宅的 1/3。西班牙房价自 1997 年以来已经翻倍。这部分反映了外来需求，主要是英国、德国和斯堪的纳维亚人买的二套房，以及强劲的移民增长。西班牙经济繁荣吸引了大量来自欧盟以外的工人，移民占总人口的数量从 2000 年的 2% 上涨到目前的 9%。[①]

既然信心那么高昂，而移民仍在源源不断地涌过边境，是否有理由相信繁荣无法持续呢？首先，房价上涨似乎在放慢。居民债务已达到可支配收入的 130%，从 2001 年起已经上升了近 50%，是目前欧洲最高的水平之一。由于西班牙加入了欧元体系，利率远低于如此强劲增长的经济体本应有的利率水平。尽管偿债成本目前相对承受得起，到了一定程度后居民就不会愿意再承借更多债务。另一个担忧在于，西班牙的房地产对于那些想买度假房屋的外国人来说已经不再便宜——很多人可能会选择地中海地区更便宜的其他住房，例如在希腊、土耳其和克罗地亚的住宅。

住宅建设的放缓对于很多西班牙市镇来说都是坏消息，他们从向急切的开发商出售建筑许可上获得了大量收入（似乎没有人知道有多少）。尽管大部分都是合法的，这项业务如此之大，总会有一些不法交易——如在南部城市马贝拉在几年前的一笔非法开发丑闻——被曝光，政府的调查最终以前市长的被捕而告终。在这个似乎难以让任何人接受 50 欧元或 100 欧元面值纸币的国家，据说却储藏了全部已发行 500 欧元面值纸币的近 1/4。毫无疑问，大部分这些现金都以这样那样的方式流通于建筑行业周围。[②]

西班牙的经济变得依赖于建筑业，该行业雇佣了 22% 的就业人口。和另一个在过去几年经历了强劲增长的前欧洲周边经济体爱尔兰不同，西班牙并没有

---

① 后来显示，大部分移民都与西班牙房地产繁荣有关。在泡沫破裂后，这一移民趋势开始逆转，在 2013 年，超过 50 万的外国人离开了这个国家。

② 西班牙地产繁荣的崩塌打开了一个蠕虫罐，它们在公众的日益敌视下已经翻腾了好多年。2014 年 10 月，多个建筑丑闻曝光。在该月，西班牙银行救助基金向检察机关提交了两家本地储蓄银行（被称作 "cajas"）价值 15 亿欧元的看起来不正常的地产和贷款操作。差不多同一个时候，在对涉及地方议员、公务员、建筑师和各种其他人员的地方政府腐败调查之后，西班牙各地逮捕了几十人。在这个本来就已经够混乱的月份，Bankia（2010 年在几个倒闭的储蓄银行基础上建立起来的金融集团）前主席以及并入 Bankia 的某个 cajas 的前 CEO 被法院传唤回答牵涉几十个 Bankia 经理丑闻的问题——这些经理都是由地方政党和工会政治任命的——这些人据称使用所谓的"黑金信用卡"花了银行几百万欧元的钱。公众对西班牙腐败的反感助长了激进的左翼政党 Podemos 的兴起。

获得任何类似的生产率的提高。尽管移民在某种程度上压制了工资的上涨，单位劳动成本仍然以两倍于欧洲平均水平的速度增长，这使得西班牙日益失去了竞争力，尤其是考虑到生产率增长的缺乏。这方面的迹象之一是，随着外国公司寻找更有竞争力的地区去投资，外国直接投资占 GDP 的比重已经从 2000 年的 4% 减半到了 2005 年的不到 2%。如果西班牙采用的是浮动汇率，我们会预期这一相对较高的通胀和低生产率的结合可以通过汇率贬值来抵销。当然，西班牙用的是欧元，因此无法通过贬值来恢复其丧失的竞争力。

尽管西班牙经济继续以远高于欧洲平均水平增长，这一增长却日益依赖于公司和家庭部门的负债。其结果就是西班牙的经常账户逆差——用于衡量一个经济体消费和投资超出其生产和储蓄的部分——快速上涨，占 GDP 的比到 2006 年年底已经达到了可观的 8.8%，从百分比看甚至高于美国（美国经常账户赤字为 6.8%）。从绝对金额看，西班牙的经常账户赤字是全球第二大的，仅次于美国。

随着欧洲利率的提高，西班牙的偿债负担日益严重。很难看出这将如何得以持续。软着陆的情况是可能的，但这要求长时期低于平均值的通胀和工资增长，而且还必须不损害消费者和企业信心，要实现这种组合是非常困难的。很有可能等待西班牙经济的是更糟糕的情况，对于巴鲁诺斯先生更是如此。[①]

4.8 管道街（2007 年 8 月）

德国银行体系高度分散的特点使其特别容易出问题

在当前这场信贷市场的动荡中，欧洲的两个主要阵亡者（到目前为止）都是德国的银行，而且还是中型银行，这一事实存在令人厌倦的必然性。IKB 德

---

① 在这篇文章发表后不久，在审计师出具报告认为巴鲁诺斯先生从他的公司购买了相当于公司年收入 65% 的房产之后一周，Astroc Mediterraneo 的股价下跌了 70%（路透社，2007 年 7 月 26 日）。

国工业银行，一家上市的专注于中小型公司市场的专业贷款人，以及 Sachsen LB，德国容易出事的州银行之一，都不得不由更大的德国银行以及政府机构联合救助。德国银行业的断层线似乎在于该行业高度分散的特点，以及德国银行家容易被伦敦金融城滑头欺骗的倾向。

在本世纪初，多家德国银行面临房地产贷款上的巨大损失。仅仅在此之前几年，最大的州银行之一——西德意志银行，被迫核销其私募股权投资。而这次，问题则与被称为"管道"的投资机构有关，这些"管道"大部分处于银行的资产负债表之外。下面说明了它们是如何陷入麻烦的。IKB 和 Sachsen 通过资产抵押商业票据市场来为其"管道"融资。这些融资通常较为便宜，并且都是短期的，到期日一般在 90~180 天。借来的资金然后被投资于高收益的长期资产，例如抵押债务凭证或资产支持证券，而发起银行只提供很少量的抵押品用于在出问题的情况下偿付商业票据持有者。只要商业票据能够以低于长期资产收益的成本借新还旧，这些"管道"就能为银行创造可观的利润。

在过去四到五年，多家银行在这一市场上十分活跃，大约有 5100 亿美元资产抵押商业票据由欧洲"管道"发行，而在五年前则只有 2000 亿美元，这占了 1.2 万亿资产抵押商业票据市场的近一半。Sachsen 和 IKB 都是"管道模式"的热衷采用者。IKB 的管道莱茵兰融资公司创立于 2002 年，它扩张迅速，在今年年中达到了 140 亿欧元的资产规模。当时，IKB 对莱茵兰的敞口是 80 亿欧元，而它的一级和二级资本之和才 40 亿欧元，峰值时的市值不到 30 亿欧元。Sachsen 的故事也类似，它的奥蒙德码头"管道"设立于 2004 年，其资产增长到 170 亿欧元，约占银行 680 亿欧元总资产的 1/4，或相当于股本的 11 倍。

当一切都顺利时，这个敞口规模看起来没什么问题。然而，这一信贷"旋转木马"却在几周前戛然而止，因为市场开始担心"管道"所持的"投资级"证券对美国次级按揭贷款的头寸有多大，这样其安全性或许没有其评级所显示的那么高。突然之间，商业票据市场的资金再融资不再可得，由于债务是这些银行能支付的好几倍，如果不是因为仓促安排的救助，这两家银行都会即刻违约。

尽管 IKB 和 Sachsen LB 是最极端的例子，但它们在德国绝不是个案。事实上，德国州银行似乎尤其将"管道模式"作为其核心业务。最大的 8 家州银行没有一家属于欧洲前三十大银行，但在"管道"的规模上，它们均排名前三十。

Sachsen LB 的奥蒙德码头是欧洲最大的"管道"之一，考虑到 Sachsen 按德国标准看都属于小银行，更不用说欧洲了，这是令人震惊的。

那么德国市场结构的哪些因素使其容易掉入这些陷阱？部分问题在于德国银行体系分散的特性。和大部分欧洲市场不同，那里由少数几家盈利性强的全国性银行主导，在德国即便是最大的私人部门银行也只有个位数的市场份额。州政府向州银行提供的担保使得后者能够在批发市场以较低成本融资，并以比私人部门银行更低的利率向公司提供贷款。当州政府停止提供这一担保后，州银行在公司信贷领域竞争的能力就变得更困难。欧盟在 2005 年禁止了州政府的担保，这挤压了银行的利润。

Sachsen 是前东德地区唯一的州银行，它面临的特别困难的任务是试图在一个仍然萧条的地区发展信贷业务。在德国其他地区增长信贷，以及激进地拓展进入投资产品领域，例如"管道业务"，看起来似乎是一个合理的解决途径。类似地，IKB 的增长受到了持有其 38% 股份的国有银行 KfW 增加其资本用于传统领域扩张的意愿的限制。相反，它选择使用表外机构来获得增长，后者不受国内监管机构监管，并且除了少量后备信贷（可以被分销出去）之外，只需要很少的资本。

德国银行同样面临道德风险——即以牺牲他人来承担风险的能力。这或许解释了它们为何会犯这么大的错。对于州银行和其他国有银行例如 IKB 来说，冒较大的风险一定是很有吸引力的，因为它们知道由于德国政府非常关心中小型企业能否获得信贷，所以一定不会让它们倒闭。

此外，管理层在其银行只有很少或没有股份。IKB 的管理层激励围绕着年度股本回报目标。这增加了"管道业务"的吸引力，因为该业务只使用很少的银行资本就能产生利润。在最近的财务年度，IKB 超过 40% 的利润都来自于结构性金融部门，该部门包括"管道业务"以及结构性投资工具（SIVs）下的资产等，后者的架构与"管道"非常相似。银行这些业务的盈利能力是其他产品条线的两倍多。

我们也不能忽视德国银行家根本就是无知的可能——他们不了解他们所承担的复杂风险。在 IKB 的例子中，该银行从 20 世纪 90 年代末就开始证券化和出售其对中小型公司的贷款，它一定非常熟悉"管道业务"。该银行事实上对其风险管理非常自豪——其最近的年报用了 25 页专门描述各种风险委员会如何监管银行业务以保证风险被最小化，并且很大一部分是在讲述其在证券化金融领域的专业能力。

风险被严密控制的印象无疑是由投资银行助长的，后者通过为莱茵兰、奥蒙德码头以及其他"管道"设计产品挣了大量费用。某些德国"管道"奇怪的名称引起我们在这方面的怀疑。例如，有一个"管道"用了一个非常靠不住的名字"波塞冬（译注：古希腊、古罗马神话中的海神）"。人们可曾会想到这个"管道"会沉没于水底？在柏林地方银行的另一"管道"欢快地使用了"查理检查站"（译注：冷战时分割东西柏林的检查站之一）的名字。在我们脑海中，这些可疑的名字像是由金丝雀码头（译注：伦敦的金融区）的智慧杜撰出来的，而非出自汉堡或柏林。

尽管有人会辩称德国银行在近年来已经改进了许多（到目前为止似乎没有一家大上市银行在这轮动荡中受到严重影响），但只要行业结构继续保持分散化的特点，德国银行家似乎就注定要在全球金融的骗子游戏中扮演受骗者的角色。

4.9 触礁（2007 年 9 月）

北岩银行不可靠的融资渠道使得这家英国银行在信贷紧缩中不堪一击

一家大型西欧银行遭到挤提并不是一件常见的事——英国上一次发生是在 1866 年。因此，无论是从北岩银行这家机构本身（是什么驱动人们去做他们做的？），还是从马拉松公司长期低配欧洲金融股的角度，这个题目都是值得思考的。[1] 我们目前的银行头寸占组合的 14%，而在指数中银行业的权重是 29%。

---

[1] 2007 年 9 月，北岩银行遭到挤提，被迫向英格兰银行寻求流动性帮助。次年 2 月，北岩银行被国有化。

我们与北岩银行的会晤与其说让我们感到困惑，不如说是对其商业模式的可持续性感到特别担忧。我们没有投资该银行。该银行借短贷长并且利用最新的金融创新（传递热土豆）的做法，在当前的银行惯常做法中并不显得特别出格。资本市场的创新以及对将风险转嫁给最不能评估它的机构的收费驱动模式的追求，是一个普遍现象，并不仅仅局限于这家英格兰北部按揭贷款发放者。

想一想德意志银行 80% 的收入都来自于非利息收入，而在 12 年前这一数字只有 49%。在我们 2006 年 10 月德意志银行投资者年会的会议记录中记载着这样一段看法："从信贷以及未来收费产生的角度看，CDOs、资产证券化以及分销债务市场（他们声称具有竞争优势的领域）的任何爆裂都可能是极度灾难性的，因为这家银行在当代债务市场中的地位就像是司克兰传锋在医院传球（译注：橄榄球中的术语，一种激烈对抗的传球，常常容易导致球员受伤进医院）中的位置一样。

在我们和北岩银行的会晤中，让我们印象深刻的是其留着光头的年轻 CEO（亚当·阿普尔加思）和人们印象中传统的银行家形象有很大的差异。在和 CEO 单独会晤后，我们会议记录的作者写道"主要的担心是他可能聪明过头了"。如果我们那时已经看到了该公司价值 3500 万英镑的新总部大楼的计划，我们或许同样也会敲响警钟。或许在做出一项投资以前，我们都应该研究一下被投资公司的总部照片，然后来将其与乐购公司位于英格兰切森特郊区破旧的总部做一个对比。人们还可以指出如今委婉地称之为公司治理的问题——例如，北岩银行主席最为人们所知的是其科普书作者的身份。

回头来看，对于不稳定资金来源的极度依赖，以及业务缺乏多样性，使得北岩银行在 2007 年 8 月以来的新环境中变得特别脆弱。一些金融机构在信贷泛滥时期采取观望态度，它们在当前的市场环境中就开始受益。尤其是一些欧洲地方零售银行，例如瑞典商业银行，它在公司信贷领域一直在丢失市场份额。其他可能的赢家是那些业务模式和北岩银行有些类似，并且由于上述联系股价在最近被不公正地调低的银行。在我们看来，英国住宅信贷市场的领导者 Provident Financial Group 就是一个例子。这家公司在第一时间就因为其与次贷的联系以及其资金来源期限相对较短这一事实而受到影响。但事实却是反向的套利交易，因为 Provident 的贷款期限相对于其资金来源是非常短期的，这和北岩银行的案例恰好相反。①

资料来源：盖蒂国际图片社。

图 4-3　北岩银行总部

尽管有一些个别的案例值得关注，我们整体的感觉是低配金融行业在目前这个时点是正确的选择。多个评论家将流动性风险（缺乏批发融资）与偿付能力风险或下层抵押品（按揭贷款是否被偿付）的信贷质量区分开来。他们声称，当期的危机主要是流动性风险，银行资产负债表的资产侧没有什么是需要让人担心的。然而，过去十年日益充裕的流动性和与资产价格上升之间的联系告诉我们，当来自贷款人的慷慨支持告缺后，资产价格将是不堪一击的。从这个角度出发，最好还是等不良资产和资产核销上升后再增加我们的头寸。

---

① 从 2007 年 9 月到 2014 年 12 月，Provident Financial 的股价以美元计上涨了 109%，而同期 MSCI 欧洲银行指数下跌了 64%。

4.10 七宗致命的罪（2009年11月）

一家瑞典银行是如何经历了金融危机而毫发无损的

"钱，钱，钱，一定很有趣，在富人的世界里"，阿巴乐队唱到。除了这支著名的乐队外，瑞典还给予了世界致命的组合——火药和安全火柴。瑞典甚至在20世纪90年代早期引爆了其银行系统。然而，在全球金融危机中有一家没有出问题的大型欧洲金融机构却是瑞典商业银行，这是瑞典最大的银行，也是马拉松公司长期持有的银行。随着时间的推移，我们对这家银行也变得非常了解。我们与管理层会晤时他们经常给我们提供其欧洲银行竞争对手愚蠢行为的洞见。最近出版的一本关于银行的书名叫《改进银行业的蓝图》，由尼尔斯·克罗纳所著，它描述了银行业的历史和文化。正如书名所暗示的，它认为如果其他银行采用"瑞典商业银行模式"，金融业很多最近的问题可被避免。

瑞典商业银行是一家稳健经营、以分支机构为基础的零售银行，也是唯一一家没有卷入20世纪90年代早期北欧银行危机的瑞典银行。这一次，瑞典商业银行再次经受了危机的考验，避免了募集新资本或接受政府资助的需要。仅有三家欧洲主要银行做到了这一点。瑞典商业银行去中心化的商业模式鼓励支行经理根据他们对本地客户的了解来发放贷款，而非依赖于集中的信贷打分技术，后者正是他们的竞争对手所做的。这家银行持续地获得行业最佳客户服务评分以及最低的成本（显示为相对于其他银行更低的成本收入比）。几年前，我们问管理层为什么（有人告诉我们）好多分行的地毯上都有洞，回答是，"因为地毯不会挣钱"。

由于避免了同业所遭受的灾难，2007年初瑞典商业银行的股价开始超越所有其他欧洲主要银行。根据尼尔斯·克罗纳的观点，瑞典商业银行的成功在于其没有犯他称为"银行的七宗致命的罪"。这七宗致命的罪是：

第一宗致命的罪：资产负债表上资产和负债草率的不匹配。毫无疑问，这个世界上有很多银行因为借短贷长而出问题的案例。最近在欧洲的案例包括英国的北岩银行和爱尔兰的银行等。在繁荣时期，爱尔兰的银行提供合同期限为

20年或更长的住房抵押贷款，而其资金来源却是期限短于一年的商业票据。瑞典商业银行敏锐地意识到了资产负债不匹配带来的风险。这家银行用一个集中的司库功能，根据存款和贷款的期限来为其定价并进行匹配。这样做，分支机构就无法简单地通过变更到期日来报告利润。

第二宗致命的罪：支持客户的资产负债不匹配。这方面经典的案例是为中欧国家的家庭提供外汇贷款。不久前，欧洲银行为匈牙利和拉脱维亚的消费者提供低利率的欧元和瑞士法郎住房按揭贷款。这些客户不太可能理解其承担的汇率风险。瑞典商业银行没有从事这类业务，这主要是因为其分支机构经理的主要激励是消除违约风险。分支机构经理可以做的最糟糕的事是产生不良贷款。在内部评价上，各分支机构都按不良贷款进行排名，以羞辱那些业绩表现不佳的机构。

第三宗致命的罪：向那些"无力偿付，也不会偿付"的客户提供贷款。在这方面，人们马上会想起向次贷借款人或私募股权公司提供贷款的银行。瑞典商业银行的方法是"向有钱的客户提供贷款"。他们的借贷方式是利基市场的信贷，而非是大众市场的贷款。在过去几年我们和公司的会晤中，瑞典商业银行告诉我们，银行业已经过度执迷于每个季度多挣几个基点的利差，而忽视了信贷风险，即借款人根本就不会偿还本金的可能。

第四宗致命的罪：在不熟悉的领域寻求增长。多家欧洲银行在投资美国次贷CDOs上损失了数十亿美元（UBS在这方面损失了400亿美元）。它们愚蠢地依赖于"专家"，后者告诉它们这些资产是AAA评价的信贷，他们事实上外包了信贷决策。在斯堪的纳维亚，很多银行在波罗的海国家寻求增长，但由于这一地区的GDP在今年收缩了15%～20%（拉脱维亚的房价目前从高点下跌了70%），这些银行也受到了损失。相比之下，瑞典商业银行在国外扩张的方法，用它自己的话说，却总是某种谨慎的"有机增长"。这家银行在很大程度上规避了它认为风险过大的波罗的海国家。相反，瑞典商业银行在一些成熟的西欧市场扩张其网络——包括英国、德国和挪威——在这些国家里很容易雇佣到很好的分支机构经理，他们对其原银行雇主集中决策的做法感到失望。在英国，瑞典商业银行招聘的本地支行经理会把他们最好的客户以及他们最好的同事一并带过来。

第五宗致命的罪：从事表外信贷业务。银行使用表外信贷这一大罪过的最新案例包括欧洲银行对"管道"和 SIVs 的使用。相比之下，瑞典商业银行的方法是只有在它准备好把信贷放在资产负债表上直到持有到期的情况下才会发放贷款，并且不会向那些主营业务就是发放贷款的企业提供贷款。凑巧的是，这一原则同时还限制了银行从事"击鼓传花"的资产证券化业务，后者对整个欧洲银行体系的信贷标准产生了毁灭性的影响。

第六宗致命的罪：陷入良性/恶性周期的变化。第六宗致命的罪是被所谓庞氏骗局诱惑。斯堪的纳维亚银行向波罗的海国家贷款在很长一段时间看起来都像是一个好主意，这部分是由于 GDP 增长迅速。然而，经济的强劲增长却正是这些银行提供的信贷快速增长的一个结果。每家银行都在同一个市场提供贷款这一事实让大家感到安全，有一段时间良性周期都在继续。全球房地产市场也类似，都认为资产质量独立于信贷状况。瑞典信贷银行为其逆向操作的特性而自豪。由于依赖于其分支机构网络，它不太容易做高层次的"战略"举动（通常会陷入欢乐的群体思维）。分支机构在整个周期过程中都有相当稳定的风险偏好，因此在市场泡沫时期（例如，2006—2008 年）容易丧失市场份额，而当其他银行不愿意或不能贷款时，它则会获取市场份额。

第七宗致命的罪：依赖于后视镜。这一常见的金融罪恶在最近的一个例子是风险价值模型的广泛采用。这些模型倾向于依赖于有限数量的历史数据，而这些数据在危机前的年份相对较好。真正的风险被低估了。美林在其 2007 年的年报里报告了其总风险敞口——基于"95% 的置信区间和一天的持有期"——是 1.57 亿美元。然而，在一年以后，损失却是惊人的 300 亿美元！在美国房价在十年内上涨了 85% 以后，预计最大下跌为 13.4%（房地美的最坏情况预测）是否合理？瑞典商业银行则用更悲观的危机情景来判断其资本需求，例如瑞典银行危机的重现。

瑞典商业银行和其同业的不同之处还有很多。在其与投资者的对话中，银行的代表拒绝试图对当年的盈利数字做出预测。他们除此之外别无选择，因为部门预算在 1972 年就被废弃了。他们的逻辑是，如果经理们有预算目标，那么当定价环境不利时要远离市场就会变得更为困难。

管理层激励也是与众不同的。这家银行为一个名叫"Oktogonen 基金"的雇员利润分享计划提供资金，当银行的股本回报超过一组由其他北欧银行和英国银行组成的参考系的加权平均值时，该基金就会收到资金分配。如果这一指标被满足，1/3 的超额利润会被分配给 Oktogonen，但最高不超过股利的 15%。除了在周期顶部以外，这一指标通常都会被满足。如果瑞典商业银行降低股利分配，那么利润分享基金也不会收到资金分配。

该基金将其很大一部分资金用于购买瑞典商业银行股票，目前持有银行 11% 的股份。所有的雇员都会获得同等的分配份额（不像通常的方案会向上层倾斜），并且该计划包含北欧国家所有雇员，从 2004 年起还包括英国。支付只有在雇员到 60 岁以后才会发生。从 1973 年起就在瑞典商业银行工作的员工在退休时大约可以拿到 60 万美元——这大约是诺贝尔奖金额的一半——无论其是银行的 CEO 还是保安。这一体系无疑有助于该银行部落一样的文化，并使得员工的利益和股东的利益更为一致。

总之，瑞典商业银行是一个拥有很强的文化和管理团队，以一种聪明的方式配置资本，具有恰当的激励方式和长期方法的银行的完美例子。所有这些特质都对马拉松的投资哲学具有吸引力。估值也非常有吸引力，股价在 1.4 倍 P/B、14 倍的 P/E 和 3% 的股利率。如果有更多银行像它就好了。[1]

---

[1] 从这篇文章写作到 2014 年 12 月，瑞典商业银行的股价按瑞典克朗计上涨了 87%。

第五章　活死人

资本周期分析受到了 J.A. 熊彼特创造性毁灭理论的很大影响，该理论认为竞争和创新产生了一个不断演化的经济，并促进了生产力的改进。从这个角度看，经济衰退发挥了有用的作用——借用一个非常陈腐的形象——森林大火烧掉了死树和弱小的树，从而使得健康的小树得以成长和繁茂。

全球金融危机后股价的下跌提供了很多投资机会。某些最好的机会出现在那些在泡沫破裂后资本快速撤出，而整合发生的行业。下面描述的爱尔兰银行业的经历是资本周期转向良性阶段的一个很好的例子。不幸的是，并非所有消息都是好消息。这章的好几篇文章描述了欧洲政策制定者如何阻止一些行业——特别是就业密集的汽车行业以及具有政治敏感性的欧洲大陆银行业——进行整合。作为结果，资本周期的运行被阻止了。这对于投资者而言是一个坏消息，因为产能过剩和低利润的问题没有得到解决。这对于欧元区经济也是一件坏事，因为它注定将遭受低生产率和弱经济增长的命运。这些问题又由于危机后超低利率的政策而恶化了，因为降低融资成本使得较弱的企业——僵尸企业——得以苟延残喘。

5.1 可以买了（2008年11月）

**既然过度投机的迹象已经被驱散，
市场看起来又再度具有吸引力**

股票市场和2006年5月（见"破裂的泡沫"）时的情况已经有了很大的不同，当时我们观察到明显的过剩的迹象。大多数我们那时指出的泡沫指标现在都已经变好。此外，市场估值显示股票价格对于长期投资者而言已变得非常具有吸引力。

早期泡沫迹象的反转包括：

1. 大宗商品价格下跌：大宗商品价格剧烈下跌，这有利于通胀的缓解。在公司层面，大宗商品相关公司迅速搁置了其产能扩张计划。例如，由于需求消失，阿赛洛米塔尔公司宣布大幅削减产出以稳定钢铁价格。

2. 私募股权价值的崩塌：在繁荣阶段，阿波罗、KKR和黑石集团都利用创历史的估值水平来发起了其自身私募股份的IPOs。这些强大的金融巨人们竟然纷纷倒下了！黑石集团的股价从2007年6月开始下跌了81%。KKR私募股权的投资者自2006年4月上市以来已经下跌了90%，这和阿波罗基金一致（AP另类资产的有限合伙份额自2006年5月起已经下跌了86%）。2007年7月上市的雷曼私募股权基金已经下跌了80%。

3. 私募股权损失：早在2006年5月，我们就质疑了黑石购买德国电信4.5%股份的逻辑。该投资目前已录得相当于购买价格20%的损失（不包括任何杠杆的放大作用）。华盛顿互助银行的倒下让TPG并购集团在仅仅5个月内蒙受了近70亿美元的损失（在其中，TPG基金自身损失了12亿美元）。

4. 新发行股票的暴跌：IPO市场的活跃程度已经降到了多年来的低点，尽管市场上出现了大量的困境资本发行，最显著的是金融行业。象征着上一次市场过剩的新发行股票受到了尤其沉痛的打击：合众集团，一家瑞士基金的基金集团，从其高点下挫了60%，而新兴市场管理人查理曼资本则下跌了89%。

5. 并购低潮：在 2006 年亢奋的日子里，动物精神高涨，并购活动是另一个过剩的指标。我们在当时注意到法罗里奥集团的股价事实上在其宣布杠杆收购 BAA 后上升了。自那时起，由于信贷渠道被关闭并且高价收购资产的真实成本曝光，法罗里奥的股价下跌了 77%。并购世界最近的一次主要反转是必和必拓撤回了对力拓的竞标。

我们还曾经抱怨过，2006 年的很多并购并没有产生成本节约，而只是由杠杆所驱动的。澳大利亚基建公司 Babcock & Brown 此前曾从包括马拉松公司在内的投资者手中购买了 Eircom 公司的股份，我们注意到 Babcock & Brown 现在正在出售这些投资，而这距收购后还不到三年，损失至少有 40%。由于市场对高杠杆的基础设施基金失去了信心，Babcock & Brown 的股价至少下跌了 76%。

6. 董事交易：2006 年 4 月，英国公司内部人买入股票数量不到内部人卖出的 10%。该指标目前已经大幅反转。2008 年 10 月董事买入股票数量与卖出股票数量之比已经达到了 2 ∶ 1。

7. 散户跌怕了：散户在 2005 年和 2006 年向共同基金注入了大量资金，并且超配新兴市场基金。然而新兴市场并没有与发达市场"脱钩"，目前比 2007 年 10 月的高点下跌了 63%。一朝被蛇咬，十年怕井绳。在零售投资方面，据报道现在有创纪录的 4 万亿美元资金趴在货币市场基金上。

除了早先市场过剩信号的消失以外，目前的市场估值也很吸引人。在过去 50 年，美国国债收益率第一次跌到了标普 500 股利率之下。欧洲股票价格相对于其十年平均盈利（这一指标被称为格雷厄姆和多德或希勒 P/E 倍数）已接近长期底部。市场流动性不复存在。买家严重短缺（除了内部人买家以外）。对冲基金面临的赎回金额接近其总资产的 1/3。正如所预期的，很多对冲基金通过出售资产来提高流动性。在公司层面，2007 年创纪录的股票回购几乎已经停止了。由于难以从银行获得资金，并且债券市场关闭，即便是那些看起来有着稳健资产负债表的公司也暂停了其回购计划。

市场现在被恐惧和保守情绪笼罩。紧张的流动性状况造成了严重的价格偏离。尽管宏观经济前景惨淡，但这些已经明显被反映在股价之中了，除非再有显著的冲击，市场才可能继续震荡。在一代人之中都没有看到过这么有吸引力的股票估值。从这么低的起点开始,很难相信投资者在任何合理的投资时间范围内不能获得良好的投资回报。①

5.2 西班牙去建筑(2010年11月)

既然西班牙建筑公司构建帝国的古怪行为已经结束,投资的机会就浮现了

当人们到达马德里巴拉哈斯机场第四航站楼时,会看到用毛竹一样框架支撑着海鸥翅膀形状的屋顶以及石灰岩的地板,一千米长的建筑,会让人们对西班牙建筑公司在经济增长"魔法年代"所经历的基础设施建设繁荣产生第一个印象。该航站楼最终于2006年由法罗里奥集团建成,最终造价61亿欧元,超过预算20亿欧元。安东尼奥·拉梅拉和理查德·罗杰斯的设计团队绝不省钱,他们时尚的设计让人们想到,机场建筑的质量和一国的经济发展水平是成反比的。

昂贵的市政建筑热潮现在已经结束了。西班牙政府最终迫于压力削减基础设施预算。欧盟的资金支持也多少已经耗尽。大多数建筑公司都已经预见到了国内业务的放缓,并花了数年将其业务多元化和拓展到国外。不幸的是,投资者的结果却是可悲的。这个行业的股价持续低迷——在某些例子中,低于峰值80%还多。浓重的悲观情绪笼罩着所有与西班牙有关的事务,在这种情况下是否还有可能从西班牙建筑泡沫的瓦砾中找到某些价值呢?

西班牙营建集团(FCC)是第一个开始多元化的公司,它搭建了一个街道清扫合同的庞大组合。其他公司在更加资本密集的服务行业跟进,例如停车场、水处理以及垃圾处理。好几家公司在全球构建起庞大的收费公路业务(OHL、法罗里奥和FCC)。其他公司则投资于可再生能源(安迅能能源、ACS和

---

① 股票市场继续下跌直至2009年3月,在比2008年11月低约20%的地方触底。然而,到2014年年底,标普500比该文写作之时高约136%。这正是一个短期痛苦长期受益的例子。

Abengoa）。然而，这些公司并没有在能源资产建成后将其出售，而是选择继续运营这些资产。它们很大程度上通过负债来为这些活动融资。事实上，在繁荣年代，西班牙的建筑公司成了政府建筑公路、机场和能源基础设施的融资来源。它们变得更像银行；而在同时，西班牙的银行由于其扩张的按揭贷款资产和对房地产开发商日益增加的头寸，正在变得更像房地产公司。

由于融资容易，这鼓励了很多建筑公司发起定价过高的收购。西班牙政府则通过允许公司在应税利润中扣减商誉的摊销而鼓励了这种愚蠢行为。好几家公司在周期顶部做出了惊人的糟糕收购，包括法罗里奥集团以 105 亿欧元收购伦敦希斯罗机场的业主 BAA，收购价格是监管资产基础的 1.3 倍。法罗里奥集团目前仍然有 195 亿欧元的债务，其中 70% 与 BAA 有关，而公司的股价则比其峰值时的股价要低 41%。安迅能能源，这是马拉松公司股票组合持股之一，则加入了对西班牙最大的发电公司恩德萨电力公司的收购战，购买了后者 25% 的股份，并将其债务负担由 89 亿欧元增加到 180 亿欧元。幸运的是，它得以将该股份出售给意大利国家电力公司而获得了可观的利润，部分对价是以恩德萨的可再生能源资产支付的。然而，安迅能能源的股价却从其最高点下跌了 78%。

西班牙建筑公司在多元化和扩张的过程中积累了大量债务，它们为自己找到的理由是其收购的公司和特许权非常稳定，足以支撑较高的杠杆。尽管这在周期的早期阶段可能是对的，在较晚的交易中，债务和高估值的组合使得经营业绩的任何少量下跌都会对股权产生灾难性的后果。但全球金融危机来袭时，这些建筑公司稳定增长的公路车流量和机场客流量的预测就显得过于乐观了。在某些情况下，监管环境明显恶化：出于监管当局对竞争格局的考虑，收购 BAA 的法罗里奥集团被迫在市场低点出售盖特威克机场。

其他收购则具有更多的周期性特征，从而也蒙受了损失。在这里，"蠢材奖"的争夺十分激烈。FCC 以 10.9 亿欧元购买了巴塞罗那水泥公司 Uniland 的控股股份，在房地产市场崩盘前夜增加了其对西班牙水泥行业的头寸，似乎是无出其右的。FCC 的股价从 2007 年的高点下跌了 78%。萨维地产公司在很晚阶段增加了其对西班牙房地产市场的赌注，然后又通过它的下属公司 Itinere 在周期中错误的时点发起荒唐的收购来多元化进入特许权和服务领域。它的股价下跌了 91%。

既然这些构建帝国的荒唐行为早已真正结束，大多数西班牙建筑公司现在的主要目标是为其资产负债表去杠杆。到目前为止，某些公司比其他公司更成功。法罗里奥集团通过出售收费公路、停车场和机场将其母公司的债务（这些债务不可追索）由 30 亿欧元降到几乎为零。这些资产处置取得了与 2007 年 6 月的市值接近的价格，尽管如此，我们不应该由此得出结论认为剩余的资产也同样能值其峰值水平，因为考虑到在一定程度上存在挑最容易出售的资产先出售的现象。其他公司在资产处置上行动迟缓，或许寄希望于经济恢复能增加它们以更合理的价格出售资产的可能。由于管理层变更在这些常常是由家族控制的公司中并不常见，人们会怀疑或许有一种拒绝接受现实的因素在起作用。毕竟，将损失固化等于承认失败，这在人员变更的情况下更容易实现。

从投资的角度看，这个行业目前值得仔细研究。以安迅能能源公司为例。该公司有近 80 亿欧元的债务，其中刚好超过一半是与风力发电项目相关的无追索权债务。安迅能能源共有 800 万千瓦可再生能源已装机容量。管理层相信该部分资产每兆瓦值 150 万 ~ 180 万欧元，隐含该部分业务价值 120 亿 ~ 140 亿欧元。这不仅轻易地超过了安迅能的债务价值，还显著高于公司 114 亿欧元的企业价值（EV）。如果这一数据是正确的，那么集团资产组合的其余部分——包括核心的建筑业务，价值 6.5 亿欧元的地中海轮渡业务，公路及其他总投入 13 亿欧元的特许权业务，水处理业务，拥有 50 亿欧元在管资产的基金管理公司——就具有负的市值。

尽管这一明显的资产价值，该公司也不是没有问题。它有约 8 亿欧元被套牢在待开发的西班牙土地上，这在当前的房地产环境下或许是无法出售的。还有一个更棘手的问题在于，与恩德萨电力相关的 15 亿欧元债务需要在短期内再融资，这在当前躁动的市场中很可能是非常昂贵的。即便如此，西班牙房地产市场的崩盘似乎创造了一个显著的投资机会。从三年到五年的时间段来看，安迅能能源和其他西班牙建筑公司很有可能走出它们当期的困境，这意味着非常可观的价值上涨空间。①

---

① 从该文写作之日到 2014 年 12 月 31 日，安迅能能源公司的股价按美元计上涨了 4.5%，落后于 MSCI 欧洲股票指数。该公司受到了西班牙风力发电补贴政策变动的不利影响。我们于 2015 年出售了该股票。如果马拉松公司投资了法罗里奥集团的话，情况会更好，该公司的股价以美元计，从本文写作之日到 2014 年底上涨了 108%。

5.3 PIIGS 也能飞（2011 年 11 月）

金融危机过后，某些爱尔兰业务的资本周期进入了有利的阶段

马拉松公司最近接到了都柏林的一家投行打来的电话，为其客户征求意见，问我们是否认为在爱尔兰上市会影响某些公司的估值，以及如果他们改到其他交易所上市是否会有助于其评级的提高。在这次对话后不久，爱尔兰最大的上市公司——建筑材料供应商 CRH 宣布将其主要上市地点改到伦敦。这次转移表面上看是为了流动性的原因——该股票一半的交易已经是在伦敦证券交易所进行的——但人们怀疑他们还是为了消除"爱尔兰折扣"，尽管其业务只有很小一部分销售收入来自爱尔兰岛。

对很多投资者来讲，爱尔兰成了一个禁地。我们被告知，在固定收益领域，客户要求基金经理修改其投资指引，以避免其投资于"周边"（PIIGS 过于政治不正确了）欧洲国家。考虑到我们最近做的两笔欧洲投资，爱尔兰银行和爱尔兰大陆集团，资本从爱尔兰逃离，无论是半象征性的 CRH 案例，或甚至是真实的某些固定收益投资项目的案例，都是个有意思的话题。这些公司需要改变名字才能隐藏其凯尔特的起源。

马拉松公司一直对房地产驱动的爱尔兰经济繁荣持非常怀疑的态度，尤其是对激进的公司和房地产开发商贷款人盎格鲁爱尔兰银行（见前文）难以置信的增长。盎格鲁爱尔兰银行自豪于其高盈利的主要依赖于批发金融融资的贷款模式以及其与主要地产开发商的关系。繁荣的市场还使两家最大的爱尔兰贷款机构——爱尔兰银行和联合爱尔兰银行受益。那两家银行传统上采用比新设立的盎格鲁爱尔兰银行更为保守的做法，但随着周期的演进，也被诱惑从事风险更高的贷款业务。在记者西蒙·卡斯韦尔非常有趣的书《盎格鲁共和国：让爱尔兰破产的银行的内幕》里，作者描述了这两家爱尔兰银行巨头如何一开始忽视竞争，但在盎格鲁爱尔兰银行在世纪之交变得不再可以被忽视以后，这两家银行为主要账户设立了"赢回来"团队。回头来看，这正是银行应该降低其爱尔兰地产头寸的时候。

对信贷的强劲需求还吸引了外国贷款人，最著名的是 RBS，它通过其下属银行阿尔斯通银行开展业务，以及 HBOS（目前为劳埃德银行所有），后者的爱尔兰业务，苏格兰爱尔兰银行（BOSI），是在 2000 年收购了一家国有银行之后才真正起步的。最后加入这场盛宴的是丹斯克银行，它在 2004 年下半年收购了国民澳大利亚银行的爱尔兰业务，然后在此后三年将其贷款余额翻了三倍。因此在周期顶部，六家银行大约都占了 10% 的市场份额，其中丹斯克银行仍在追赶市场份额。

在那些令人目眩的日子过后，爱尔兰房地产泡沫破裂，带动整个经济一起下滑。爱尔兰信贷市场的情况已经完全不同。在蒙受了沉重的损失之后，外国银行丧失了其对爱尔兰贷款的胃口，丹斯克银行关闭了其一半的爱尔兰分行，劳埃德银行把 BOSI——该银行核销了难以置信的 32% 的信贷余额——置于收缩模式。国内银行业也好不到哪里去——盎格鲁爱尔兰银行在 50% 的贷款被核销以后，也处于收缩状态。盎格鲁爱尔兰银行就差没有被国有化了，目前政府拥有其 99% 的股权。

就剩下爱尔兰银行了，这家银行巨大的损失同样迫使爱尔兰政府对其救助。在去年夏天的资本募集中，一组国外投资者（包括费尔法克斯金融公司和威尔伯·罗斯）购买了 35% 的股份，这之后政府的股份下降到了 15%。马拉松公司也参与了股票增发，因为爱尔兰银行业糟糕的状态似乎蕴含着相当大的资本周期转好的可能。

仍然不清楚一旦尘埃落定后竞争格局会变得怎样，但可以肯定的是这不会再像危机前的情况了。爱尔兰政府打算建立双支柱的银行体系，一根支柱是爱尔兰银行，另一根则是联合爱尔兰银行，后者目前已经和 EBS 建筑协会合并。政府控制的爱尔兰坏账银行（NAMA）已将很多问题开发贷款从银行的资产负债表上移除，这给爱尔兰银行留下了 1070 亿欧元的贷款余额，其中只有刚超过一半的英国和爱尔兰按揭贷款，剩余贷款中的大部分都是非房地产相关的中小企业和公司贷款。和大部分其余欧洲银行不同，贷款账簿已经过了非常严格条件的独立压力测试，以保证银行有足够的资本。爱尔兰银行目前自夸其一级资本率为 15%，这是欧洲最高的银行之一。

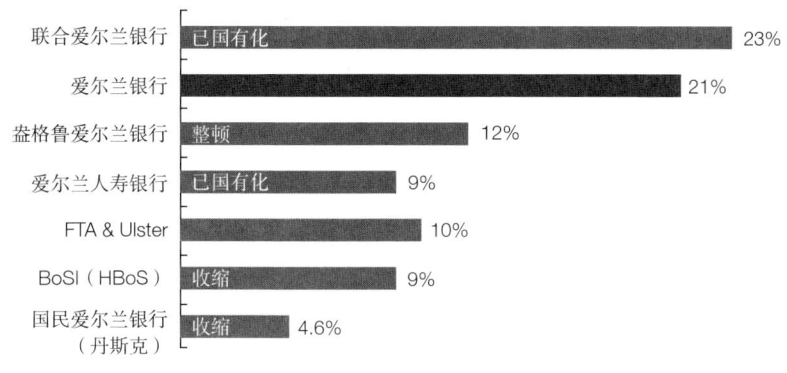

图 5-1　爱尔兰银行的贷款市场份额（2011 年 10 月）

从短期看，爱尔兰经济前景仍然困难。房价仍在下跌，尽管以更低的速度在下跌，失业率维持在较高水平，而消费信心疲软。然而，在更远的未来，似乎有理由假定爱尔兰银行作为主导机构，在一个竞争已经小了很多的银行体系中获得的定价能力将使其能再度获得双位数的资本回报。这使得目前低于 0.4 倍的市净率看起来非常诱人。

从资本周期的角度看，爱尔兰大陆集团（ICG）非常相似。该公司运营霍利黑德-都柏林和彭布罗克-罗斯莱尔之间的摆渡业务，后者是爱尔兰和英国之间最短的海上路线。由于往返迅速，运营者可以提供白天的旅客往返业务以及夜间的货运业务，以最大化利用船只。这些路线上唯一的另一个运营者是 Stena 快线，由于港口运营能力的限制，无法再为第三家运营商提供场地。尽管长途海运存在劣势，过去几十年爱尔兰贸易的扩张鼓励了在货运方面更多运力的建设，特别是，诸如 P&O 以及丹麦企业集团马士基集团在长途海运方面增加了很多运力。随着爱尔兰经济的下滑，货运量在 2008 年下降了 4%，在 2009 年继续下降了 14%。由于长途运输消耗更多燃料并且吸引更少的高附加值货运，该部分运力被削减以应对损失。

经济下行也影响了 ICG，货运从最高时占 2007 年渡轮业务收入的 55% 下降了近一半。即便如此，由于公司将船员工作外包出去，其成本较低。同时因为某些亏损的渡轮运力被淘汰，再加上爱尔兰经济开始再次增长，运量也可能获得增长。在旅客方面，60% 的汽车运输来自访问爱尔兰的英国旅客，ICG 在去年只经历了很小的业务量下降，而这已经被更高的收费所弥补了。该业务应该会受益于爱尔兰新获得的作为旅游目的地的竞争优势（在酒店市场有很大的过剩供给）以及航空业产能的削减：瑞安航空公司和爱尔兰航空公司都削减了其产能增长计划。

ICG 目前的船队在未来五到十年都不需要更新，因此业务量的任何上升都会直接带来现金流。同时，ICG 的估值看起来非常吸引人，其自由现金流收益率达到了 10%，而 CEO16% 的股份又使得管理层和股东的利益相一致。快搭上爱尔兰这条滚装船吧。①

5.4 破产的银行（2012 年 9 月）

欧洲银行业必要的清洗过程被政客们阻挠了

马拉松公司寻求在那些竞争减弱、资本被撤出以及由于投资者期望降低而具有非常诱人估值的行业进行投资。第一眼看去，欧洲银行业似乎满足这个条件。竞争和资本似乎都在退去，而信贷被重新定价。投资者因难以理解的资产负债表和复杂的新监管规定而却步（巴塞尔Ⅲ的监管规定有上千页）。此外还有主权违约风险需要担心。欧洲银行的股价对其有形资产账面价值存在折扣，这使得它们比其美国同业便宜得多。然而从资本周期的角度，投资欧洲银行的理由并不那么明显。

首先需要回答的是资本是否真的在撤离。在繁荣年代，银行利用廉价资本来为资产增长融资。自 1998 年以来，欧元区银行的资产相对于 GDP 已由 2.2 倍上涨到 3.5 倍（到 2012 年第一季度）。传统上欧洲银行的资产一直比美国银行相对要高，因为其按揭贷款通常都保留在资产负债表上，并且欧洲银行对公

---

① 从写这篇文章到 2014 年年末，爱尔兰银行和爱尔兰大陆集团的股价以美元计分别上涨了 203% 和 106%。

司债券市场的使用有限。然而尽管有最近谈到的各种去杠杆，银行资产占 GDP 的比重没有下降。这在很大程度上要归功于来自官方特别是欧洲中央银行的支持。事实上，在截至 2012 年 7 月 31 日的 12 个月里，欧元区银行的资产增长了 340 亿欧元。简单地说，欧洲银行积累了巨额的债务，而到目前为止几乎没有做什么去降低它。

银行还缺乏资本。到目前为止，银行做了一些简单的去杠杆，从海外撤回一些资本并且收缩回国内市场。随着高级无抵押债务融资的减少，ECB 的短期债务融资取而代之。这种形式的融资，以及有抵押债券，需要大量的抵押品。为了吸引新的高级无抵押的融资（巴塞尔Ⅲ的要求），欧洲银行需要更多的股本。麦肯锡预计它们到 2021 年需要募集 1.1 万亿欧元来满足所有新的监管要求。从投资美国和英国银行的（痛苦）经验中获得的一个教训：当诸如最终股份数量这样基本的问题不确定时，投资结果是不可预测的。

另一个有助于在遭受重创的行业中改进回报的因素是整合，无论是通过并购还是通过较弱的公司的倒闭。然而，除西班牙和爱尔兰之外，欧洲大陆的银行业看起来似乎无法进行整合。有一个故事很好地解释了这个观点。在 2008 年流氓交易员杰罗姆·柯维尔让法兴银行蒙受 49 亿欧元损失以后，当时的法国财政部长克里斯蒂娜·拉加德被问及法兴银行是否可能成为被收购的对象。她的回答很简单，"这是不可能的"。这一态度具有象征意义，它表明欧洲各国政府不愿意让强者吞并弱者，特别是当前者是外国人时。很多市场受困于银行数量泛滥——在欧洲有超过 6800 家银行——这是一个不合时宜的结构。即便在德国这个经济美德的象征，银行业格局中也分布着上百家未上市的地区合作银行，储蓄银行（Sparkassen）和批发的州银行。作为这一碎片化格局的结果，德国银行体系几乎没有什么利润。

基本上，资本周期在欧洲的银行业不起作用，因为所需要的创造性毁灭在政治上是不可能被接受的。以银行面临的是流动性问题而非偿付危机为借口，欧元区的政府力挺其银行并且在未来的几年仍然可能会继续这么做。对于那些具有更强资产负债表的银行的投资者来说，投资回报可能会受到较弱的信贷增长和过度的竞争的限制。精神分裂的政策制定者一方面强迫银行放贷更多，另一方面又通过繁苛的资本和流动性要求限制银行的放贷能力，把情况弄得甚至更糟。欧洲剧烈去杠杆的威胁已经被很多年缓慢而痛苦的调整的可能性所取代。①

5.5 边缘地带（2015年11月）

低利率正在放缓创造性毁灭的进程

　　媒体对欧洲经济的报道停留于恐慌之中，对长期欧元危机的日渐麻木让位于同样令人沮丧的失去的十年以及日本似的停滞的系列报道。这些报道不仅限于欧元区周边国家。关于英国10%的企业都是"僵尸企业"，只是因为超级宽松的货币政策以及贷款人不愿意核销坏账才得以存活的报道，正好和英格兰银行关于5%～7%的按揭贷款都处于不同程度的违约的报告形成巧合。我们最近几年和欧洲企业领导人会谈的一个令人震惊的结论是，在信贷繁荣期间建立起来的过度产能仍没有明显削减。这对于资本密集和周期性行业特别明显。

　　当信贷成本较低而动物精神高涨时，上新项目的愿望很难被抵制，尤其是当同行都参与在同一场竞赛中，而股票市场奖励增长时。不幸的是，这些在繁荣年代做出的"糟糕的投资"很难在这个时代被去除，因为利率保持在很低水平，银行为避免损失而不愿意收回不良贷款，而欧元区的政客们则竭尽全力阻止失业率继续攀高。

　　这一失败的典型是欧洲汽车行业，尽管出口较弱并且向新兴市场（这些国家正忙于增加其自己的汽车产量）出口减少，这一行业似乎无力削减产能。由于在政治上对关闭工厂的抵制，法国汽车制造商较低的股票市值——标致的市净率只有0.1倍——也没有什么吸引力。欧洲汽车制造商还无法抗拒新的投资。大众最近刚宣布其在未来三年会花500亿欧元用于资本开支。考虑到没有什么可供选择的方案，汽车公司的高管们选择削价以牺牲利润来提高产能利用率也

---

① 从这篇文章面世之日到2014年12月底，MSCI欧洲银行指数落后美国银行指数20个百分点。

司债券市场的使用有限。然而尽管有最近谈到的各种去杠杆，银行资产占 GDP 的比重没有下降。这在很大程度上要归功于来自官方特别是欧洲中央银行的支持。事实上，在截至 2012 年 7 月 31 日的 12 个月里，欧元区银行的资产增长了 340 亿欧元。简单地说，欧洲银行积累了巨额的债务，而到目前为止几乎没有做什么去降低它。

银行还缺乏资本。到目前为止，银行做了一些简单的去杠杆，从海外撤回一些资本并且收缩回国内市场。随着高级无抵押债务融资的减少，ECB 的短期债务融资取而代之。这种形式的融资，以及有抵押债券，需要大量的抵押品。为了吸引新的高级无抵押的融资（巴塞尔Ⅲ的要求），欧洲银行需要更多的股本。麦肯锡预计它们到 2021 年需要募集 1.1 万亿欧元来满足所有新的监管要求。从投资美国和英国银行的（痛苦）经验中获得的一个教训：当诸如最终股份数量这样基本的问题不确定时，投资结果是不可预测的。

另一个有助于在遭受重创的行业中改进回报的因素是整合，无论是通过并购还是通过较弱的公司的倒闭。然而，除西班牙和爱尔兰之外，欧洲大陆的银行业看起来似乎无法进行整合。有一个故事很好地解释了这个观点。在 2008 年流氓交易员杰罗姆·柯维尔让法兴银行蒙受 49 亿欧元损失以后，当时的法国财政部长克里斯蒂娜·拉加德被问及法兴银行是否可能成为被收购的对象。她的回答很简单，"这是不可能的"。这一态度具有象征意义，它表明欧洲各国政府不愿意让强者吞并弱者，特别是当前者是外国人时。很多市场受困于银行数量泛滥——在欧洲有超过 6800 家银行——这是一个不合时宜的结构。即便在德国这个经济美德的象征，银行业格局中也分布着上百家未上市的地区合作银行，储蓄银行（Sparkassen）和批发的州银行。作为这一碎片化格局的结果，德国银行体系几乎没有什么利润。

基本上，资本周期在欧洲的银行业不起作用，因为所需要的创造性毁灭在政治上是不可能被接受的。以银行面临的是流动性问题而非偿付危机为借口，欧元区的政府力挺其银行并且在未来的几年仍然可能会继续这么做。对于那些具有更强资产负债表的银行的投资者来说，投资回报可能会受到较弱的信贷增长和过度的竞争的限制。精神分裂的政策制定者一方面强迫银行放贷更多，另一方面又通过繁苛的资本和流动性要求限制银行的放贷能力，把情况弄得甚至更糟。欧洲剧烈去杠杆的威胁已经被很多年缓慢而痛苦的调整的可能性所取代。①

5.5 边缘地带（2015年11月）

低利率正在放缓创造性毁灭的进程

媒体对欧洲经济的报道停留于恐慌之中，对长期欧元危机的日渐麻木让位于同样令人沮丧的失去的十年以及日本似的停滞的系列报道。这些报道不仅限于欧元区周边国家。关于英国10%的企业都是"僵尸企业"，只是因为超级宽松的货币政策以及贷款人不愿意核销坏账才得以存活的报道，正好和英格兰银行关于5%～7%的按揭贷款都处于不同程度的违约的报告形成巧合。我们最近几年和欧洲企业领导人会谈的一个令人震惊的结论是，在信贷繁荣期间建立起来的过度产能仍没有明显削减。这对于资本密集和周期性行业特别明显。

当信贷成本较低而动物精神高涨时，上新项目的愿望很难被抵制，尤其是当同行都参与在同一场竞赛中，而股票市场奖励增长时。不幸的是，这些在繁荣年代做出的"糟糕的投资"很难在这个时代被去除，因为利率保持在很低水平，银行为避免损失而不愿意收回不良贷款，而欧元区的政客们则竭尽全力阻止失业率继续攀高。

这一失败的典型是欧洲汽车行业，尽管出口较弱并且向新兴市场（这些国家正忙于增加其自己的汽车产量）出口减少，这一行业似乎无力削减产能。由于在政治上对关闭工厂的抵制，法国汽车制造商较低的股票市值——标致的市净率只有0.1倍——也没有什么吸引力。欧洲汽车制造商还无法抗拒新的投资。大众最近刚宣布其在未来三年会花500亿欧元用于资本开支。考虑到没有什么可供选择的方案，汽车公司的高管们选择削价以牺牲利润来提高产能利用率也

---

① 从这篇文章面世之日到2014年12月底，MSCI欧洲银行指数落后美国银行指数20个百分点。

就没有什么可奇怪的了。

　　欧洲钢铁行业的情况与汽车行业类似。欧洲钢铁需求处于（膨胀了的）峰值以下 20%，某行业机构预计过剩产能达 3000 万 ~ 4000 万吨，这足以每年制造 2500 万辆轿车，或相当于目前欧洲汽车需求的近两倍。马拉松公司投资的阿赛洛米塔尔公司告诉我们，其欧洲的 32 个高炉中有 10 个已经临时关闭了，雇员仍然保留但工作时间被缩短了。据《金融时报》报道，继续关闭位于法国弗洛朗热的两座高炉会导致 629 个工人（占该公司在法国雇员的 3%）失业，该计划受到了左翼工业部长将该公司赶出法国的威胁，理由是该公司未能"尊重法国"。这位反全球化的工业部长阿尔诺·蒙特布赫还谴责阿赛洛米塔尔公司——法国最大的工业投资者之一，在弗洛朗热工厂一事上诉诸"勒索和威胁"。公司否认了这一指控。由于管理层管理产能的自由受到了严重的限制，阿赛洛米塔尔公司欧洲业务（占公司总产出的 40%）的前景看起来远没有其在世界其余地区的业务吸引人。

　　欧洲汽车和钢铁厂商的问题主要是与需求下降有关，而非最近在更为有利的宏观环境下过度新建产能所致。在其他行业中，颠覆性的新技术或商业模式使得老的公司难以应对，从而使整个行业陷入困境。随着包袱较轻的廉价航空公司的发展，那些有过时的雇佣合同和国家龙头企业地位的国家航空公司陷入了极大的困境。苦苦挣扎的斯堪的纳维亚航空公司 SAS 的 CEO 最近抱怨欧洲没有《破产法》第十一章的破产保护程序。或许他是在羡慕美国有那么一个体系可以产生反达尔文的效果，最终导致了不适者的生存！

　　其他欧洲的产业也建立起用于出口的产能，结果却发现他们假想的出口市场已经发展起了国内供给，并且有一天会向欧洲出口。除了前面提到过的汽车行业外，这方面人们可以想一下欧洲的纸和铝品行业。《金融时报》最近的一篇文章介绍了中国如何从 2000 年仅生产不到 300 吨铝发展到 2011 年生产近 1800 万吨铝，或相当于全球产出的 40%。这导致 1000 万吨剩余的铝堆积在全球各地的仓库中，这足以制造 15 万架波音 747，或 7500 亿个可乐罐。

　　从资本周期的角度看，只有当股票市值跌到只有重置成本的一部分，并且已经开启了对付过剩产能的一条途径时，上述情况才是吸引人的。在很多欧洲的行业，尽管第一个条件已接近满足，第二个条件的前景却是黯淡的。在过去的下行周期中，产能调整常常是通过加息来抑制通胀，结果却导致广泛的破产和行业整合的结果。例如，在20世纪90年代早期，我们的投资组合从英国的投资中受益，该部分投资承受了动荡，并在此后的恢复中繁荣发展，其中有住宅开发商（Taylor Woodrow）、企业集团（Trafalgar House）和广告商（WPP）。

由于利率很低并且还将继续保持较低，而银行则因为害怕损失变现而准备继续支持较弱的企业，货币政策看起来不太可能仓促对资源做出重大重新分配。事实上，货币政策看起来像是被故意设计以阻止出现这样的结局。在这种情况下，通过行业整合来实现供给侧重组的可能性看起来像是微乎其微，特别是很多欧洲的行业已经是高度整合并面临着反垄断的障碍。

尽管对于上面谈到的那些承受着过剩产能之痛的行业，股东的前景看起来是黯淡的，很多有着更高股东回报的企业的前景则是光明的，特别是当其估值因为对欧洲过度的悲观而受到影响时。我们的欧洲股票组合在过去十年已经逐渐转向更高股本回报的企业。尽管其估值相对于那些盈利更差的企业要高，它们创造股东价值的可能性也更值得期待。

5.6 资本惩罚（2013年3月）

当政客保护落后的行业时，资本周期就停止了正常运转

信贷繁荣造成了在全球一系列行业中的过剩产能。如果资本周期能运行良好的话，此后股价和需求的下跌应该引起行业整合和资本撤离。情况并不总是如此，在某些行业里（如美国的住宅开发商）存在着明显的例外。错误的资本周期分析可以引起错误的股票购买。但即便如此，这一方法帮助我们调适和演进我们的投资原则。回过头去看，当我们低估了政治或法律干预、颠覆性的技术和全球化对行业的影响时，我们资本周期的方法也失败了。

除了这些外部因素外，我们还可以加上由于管理不善造成的内生问题。最

常见的问题是资本未能退出那些回报较糟的行业。在最近的周期中，创造性毁灭的力量由于激进的货币宽松和低利率而减弱了。这使得较弱的公司继续苟延残喘，并且得以偿付不可持续的债务水平。这一情况和此前经济周期的末期形成了对比，那时利率上升以压制通胀压力，结果却导致了大规模的破产。由于在一个监管资本日益提高的环境中，银行继续核销的能力已经受到了限制，在一些地区（在欧洲较为明显），银行的宽容进一步恶化了这一效果。

当政客们加入到舞台后，情况就更糟了。和金融服务业不同，制造业的工作对于某些发达经济体的政客有特别的吸引力。由于缺乏增长和产能过剩，成熟行业通常要求重组和整合，特别是当外包在更为基础和劳动密集的行业中更为普遍。对过去黄金时代"诚实"工作的怀念以及政客们对选票的饥渴鼓动了保护主义的本能。这再没有比欧洲更明显的了，在那里民族主义的诉求是难以抗拒的。

在政治敏感的行业里挣扎于过剩产能的企业管理人可能面临囚徒困境。当削减产能带来的好处会不成比例地被其意大利竞争对手享有时，法国的汽车制造商为何要这么做呢？或者，瑞典的纸业公司收缩产能，结果却让其芬兰对手获益？为什么不等着由其他公司来处理产能的问题呢？在新兴市场，由中国政治家界定的"战略行业"已经在一系列行业引起了产能过剩，包括诸如太阳能、风能、不锈钢、造船和电信设备。作为结果，在发达国家的某些行业，竞争在过去被认为是地区性的，却突然一下子变成了全球性的。由于难以评估在国家资本主义下的竞争对手的动机，资本周期分析在分析那些性质上更主要是国内的行业，或主要的参与者更倾向于盎格鲁主撒克逊类型的资本主义的行业时，通常会更有效一些。

新技术也常常会影响资本周期的顺利运行。互联网给很多行业带来了大浩劫，包括音乐、地区报纸、图书零售和旅行代理。马拉松公司曾经在几个案例中，由于在困境行业中的供给侧整合不足以抵销需求侧的趋势性下降而受损失。[1] 幸运的是，资本周期方法也适于发现那些能产生可持续高回报的超级互联网商业模式。[2] 理解能够为公司在激烈竞争中提供保护的网络和规模效应的威力，

---

[1] 介绍一下马拉松公司对那些具有很强行业地位但商业模式却未能在数字时代幸存的公司的不成功投资。这些公司包括一家CD零售商（HMV）、一家摄影设备生产商（柯达）、一家录像出租公司（Blockbuster）以及一家音乐公司（百代）。

[2] 见上文，2.4 数字护城河。

使得我们在包括亚马逊、Priceline 和 Rightmove 在内的一系列互联网公司中做出成功的投资。（尽管到目前为止，与为自己获取利润相比，亚马逊已证明其更善于摧毁其他企业的利润。）

在最近几年，资本周期分析在寻找那些更能维持高回报的股票上，比在供应侧重组之后正在复苏（或未复苏）的已受到沉重打击的行业中寻找机会，要更为有效。对于前者而言，投资主题依赖于竞争性资本是否能进入该行业并增加供给，从而最终压低行业的回报。我们在好多例子中发现当主导的企业拥有管理良好的独特资产时，它们常常会变得更强大。这里的例子包括雀巢、联合利华和麦当劳。这些企业产生的可持续的现金流具有债券的特性，这在当前低利率环境下对于投资者是非常具有吸引力的，从而使得这些股票受益。

简言之，资本周期方法的伟大力量来自于其适应性。也即，由于估值影响公司的行为并引起供给侧的变动，高和低的回报都可能向均值回归。在马拉松公司早年间，我们的原则更侧重于寻找那些供给侧的情况发生了变动的公司。在最近，重心已经转移到寻找那些竞争的力量开始钝化并且均值回归的过程被拉长了的行业和公司。

5.7 活死人（2013 年 11 月）

对于投资者而言，非常规的货币政策应该被看作是不利而非积极的信号

当 2013 年即将结束之时，MSCI 世界股票指数自今年初以来上涨了 20%，从 2009 年 3 月以来上涨了 130%。一个经常被引用的造成强劲股票市场的因素是自金融危机以来史无前例的货币宽松。就量化宽松而言，市场被两个信念所驱动。首先，一种观点认为货币政策将刺激经济，这会有助于公司利润。其次，低利率使得股票看起来相对于现金和固定收益变得更有吸引力。问题在于，没

有太多实证或理论依据来支持上面任何一种观念。

最近非常规的货币政策对实体经济将产生什么样的长期影响，尚未有最终结论。然而清楚的是，发达经济体的复苏到目前为止都是很微弱的。欧洲的经济规模比其 2007 年的水平低 2%；日本只高了微不足道的 1%；而美国的国民产出只高了 6%。即便是对于表现相对较好的美国经济，这一水平相对于此前的历次复苏也是明显表现欠佳（见图 5-2）。公司盈利也好不到哪里去。最近这次复苏中的利润增长显著落后于以前的复苏。全球盈利几乎三年都没有增长——并且还低于其 2007 年峰值的水平。

私人和公共部门较高的负债水平是造成羸弱的经济和乏善可陈的盈利增长的部分原因。当家庭部门的债务存量高企时，他们不太可能再去借贷。在这种情况下，即便是较长时间的低利率和日益增长的货币基础都不可能刺激私人信贷的增长，更广义的货币供给或通胀。中央银行发现他们正在推凯恩斯那根著名的绳子。（译注：当绳子上系着一个物体时，人们可以拉动绳子来拉动物体，但不能通过推绳子来推动物体。据说，凯恩斯首先使用 "pushing on a string" 一词来表达货币政策的非对称性：货币政策更擅长紧缩经济而非扩张经济。）尽管有量化宽松带来的超低利率，从 2009 年以来，美国私人部门负债水平从占 GDP 的 168% 下降到了 156%（2013 年 6 月）。去杠杆阻碍了经济的增长。

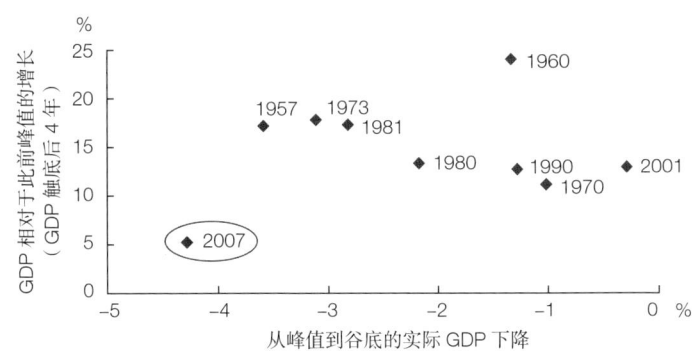

资料来源：瑞士信贷。

图 5-2　美国 GDP 在衰退后的复苏

在某种程度上，这一不利因素已经被更大的政府赤字所抵销了。但是公共支出带给经济的动力更少（用凯恩斯的术语说，乘数更低）。此外，大规模的政府借贷会损害公众的信心。目前发生的情况正是如此：害怕有一天会被课以更高税负来救助公共部门的家庭部门在面对持续上涨的财政赤字时限制当前消费（经济学家们称之为李嘉图均衡）。

尽管从短期来看，人为的低利率有助于提振经济，但它扭曲了激励机制以及经济的结果。所谓的"僵尸"企业得以苟延残喘，而较低的融资成本意味着较低的新投资进入门槛。长期来看，如果资本不能自由流动到最有效率的用途，总的资本回报和经济增长则会下降。

在这方面，日本自20世纪90年代以来的经验是令人担忧的。在泡沫经济破裂以后，私人部门进入了去杠杆的模式，低利率开始主导。在日本失落的20年里，股本回报持续低于欧洲和美国的水平——其目前的股本回报是8%，而欧洲和美国分别是12%和15%，当然日本的杠杆率也更低。尽管日本给世界带来了ZIRP（零利率政策），其名义人均GDP还是低于1991年的水平。和当前西方的经历很像，私人部门债务的下降被公共部门日益上涨的债务所替代——公共部门债务从20世纪90年代早期占日本GDP的约50%上涨到目前的超过200%。目前公共和私人部门总债务占GDP的比重比1990年还高。简言之，日本低利率的长期经历，无论是从公司的盈利能力还是从这个国家通过增长来化解债务负担的角度来看都很难说是正面的。

如果量化宽松有益于经济的观点是没有依据的，那么低利率支持更高的股票估值的看法又如何呢？在一个债务收益率很低的世界里，股票乍一看似乎是相对更有吸引力。在金融理论里，一个更低的无风险利率意味着更低的资本成本（除非股票风险溢价的上升抵销这一因素）。而较低的资本成本意味着更高的P/E倍数是站得住脚的。但是忘掉利率为什么首先那么低的原因则是天真的，也即，利率低是因为经济乏力、高杠杆，以及回过头去看对近期灾难性金融崩溃的记忆。这些因素可能会提高投资者股票成本的假设从而导致更低的P/E倍数。①

整体而言，持续的非常规的货币政策对于股票持有者而言应该是一个负

---

① 资本成本在后雷曼时代是否应该更高有待探讨。尽管如此，毋庸置疑股利折价模型（即高登增长模型）并不支持在低利率下的更高股票估值。在这一模型下，股价是由未来股利折算到当期值而得的，而折算率在很大程度上是由利率决定的。从货币政策制定者的角度看，低利率只有在增长率也较低时才是合理的。然而，如果盈利增长率和折算率同步下降，则股票价值应该是不变的（假定当期的股利也不变）。

面的信号。它意味着实体经济面临困难,无法承受正常的货币条件。这反过来也意味着通过经济快速增长来把总债务水平降低到更可持续的水平是不太可能的。此外,公共部门日益增长的债务也提高了在未来某个阶段另一种债务危机的风险——这一次是主权债。最后,低利率维持越久,经济结果被扭曲的风险越大,因为投资门槛收益率的降低会对资本总回报产生影响。危险十分明显——我们面临增长的又一个失去的十年,只不过这次是在西方世界。

5.8 放松,皮凯蒂先生(2014年8月)

超低利率诱使投资者购买高风险的资产,这在未来可能蒙受损失

托马斯·皮凯蒂在他那看起来不太可能的畅销书《21世纪的资本主义》里提出,穷人和富人之间日益扩大的鸿沟可以通过征收全球性的财产税来填平。这种协调一致对富人的战争的可能性一定是很低的。然而,皮凯蒂先生可以从很多投资者最近的行为中受到鼓舞。这些投资者对收益的追逐以及伴随的对风险的无视必然会比任何新税更有效地降低财富的不平等。正如 J.K. 加尔布雷斯在其《不确定时代》中所写的:"特权阶层常常因其贪婪而招致自身的毁灭。"

马拉松公司最近与一家标普 500 成分股公司做了一次会晤。这家公司的历史如果礼貌地说可以称为好运和厄运交替。其在过去 20 年的努力的合计结果是净损失。这并不是由某个特别糟的年份所引起的。相反,其业务在过去 20 年里差不多有一半的时间都是盈利的。在过去 10 年长期债务翻了 4 倍。其他资金通过不断发行新股获得(最近的统计显示其股份数比 10 年前多了 70%)。去年 5 月,这家表现不佳的常青树发行了八年期可赎回债券,目前的价格产生了 4.7% 的持有到期收益率,比美国国债高了有限的 2.3%。标准普尔给这家公司 BB- 的发行人评级,表明这家公司"面临持续的不确定性以及不利

的商业、金融或经济环境,这可能引起债务人无力偿付其财务义务"。

这并不是一个孤例。巴克莱高收益债指数显示十年期非投资级债利差在上个季度末达到了前所未有的 2.4% 的低值。这和过去 20 年平均 5.2% 的利差,以及 2008 年末达到峰值时近 19% 的利差形成了对比。信贷利差随着违约率而走低。穆迪计算的过去 12 个月违约率只有 2.3%,这和长期 4.7% 的平均值形成了对比。

皮凯蒂先生指出的"资本主义核心矛盾"在于资本平均回报倾向于超过产出增长的速度。"一旦形成后,资本再生产的速度会高于产出增长的速度。"用外行的话说,富人变得更富。[1] 在本文写作之时,联邦基金目标利率只有 0.25%,显著地低于美国经济名义增长率。为了能获得更高的回报,投资者必须承担各种不同的额外风险。长期国债具有利率和通胀风险。通过从国债转向高收益的公司债,投资者还承担了信用风险。这些风险并不相互独立,因为利率和信贷利差通常同步上升。

的确,投资者可以在"高收益"公司债上获得 4.7% 的回报,这比美国名义 GDP 的增长高约 1 个百分点,这或许可以用来支持这位法国经济学家的观点。但这和非投资级债近 9% 的历史平均收益率形成了对比。如果债券市场恢复到"正常"情况的话,这会产生近 25% 的资本损失。在特别高通胀或特别糟糕的市场条件下,收益率可以上升到这一水平的两倍,在那种情况下债券价格会跌一半。

此外,投资者还需要考虑货币和流动性风险。有很多关于投资者被新的较低的外汇波动率(根据 JP 摩根估算,目前的波动率只有长期平均值的一半)鼓舞而激动地涌入全球套利交易的报道。至于流动性,在更加不利的市场环境下,实际卖出价格不可避免地会低于这些报价。这一风险甚至会比过去更为严重。由于资本监管更为严格,投资银行显著降低了其做市的活动。根据美联储的数据,主要的做市商只持有 50 亿美元的高收益债,这不到整个市场规模的 0.5%。

---

[1] 皮凯蒂的论述有很多问题。首先,他假定资本的所有者会将其收益用于再投资而非消费,这并不总是真的。其次,如前文所述(1.9 增长的悖论),历史上美国股票市场每股收益的增长滞后于 GDP 的增长(这一不一致在其他国家甚至更明显)。

在目前的收益率水平上购买非投资级债券是否明智？这可以从发行人的狂热中做出判断。在 2003—2007 年，美国高收益债的发行总额在每年 1000 亿～1500 亿美元。2013 年，发行的垃圾债总面值达到 3000 亿美元，而今年上半年又发行了 1820 亿美元。美国银行高收益债指数涵盖的 2 万亿美元债中有近一半是在过去 18 个月发行的。最近债券市场的低波动率在投资中形成了一种安全的感觉。去年 6 月，美国银行 MOVE 指数（用于衡量国债期权波动性的指标）接近于历史最低水平。

银行也加入了这一盛宴。美国杠杆贷款的发行在 2007 年达到峰值，当时还不到 9000 亿美元，而在 2013 年则发行超过了 1 万亿美元。根据国际清算银行（BIS），目前超过 40% 的银团贷款是向非投资级借款人提供的，这也超过了 2007 年的峰值。银行家还可以庆祝其结构化产品的回报，而这些产品在 2008 危机时是声名狼藉的。抵押贷款凭证（简称 CLOs）的发行在 2013 年达到 820 亿美元，预计今年将超过 1000 亿美元，超过了危机前的高点。

同时，信贷条款也在弱化。Dealogic 数据显示，"轻条款"的贷款——之所以这么叫是因为它们缺乏传统的保护贷款人的条款——到今年 6 月为止上升了 40%，并且目前超过了所有信贷的一半。在另一个似乎已经被忘记的从危机中得到的教训中，共同基金甚至 ETFs 目前都在购买银行贷款。根据晨星统计，银行贷款基金在 2013 年吸引了创纪录的 610 亿美元资金流入。这带来了未来流动性问题的风险，因为基金份额的赎回可以比其下层资产的赎回更快。

在对其最近一期年报的充满悲观的介绍中，BIS 警告"一个强有力的和普遍的对收益的追寻正在强化"。这家中央银行的中央银行进一步警告道："非常规的宽松货币政策的好处可以显得非常明显，特别是如果用金融市场的反应来衡量；但不幸的是，成本只有在很久以后回头看时才会变得明显。"在美国，美联储主席珍妮特·耶伦最近写道："我们注意到信贷标准的恶化，我们关注在这样的环境下可能产生的风险。"美联储保证它会和其他监管机构合作，一起"增强合规，以符合此前关于发行、定价以及承销标准的指引"。

这些信贷市场的最新发展对耶伦博士和她的同事来说不应该是完全的意外。毕竟，美联储降低利率的目的就是要鼓励投资者承担更多的风险。然而那些在今天拥抱低收益率，较低的信用等级，较差的流动性甚至货币错配的投资者会发现，当市场情况恶化时，有限的收益率增长将被证明不足以补偿未来的损失。皮凯蒂先生大可以放心。在无风险资产提供很低甚至没有受益率的时代，有钱人增加回报的决心在长期看会比他建议的税收更有利于恢复平等。这就是自由市场对一个政治问题的解决方案——谁说资本主义正在衰败？

第六章　中国综合症

考虑到马拉松公司对理性的资本配置以及供给侧纪律的重视，我们在过去这些年很少投资中国大陆的股票就毫不令人奇怪了。很多这类公司是国有的。作为结果，资本配置的效率以及外部股东（特别是外国人）的利益就常常会被置于政策目标之后。

无论是从至上而下还是至下而上的角度，中国都可以用资本周期分析的方法来进行理解。在宏观层面，中国把投资（占GDP的比）推高到了一个此前从未见过的水平，即便是在此前的亚洲高投资国家例如韩国和日本也没有过。这一投入增加的结果是可预见的要素生产率的下降。这一长期问题又由于政府在全球金融危机期间的决策而恶化，当时决定通过把固定资产投资提高到更高水平来维持经济的增长。中国还因为低利率的不良后果而受损，后者导致了资本的错误配置，特别是在那些资产密集的行业。结果造成从钢铁生产到造船业的一系列不同行业的过度产能和低回报。

廉价资本、过度投资以及资本未能退出低回报的行业在中国的结合，使得像马拉松公司这样的资本周期投资者对于投资中国总报以谨慎的态度。同样的因素的结合还帮助解释了为什么中国的股东回报如此令人失望，尽管经济增长是如此强劲（尽管在写作之时，中国的股票市场正处于泡沫状态，这使得历史回报暂时被抬高了）。

让情况变得更糟的是，好多上市的中国公司有着令人疑虑的账目和经不住推敲的经营历史。本章对好几笔中国 IPO 做了细致的分析。买家要注意了！

为了解释低配中国股票的理由，马拉松公司有时候也会写一些关于中国资本市场的文章。下面是这些文章的一个选集。

6.1 东方谜局（2003 年 2 月）

围绕中国 IPOs 的利润调整

> 我的心中充满了自豪……
>
> 我渴望告诉你我有多么热爱沃尔玛……
>
> ——摘自中国深圳沃尔玛商店的公司司歌

沃尔玛是中国业务获得了明显发展的外国直接投资者之一，它的成功以及中国政府对市场经济态度的明显转变引起了几乎一致的对中国投资的乐观态度。这一看涨情绪的大合唱无疑是由热衷于从与中国相关的 IPOs 中挣取费用的投资银行家编排的。从我们的角度看，我们毫不怀疑中国人民热衷于消费西方产品，对外开放，并且是努力工作的。我们同样还注意到中国的人口超过 10 亿人，从而具有成为很大的市场的潜力。我们不清楚的是这一经济奇迹是否会使持有中国股票的外国投资者获益。

到目前为止，投资于上市的中国国有企业的投资者业绩不佳（见表 6-1）。表 6-1 衡量了过去发行的股票的表现，但未来的前景是否会好一些呢？尽管投资者对所有与中国相关的事务存在着欢欣的态度，各种迹象都不容乐观。到目前为止，各种微妙的会计手段被用于夸大中国上市公司的公司利润率以及资产价值。监管的跟进稍有一些滞后。情况没有得到改善，相反，我们最近在 IPO 的推介者身上看到的是日益的令人担忧的表现。

表 6-1　与中国政府相关的股票发行的市场表现（1993—2003）

所有股票发行	
资本募集（10 亿美元）	38.2
当前市值（10 亿美元）	37.1
累计盈利（损失）	（2.9%）
年化盈利（损失）	（0.6%）

资料来源：马拉松公司。

一个例子是具有市场领先地位的固话运营商——中国电信最近在香港证券交易所的发行上市。第一眼看去，该股票似乎很便宜（具有 4% 的股利率以及 8 倍的股价/自由现金流倍数）。然而，中国电信在它的全球路演中遇到了冷遇，部分原因是由于全球股票市场整体的疲软。神奇的是，政府对这一本来可能会变成的失败做出的反应。在一夜之间，电信行业的监管者（当然也是政府控制的）把香港接出的国际电话的成本提高了 8 倍。单单这一改变就把中国电信的每股净利润提高了 12.5%。

这一举动的目的是要显示政府对该公司的支持。但这是如此明显的一种盈利操控，以至于我们认为这会成为中国改制方案和外国投资者群体之间关系的分水岭。我们显然是高估了我们同行的骨气。他们受中国电信有可能加入 MSCI 地区指数的前景鼓舞，把对该股票的发行最终抬高到了超额认购的地步。

一想到购买中国电信 IPO 的机构投资者认为政府对上市公司经营的干预只会有利于股东，我们就感到很沮丧。这在我们看来特别难以理解，只要回想一下中国政府如何在中国移动和中石油的巨额 IPO 之后几个月就让其日子变得难过就可以了。这些业务和中国电信一样，都依赖于政府的慷慨来维持利润。在我们看来，其内在价值是如此的不确定，以至于持有这些股票需要冒很大的风险。

围绕中国 IPOs 的盈利操控已成为惯例。瑞士信贷发布的研究报告指出，几乎每一家大陆上市公司的资本回报都在上市前一年达到峰值。这家投资银行还发现，香港上市的中国公司的净利润率在上市后四年平均跌了 40%，而资本回报则是持续地下跌。由于投资圈的听众们满脑子都是中国的宏观经济故事，这一分析很可能将会是对牛弹琴。香港证券交易所最近的一个调查显示，外国基金经理对中国IPOs的质量存在相当的自满。大部分答复者都认为中国公司的财务表现是"可接受的或更好"，而只有10%的答复者认为股东权利被侵害的现象非常普遍。

6.2 打扮的很迷人（2003年11月）

被中国增长前景迷住了的投资者正在买入不可靠的企业

过去一年，马拉松公司和客户以及投资顾问的会面常常会涉及棘手的关于为何我们缺乏对中国股票头寸的问题。在最近中国股票市场上涨并且激起了其他外国投资者的兴趣之后，这一问题变得非常热门。我们的观点是，我们认为中国股票——我们是指那些外国投资者通过香港股票交易所可以买到的股票——是吸引人的，并且非常可能正处于一个投机性泡沫的中期。

华尔街有句老话："鸭子叫时就喂它们。"投资银行家们正在拂去其久已搁置的中国股票上市方案上堆积的灰尘。推销者们有无数种方式来获取投资者的钱，或者更严格地说，他们客户的钱。其中有一些已经变成了标准做法。例如，以"分拆上市"为例，在2003年中国政府支持的上市方案中，我们找不到一例公司实体不是为了IPO的目的而专门设立的。备受瞩目的外国行业合作伙伴现在是必不可少的，它们让IPO的购买者们幻想他们正以和聪明钱同样的条款低价买进。最后，还需要用一点政府监管和干预来支持或者提供短期利润以及增加名义估值，或者给买主一种不切实际的关于业务非常稳健的感觉。

在中国领先的财产险保险商PICC最近6亿美元的IPO中，所有这些因素都齐备了。和此前模糊的披露不同，PICC的招股说明书非常坦率地披露该公司正是通过IPO前的分拆而创立的。我们还被告知有12%的初始保险资产和债务以一种经典的好银行/坏银行的结构（或者在这一案例中，好保险公司/坏保险公司）被保留在了母公司。尽管这些"缺失"的保险合同被披露为亏损的（按综合成本率看），关于这些损失的规模或者其再发生的可能都没有提供细节。任何可能担心亮丽的五年承保利润业绩（这使得 PICC 排名已经领先于保险业的传奇公司 GEICO、Progress 和 White Mountains 之前了）是否可持续的投资者都被保证：此前犯错的业务线都已经终止了。但问题在于：曾经造成这些亏损保单的管理团队现在还在掌权。

中国金融行业分析师曾经告诉过我们，好银行/坏银行战略再加上选择性的披露，是金融行业改制政策的核心特征。我们的观点是，最近保险行业的 IPOs 只是主菜之前的甜点，而甜点则是中国政府将其大型银行上市的计划。四年前，不良贷款最高达到贷款余额 40% 的中国最大银行将其不良资产转入资产管理公司。中国银行业的新面孔很有可能在明年的 IPOs 中被推介给机构投资者。但是和 PICC 一样，管理层和信贷政策几乎没有变化。我们担心除非机构买家的态度有根本性的变动，否则在 PICC 案例中曾经出现过的调查不充分，在我们看来是高度投机性的做法，会使得这一中国银行业的再资本化以一种不利于外部投资者的条件进行。

根据中央政府公布的目的，银行的重组和注资会使得其可以继续为中国工业的发展提供资金。任何来自 IPO 的意外之财都很可能因为与引起目前这些正在被解决的坏账问题的信贷措施类似的举措而被挥霍掉。这些问题的根源在于非常低的利率以及廉价资本在中国的可获得性，这些因素造成了供给侧的过剩。正如我们在 1997 年之前的东南亚观察到的，廉价和充裕的流动性的"受益者"一般是重资产的企业，包括从零售商铺到基础工业在内的各种形式。这一情况在中国并非没有被认识到，政策制定者正在寻找使传统的非生产性行业——例如房地产——的增长得到控制的方法。然而，即便是在生产性行业，中国的上市公司也正在面临由于可以获得非常廉价的资本而造成企业回报恶化的问题。这在中国快速增长的汽车行业非常明显，在该行业供给持续超过需求。马拉松公司的资本周期警钟正在鸣响。

最近的两次公司会晤让我们了解到这些问题的严重程度。第一个是与一家有机农业公司，超大现代农业公司的会晤。这家公司的商业模式依赖于低农村劳动力工资和相对较高的新鲜蔬菜价格。这本来没有问题，但超大现代公司受股票市场经常性的现金注入所鼓舞，大量投资于三十年的农地租赁合同，向地方政府支付了大量的一次性付款。随着中国的配送体系变得更有效率，其核心业务的盈利能力可能会随时间而逐步下跌，而超大现代却被地方政府鼓励投入更多资金用于这一重资产的战略。结果就是用更大的业务量和资本来抵销逐步降低的利润率。一旦资本供给干涸，或者成本上升，对企业价值的影响将会是巨大的。

在另一个案例中，中国移动通信网络覆盖设备的顶级制造商京信通信通过IPO来为其增长进行融资。而事实上，其业务产生了足够的利润来支持其扩张。但问题在于京信通信的客户未能及时付款。其客户正是那些政府控制的上市移动通信公司。在京信通信看来，这些移动通信公司喜欢把钱花在向政府购买资产上。京信通信希望能够通过向其中一个付款特别晚的客户提供宽松的付款条件来增长市场份额，并打算用IPO的募集资金来支持这种扩张。研发支出、营销或分销从来没有被看作是用于争夺市场份额的竞争性武器。最后，京信通信业务的健康状况可以归结为它可以多便宜以及能维持多久通过获得新的资本来为其期限渐长的应收账款来融资。

这两个中国股票市场最近的案例让我们想起了在20世纪90年代末科技股泡沫顶峰的时候出现的一种现象。当时，投资者是如此地迷恋于互联网（现在是中国）毋庸置疑的潜力，以至于他们为那些毫无希望获得可持续的盈利以及其未来在很多情况下依赖于泡沫继续（因为它们需要通过股票市场来筹得更多资本）的古怪企业支付高价。当从公司层面来观察时，中国的情况非常类似。自上而下的观察仍然非常强劲，这意味着泡沫还可以继续膨胀。我们的策略是等待廉价资本驱动的狂欢不可避免的酒醒时分，在那时再去以合理的价格购买很好的企业。①

---

① 马拉松公司对PICC的悲观预测未能被证实。从2003年11月到2014年末，这家中国保险公司的总回报为637%。京信电信在同期的总回报为57%。到2011年末，超大现代从其IPO价格下跌了46%，此后被退市。超大最终在2015年1月，在其财务报告因审计师"无法对集团的不动产、厂房和设备进行实物清点和检查……"而出具有保留的审计意见后，再次上市。在两次上市期间，超大现代的收入非常神秘地下跌了84%。

6.3 信贷增长（2005年3月）

尽管经济增长强劲，但股票的回报不理想

中国的工业化进程已经进行了25年，它在当前资本市场中大多数人的职业生涯中或许都是最重要的商业事件了。然而，通常并不怯于踏入未知领域的马拉松公司到目前为止仍然没有在这个国家做出任何重要的投资。这并没有损害我们客户的利益，因为尽管中国经济增长迅速，组合投资者可以选择的中国投资机会是非常少的。根据《中国经济季刊》，1993年投资1美元于恒生中国企业指数，并且将股利用于再投资，那么现在的价值会是35美分。中国经历了如此高速的经济增长，而投资回报却不理想，这是怎么一回事？

中国这种政府主导的经济增长对于亚洲的投资者来说并不陌生。例如，在像新加坡这样的国家，对有效资本配置的关注通常是不足的，而结果就是导致较低的资产回报。中国版的亚洲增长模式相当复杂。约600家中央国有企业（SOEs）和省、市政府合作来实现国家发展目标：这些国有企业或者单干或者相互竞争，有时候与合作伙伴一起，或者通过上市的私人部门子公司来进行。中国的经济发展模式有两个其他特征，并且都是独特的。首先，大部分的公司资本都是通过国内银行体系筹集的，长期的经验显示偿还银行贷款是非必须的。通过债务豁免提供的生命线使得具有极低回报的企业得以生存。其次，省、市之间长期的竞争刺激了全国范围内类似的项目。中国的900家啤酒厂部分是省际竞争的结果——事实上，在这个国家的某些地方啤酒比水还要便宜。

政府支持的债务豁免部分地解释了为何中国上市股票的试验会如此的不成功（至少对外部投资者来说是如此）。对于一个沉溺于不良信贷的国家来说，股票或许看起来好像是一个理想的替代机制。然而，尽管上市公司不必偿还其股票，它们的确需要偿付其从资本市场筹集的债务。尽管未上市的国有企业可逃避债务偿付，上市公司不能逃废债务然后装作什么事也没有发生一样。这样，国有企业的上市子公司常常被困于偿付债务的要求和糟糕的系统性盈利之间。

结果就是，股东在企业的权益也随着时间而逐渐萎缩了。

看起来似乎中国的宏观经济表现没有太大问题——如果其持续10%的经济增长业绩还可以继续。然而这一增长似乎来自于日益增长的投入，而非来自生产率的改进。经济学家所称的要素使用的低效率正在变得非常严重。例如，按目前的增长速度，中国电力行业需要每年安装相当于整个英国的发电能力。通过投入日益增多的生产要素，中国得以满足其10%的经济增长目标，尽管资产的回报在下降。如果中国的生产率提高的话，那么同样水平的增长只需要投入更少的资源。例如，青岛啤酒声称，如果缩短其生产周期，它可以提高年产出至少20%。

超过40%的中国经济是由投资支出（例如，所有这些发电厂）驱动的，这一水平超过了20世纪60年代投资驱动的韩国经验。这一过度投资造成了日益递减的公司回报。结果是对利润率的挤压。在一个接一个的行业里，成本压力无法被传递到产品中去，或者是由于过度产能或者是由于价格管制。一个例子是房地产行业，由于2004年决定将所有土地出让通过拍卖来进行，这提高了开发商的土地储备成本，过度供给的问题被恶化了。

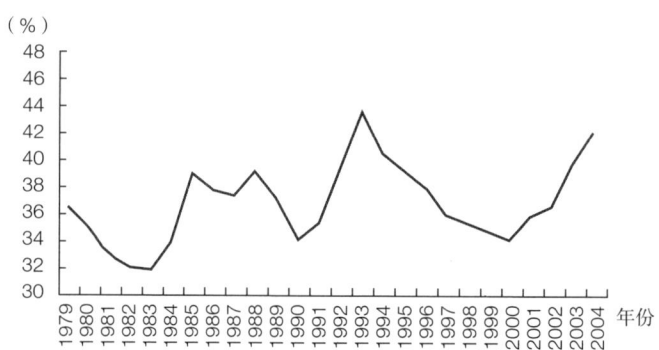

资料来源：德意志银行。

图6-1　中国投资占GDP的比

尽管中国的A股市场下跌了四年，断定市场开始转向还需要一定的勇气。事实上，来自实体经济的所有信号都和周期末尾的过剩吻合。看起来好像是中国的公司正在努力通过快速的业务增长来抵销其利润下滑的影响。推迟周期尾部来临的政治动机是非常强大的，非常明显的会一直持续到2008年北京奥运会之后。因此，很有可能这辆经济的庞大战车会继续疾驰，无论中国股票的投资者会付出何等代价。①

6.4 里面隐含着什么（2014年2月）

中国资产管理公司的招股说明书揭示的头寸

我们长期以来都对中国的银行体系持观察的态度。看起来似乎那些回避中国的银行的投资者正是排队购买信达资产管理公司股份的投资者，该公司是中国领先的不良债权投资者。他们相信信达是对中国危险的金融体系头寸的一个对冲。然而，走近观察这家资产管理公司，却会发现它几乎等同于是对中国过度膨胀的房地产市场以及过度投资的煤炭行业的一个杠杆化投资，后者是用银行提供的短期资金支撑起来的，而这些银行正是向其出售不良资产的银行。

在20世纪90年代末，中国的金融体系由于受过于宽松的信贷标准以及亚洲金融危机的影响，背负着沉重的不良贷款（NPLs）压力。为了解决这一问题，政府设立了四个资产管理公司（AMC）。信达是用于剥离中国建设银行的不良资产，并且是第一家上市的国有资产管理公司。去年圣诞节前，马拉松公司被邀请去参加信达的IPO路演。为了增加一点东半球的庄严感，该活动选用了伦敦金融城布彻沃施公司(译注：金融城古老的行业公会之一)的大礼堂作为场地。活动的开始是一段十分钟的录像，画外音里浑厚的美国口音的男中音让人以为这是好莱坞大片的预告片。它介绍了行业的历史以及信达的发展前景。时不时的，观众们可以看到员工一起击掌相庆的宣传片。

---

① 从2004年3月到2007年10月，上证综指总回报485%，以接近100%的年化增长率增长。在2007年下半年泡沫破裂后，市场下跌了68%。最近，中国股票又一次开始出现泡沫——自2014年6月起的12个月内，上证综指上涨了130%。在此期间中国的保证金债务涨了5倍，到2015年中达到3250亿美元，相当于股票市值的6%强。随着中国经济增长的奇迹逐渐褪色，中国股票市场75倍的市盈率似乎比以往更加脱离现实。

在业务展示中，两家相互竞争的投资银行的地区负责人轮流来宣讲这一项投资的优点。很明显的，在所有这些优点之中，最主要的是投资者得以获得机会进入这一最具有吸引力的资产类别——不良资产。听众发现，在信达公司的投资可以使得投资者在即将到来的中国债务爆炸中处于有利位置。初看起来，这一商业模式非常有吸引力。信达资产管理公司在 2012 年的股本回报是 15.8%，而由于其压倒性的行业地位，其增长也几乎是肯定的；当前的估值也只是一个适中的 2.4 倍 P/B。投资银行家把信达和最受尊重的不良资产投资者之一的橡树资本做了一个很有利的比较，橡树资本本身也是这一 IPO 的基石投资者之一（如果你认为 0.39% 的持股份额也可以算是 "基石" 的话）。

我们并不是唯一收到邀请的公司。那里大约有 50 家其他投资者和来自 18 家承销商的无数的业务代表。某位参加者是如此的激动，她被看到抓住离她最近的一位投资银行家要求保证她的订单能够得到满足——据传言说该次出售被 10 倍超额认购（据《华尔街日报》报道，零售簿最终被 160 倍超额认购）。在跟踪该公司的 12 位分析师中，有 8 位给出了买入评级，4 位持有评级，再加上无数的承销商的背书，传递的信息非常明确：只有傻子才会错过这个机会。

正如我们在中国经常发现的一样，信达案例的表象和事实差得很远。根据披露的过去三年业绩看，似乎信达资产管理公司股本回报的最主要驱动因素是杠杆。公司公布的 2012 年股本回报为 15.8%，而相应的资产回报只有 3.4%（从 2010 年的 6.3% 下降下来）。这意味着杠杆是 4.7 倍（从 2010 年的 4 倍上升至）。成功的不良资产投资者倾向于回避杠杆，因为相应回报的规模和时间存在不确定性。他们通常偏好永久性的资本。由于不良资产的投资者自己没有债务，他们可以在坏年景当高杠杆的家伙遇到麻烦时以一个较诱人的回报来投入资本。此外，不良资产的机会通常自身就内含着较高程度的杠杆。

回顾一下这家资产管理公司杠杆的起源很有帮助。在 2013 年 6 月末，信达的资产负债表显示其有 2200 亿元人民币的总债务。其中最大和最重要的两项分别是由财政部提供的 335 亿元人民币的融资，以及 "从市场渠道" 获得的 1040 亿元人民币债务。财政部债务的融资成本很难判断，但我们测算其每年约为 2.25%。"从市场渠道" 获得的资金来自银行间同业市场，换句话说正是来自那些产生了很多不良资产的银行。这部分融资成本大约在 4.4%，这并不是我们在中国见到的最低的融资成本，但远比最大的银行目前报出的5.8%的基准利率要低。简单地说，信达的融资成本是人为地保持在较低水平的，可能是不可持续的。考虑到这家公司较高的杠杆率，利率水平一旦正常化，则对这家公司利润的影响很可能是显著的。

对厚厚的招股说明书的仔细阅读还揭示了信达公司资产相当不平衡的特性。这主要是由两类核心业务构成。第一类是不良债权簿，该部分总计860亿元人民币，主要是由从金融和非金融机构购买的未付应收款项构成。招股说明书的一个脚注写道："在2013年6月30日，我们被界定为应收款项的不良债权资产的总金额中，（i）房地产……（和）（iv）建筑行业分别占被界定为应收款项的全部不良资产的60.4%……和4.5%。"换句话说，信达不良资产簿的2/3是对中国房地产的头寸。

信达资产的第二大项是其持有的债转股（DES），其资产总额为440亿元人民币，主要是在出了问题的大中型国有企业中的权益。在资产组合中前二十大非上市的不良资产中，约有13家是煤矿企业，其余的是化工和制造企业。另一个注解显示，煤矿企业占了信达DES资产的61.5%。招股说明书还强调"2011年，上述21家我们直接持有股份或持有其下属公司股份的煤炭行业债转股公司总产煤16.05亿吨，占全国总产出的45.6%"。

即便是最糟糕的资产，如果买的价格合适，也可以是非常好的投资。信达的很多资产都是在其账面原值很大的折扣上购买的（根据该公司，常常是在面值的20%~30%）。然而，一旦考虑到信达的估值，大部分的折扣都消失了。简单地说，如果该公司按0.3倍的P/B购买资产，而投资者按2.4倍（信达的P/B）购买该公司，则效果就相当于以0.7倍的P/B购买原始资产。

我们并不是要质疑政府重组中国高杠杆和低效率公司的努力。事实上，成立像信达这样的资产管理公司，并寻求通过外部资本来帮助解决不良资产问题，代表了令人鼓舞的，尽管是相当小规模的，对中国信贷体系的再资本化。但是IPO市场营销的故事把投资信达说成是对中国金融体系问题的对冲，这明显是有问题的。信达的命运与向其提供融资用以购买融资方不良资产的银行紧密相连；毕竟，信达不是凭空而生来利用这个体系的，它是由体系所产生的。我们怀疑，很多急于获得信达认股份额的投资者认为他们买入的是一个资产相当分散化的不良资产管理人。他们或许有一天会醒来，非常不高兴地发现，他们拥有的是一个对中国房地产和煤炭行业，以及日益脆弱的中国金融体系的杠杆化了的多头头寸。①

6.5 价值陷阱（2014年9月）

中国的银行杠杆率高，在资本周期中处于不利位置

对于新兴市场的逆向投资者而言，有一个行业看起来像是提供了显著的价值。在这一群体中最大的4家公司2013年实现了20%的平均ROE，而在过去5年平均为21%。它们的利润自2008年以来以18%的速度年化增长，去年实现了令人敬畏的12%的增长。追求流动性的投资者没有什么可以害怕的；这几家公司的总市值超过6500亿美元。他们的股票不被市场所喜爱，可以以接近账面价值的价格购买。

上面提到的4家公司是中国银行业的"四大行"。传统的智慧显示中国的金融体系已经烂到了核心。然而在过去，马拉松公司即便在面对传统智慧时也曾在银行业挣到过不少钱。例如，亚洲金融危机提供了从便宜的金融机构身上挣到相当高的回报的绝佳机会。考虑到中国的银行是当前市场的弃儿，它们是否能提供类似的挣钱机会？

简短的回答是不——至少从我们的观点来看。这一方面涉及如何努力判断中国的银行的真正盈利能力，另一方面在于这些银行在资本周期中处于什么位置。让我们首先来分解一下银行的盈利。以其中最大的银行中国工商银行（ICBC）为例，该银行ROE为20.8%。这是从1.4%的资产回报获得的，通过15倍的杠

---

① 尽管或许并不是对中国未来银行危机的对冲，信达到目前为止还是实现了其在路演中关于其股票表现与中国的银行负相关的承诺。也就是说，从其2014年2月IPO到该年年末，信达的股价下跌了近20%，而同期MSCI中国银行股指数上升了36%。在2014年期间，信达的总资产增长了42%，而隐含杠杆率也上升了（达到5.1倍）。

杆得以放大。第一个问题是信用风险——也就是，为其账面上不良贷款计提的拨备——是否已经得到了充分的反映。图 6-2 比较了过去 10 年中国工商银行以及美国最大的银行之一的美国银行的贷款增长和风险成本。你会注意到中国工商银行在过去几年持续保持在较低水平，而在这一期间信贷增长则保持在较高水平。左图显示美国银行在雷曼危机前的几年里也有类似的低信贷成本和强信贷增长，这就是谚语里说的隐患终会酿成恶果。

一家银行报告的资本回报对信贷成本非常敏感。例如，如果中国工商银行的风险成本上升到看上去并不显著的 1%，其 ROE 下降几乎会近 1/5，即从 20.6% 下降到 16.8%。当分析一家银行的真正盈利能力时，还需要将其杠杆水平正常化。在中国工商银行，每 1 元人民币的股东权益支持了近 15 元的债务。然而，正如杠杆可以放大利润，它还可以放大损失。新兴市场的银行的平均杠杆率在 10 倍左右。美国银行的资产负债表也有同样的杠杆率。假定中国工商银行全部贷款的信贷成本为 1%，而杠杆为 10 倍，则中国工商银行的 ROE 会下降到 11.3%。这一数据在我们看来更接近于中国工商银行可持续的盈利能力。我们的这个结论并没有考虑对银行资产负债表质量的担心，或者对中国金融体系的系统性威胁。

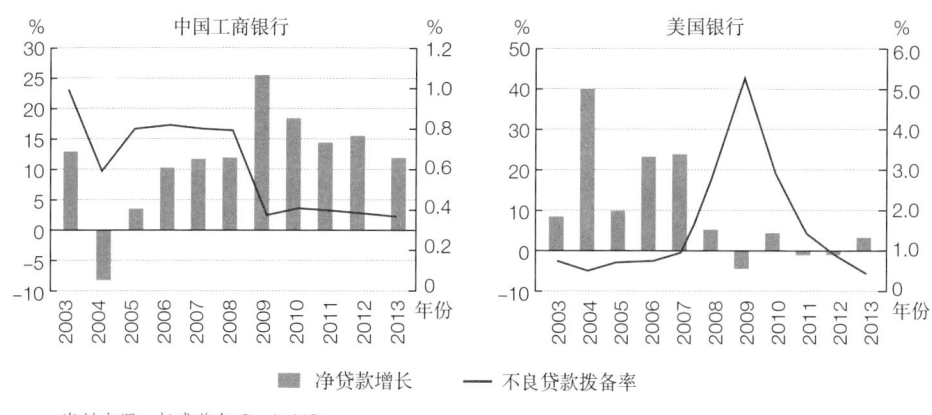

资料来源：标准普尔 Capital IQ。

图 6-2　美国银行与中国工商银行：信贷增长与信用成本

问题并不仅仅在于中国的银行信贷成本偏低，杠杆过高。它们似乎还在资本周期中处于不利位置。在资本周期的经典教科书范例中，新的资本会被吸引到那些具有过高利润的行业。最终，资本的流入会使产能增加，从而损害行业的盈利能力和股东的回报。这一过程在大宗商品企业中非常明显，这一行业的产品是无差异的。通常，真正好的投资机会只有在周期反转之后才会发生；也就是，当资本开始退出时。

考虑到信贷是一种无差异的商品，资本周期分析对于银行来说和对任何其他商品行业一样有用。然而，也存在着一些差异。由于信贷不存在物理上的限制，其增长只受限于银行可以积累的股本以及承担的杠杆。这使管理层在上行周期中容易随波逐流。而在银行周期反转时，需要补足尚未确认的过去犯下的罪过的成本，也即，信贷成本会飙升。过剩产能还需要通过去杠杆来退出；这通常会以资产负债表收缩和银行合并的方式来进行。

在中国银行业的例子中，这些症状仍未显现。这意味着，从投资者的角度看，这些银行仍未处于资本周期中的有利位置。信贷成本处在出奇的低水平。尽管我们看到了一些资本募集，但这主要是用来支持增长而非是用来去杠杆的。最终结果会如何很难判断。中国信贷的结局可能会是以亚洲金融危机的模式非常快速（和一泻千里）的方式发生，或者以更慢的日本模式——但其发生则是肯定的。

6.6 落后的人倒霉（2015年5月）

中国股市正在显示投机性过剩的所有迹象

中国的股票在过去一年表现强劲。在到4月的过去12个月里，中国大陆股票市场上涨了120%。市场评论人士看来不太愿意断言中国出现了泡沫。《金融时报》最近的一篇评论员文章认为尽管"中国股票明显是偏贵了……（它们）可以涨得更高"。这是毋庸置疑的。高盛声称：市场在"零售投资者非常狂热的购买下""当然产生了一些泡沫"，但"这是否是会引起体系崩溃的泡沫？

答案是目前还不是"。一家香港的策略研究机构 Gavekal 警告道"持续观望的壁上花投资者很快就会面临错过盛宴的风险"。然而，有些盛宴却留下了相当严重的宿醉者。

从表面上看，马拉松公司对中国的股票应该有相当的兴趣。某些行业看起来已经达到了其资本周期的低点。股票估值——至少在几个月前——看起来还比较合理。政府宣布其打算处理巨大的工业过剩产能。从投资者的角度看，所有这些应该构成了一个非常令人满意的起点。然而估值并没有像它们看起来那么诱人（较低的整体市场估值受处于困境之中的银行的影响较大）。此外，中国巨量过度投资的后果十分严重，并且可能会持续。

上证指数目前估值在 21.7 倍 P/E；然而，如果去掉银行，这一倍数则会上升到 37 倍。深圳证券交易所没有被银行股拖累，并且对泡沫化的科技行业有更大头寸，目前的估值在 57 倍 P/E。深圳证券交易所最大的 4 家公司中有 3 家是零售股票经纪商，这一现象是令人担忧的。

股票市场最近的上涨恰好与（又）另一个显著的货币宽松政策同时发生——这次被称为"抵押补充贷款"。该政策开始于 2014 年初夏，允许金融机构获得 1 万亿元人民币的中短期流动性资金。在实施这些货币操作之后，7 天回购利率从 5% 下降到了 9 月末的 3%。同时，政府削减交易费用，并将个人可以拥有的证券交易账户的数量从 1 个增加到 20 个（谁会要那么多个呢？），同时还放松了对保证金交易的限制。政府看起来似乎故意要放大这个泡沫。

政府媒体也通过发表大量文章强调股票市场投资的优点，来提供明显的支持。这些干预的后果是显而易见的。以北京暴风科技为例，这是一家在线媒体服务提供者。到 5 月中旬，这家公司在深圳证券交易所上市了 39 天。在其中的 36 天里，这只股票的日涨幅达到了 10% 的涨停板。通过神奇的复利增长，这只股票在短短一个半月里上涨超过 2500%。该公司只有 300 万美元的经营性利润，但目前号称市值已经达到了可观的 40 亿美元。北京暴风只是今年发起的 225 个 IPOs 之一——其中的 223 家在上市交易首日都达到了涨幅限制，从 IPO 以来的平均表现超过 400%。

保证金贷款是证券公司增长最快的领域之一。到目前为止，今年贷款余额上涨了 80%，比 2004 年初上涨了 5 倍。保证金贷款在中国最初是在 2010 年得到了批准，目前已占按可流通股调整的股票市场市值的 8%——相比之下，在主要证券交易所保证金贷款只占股票市场市值的 2%。J.K.加尔布雷斯所著的《大崩盘》的读者会想起作者的一个观点，他认为在达到股票市场市值的 10% 以后，保证金贷款是引起 1929 年大崩盘的一个主要因素。中国股票市场当前的投机者甚至比他们爵士乐时代（译注：第一次世界大战以后，经济大萧条以前的约 10 年的时间被称为美国的爵士乐时代）的先驱们使用更高的杠杆。法国巴黎银行相信上海证券交易所新增的交易量中有 20% 是由保证金贷款融资的。

由于"沪港通"方案，这些流动性中有一部分流向了香港证券交易所。该方案允许中国内地投资者交易在香港上市的中国股票。香港上市的中国股票对相应的内地股票平均存在 30% 的折扣。看涨的投资者希望随着香港股票估值与上海股市趋同，通过折扣的缩窄而获利。

上海电气是一家在上海和香港上市的大型工业公司，它是当前市场疯狂的一个很好的例子。在中国，该公司的隐含市值为 410 亿美元，P/E 倍数几乎为 100 倍，P/B 倍数超过 6 倍（ROE 只有 10%）。而在香港，投资者给出这家公司的隐含市值为 133 亿美元，P/E 倍数 33 倍，P/B 倍数 2.3 倍。和中国的价格相比，香港的价格看起来非常便宜。但在我们看来，这两个估值都是不合理的。

投资者似乎被香港股票市场的相对便宜惊呆了，以至于他们对绝对估值没有任何关注。关于香港估值应该上涨到上海的泡沫水平而非反过来趋同的观点或许能够说服某些 Gavekal 的"壁上花投资者们"。但不会是我们。马拉松公司倾向于更相信投资于香港股票的全球（如果偶尔也会容易激动）投资者，而非内地投资者。[①]

[①] 从这篇文章发表到 2015 年 9 月中，上证综指下跌了 32%。在同一时期，北京暴风科技下跌了 69%。

第七章 华尔街的内心世界

永远不要相信银行家。

——温斯顿·丘吉尔爵士

马拉松公司的资本周期方法让我们自然地对投资银行家感到警觉。毕竟,华尔街的生意是向股票市场的热门领域提供资本,并从可疑的金融工程中产生费用。这两类活动在其与长期股东利益相抵触这点上总是给我们留下深刻的印象。从困惑的买方旁观者的角度来看,非常明显的是,华尔街的投资银行家在新千年的最初几年对保护客户利益毫不上心。相反,银行业的游戏变成了只是关心赚取收费,而无论会产生什么后果。马拉松公司此前的那本书《资本账户》(2005)里有一整章专门用于描写投资银行的可笑举动。[1]

早在2000年9月给客户写的评论中,马拉松公司就预测到"下一轮的过剩会比上一次更糟。当大型投资银行不会因其贪婪和错误而受到惩罚——因为他们太大了或者由于有广泛的人脉而不能倒闭——他们挑战体系本身只是一个时间问题"。不幸的是,这些黑暗的预测在8年后雷曼兄弟倒闭时实现了。

---

[1] 见《资本账户》,第六章,庄家的战利品。

为了能让我们的客户了解到投资银行家的危险，我们决定每年在圣诞节临近时写一篇讽刺故事，这是基于一家虚构的投资银行，格瑞德斯宾，以及它的主要投资银行家，斯坦利·切恩。这一做法始于 2002 年 12 月，当时写了一篇关于一家虚构的科技公司与一家"旧经济"的企业通用巧克力公司的失败的合并。这篇文章被收录在《资本账户》中。下面的系列文章描写了自那时起精力旺盛的切恩先生的职业发展。

"那么，尽管世界末日的情景会充斥着难以想象的恐怖，我们相信在末日到来前会充斥着前所未有的获利机会。"

资料来源：《纽约客》。

图 7-1　切恩眼里的世界

7.1　一封投诉信（2003 年 12 月）

对推销型的公司管理层的一个讽刺性描写

马拉松公司偶尔会收到来自我们在投资过程中曾经访问过的公司管理层写

第七章　华尔街的内心世界

永远不要相信银行家。

——温斯顿·丘吉尔爵士

马拉松公司的资本周期方法让我们自然地对投资银行家感到警觉。毕竟，华尔街的生意是向股票市场的热门领域提供资本，并从可疑的金融工程中产生费用。这两类活动在其与长期股东利益相抵触这点上总是给我们留下深刻的印象。从困惑的买方旁观者的角度来看，非常明显的是，华尔街的投资银行家在新千年的最初几年对保护客户利益毫不上心。相反，银行业的游戏变成了只是关心赚取收费，而无论会产生什么后果。马拉松公司此前的那本书《资本账户》（2005）里有一整章专门用于描写投资银行的可笑举动。[①]

早在 2000 年 9 月给客户写的评论中，马拉松公司就预测到"下一轮的过剩会比上一次更糟。当大型投资银行不会因其贪婪和错误而受到惩罚——因为他们太大了或者由于有广泛的人脉而不能倒闭——他们挑战体系本身只是一个时间问题"。不幸的是，这些黑暗的预测在 8 年后雷曼兄弟倒闭时实现了。

---

① 见《资本账户》，第六章，庄家的战利品。

为了能让我们的客户了解到投资银行家的危险，我们决定每年在圣诞节临近时写一篇讽刺故事，这是基于一家虚构的投资银行，格瑞德斯宾，以及它的主要投资银行家，斯坦利·切恩。这一做法始于 2002 年 12 月，当时写了一篇关于一家虚构的科技公司与一家"旧经济"的企业通用巧克力公司的失败的合并。这篇文章被收录在《资本账户》中。下面的系列文章描写了自那时起精力旺盛的切恩先生的职业发展。

"那么，尽管世界末日的情景会充斥着难以想象的恐怖，我们相信在末日到来前会充斥着前所未有的获利机会。"

资料来源：《纽约客》。

图 7-1　切恩眼里的世界

7.1　一封投诉信（2003 年 12 月）

对推销型的公司管理层的一个讽刺性描写

马拉松公司偶尔会收到来自我们在投资过程中曾经访问过的公司管理层写

来的投诉信。我们最近收到了来自通用巧克力公司（尽管此前曾有很短一段时间名为趋势科技）首席执行官的以下来信：

亲爱的马拉松公司合伙人：

我写此信，是想要表达我的团队和我对最近的一次和马拉松公司的投资分析师的会晤经历的失望之情。你们公司的宣传手册声称"马拉松公司是一家独立的投资公司，有很高的专业精神、创新能力和鉴赏能力"。然而，我们在会后留下的印象却没有反映这些特性。

这次会议是由格瑞德斯宾合伙企业安排的一系列会议之一，是我们"非交易"路演的一部分，因为我们在经历了由前任管理层治下20世纪90年代末期收购增长阶段之后的困难之后，重新启用了通用巧克力这一品牌。我们带来了我们最新的"我们已经起飞"战略的详细演示文稿，这是我们战略咨询顾问麦克塔维什大量工作的产物。我对基于"每个中国人一块巧克力"概念的中国战略感到尤其满意。这些演示文稿相当复杂——事实上，我花了好几个小时才掌握它们的全部内涵——需要对某些技术术语有一个非常细致的了解。我们在那天遇到的大部分分析师都花了很大的劲来完全熟悉我们新的公司语言。然而，当你们的分析师坚持在会上采用一种非常不同的方法时，你可以想象我有多么失望。

首先，您的团队质疑了我们应该增长这一理念。您可以想象，这对于我的团队而言是非常令人丧气的。增长就其本身而言是好的，这是不言而喻的。然而，您的分析师却似乎在建议我们收缩业务，回到盈利的核心业务，然后回购股票来最大化资本回报。有好几个理由来表明为什么这是明显的无稽之谈。我们主要的机构投资者股东——我们通过我们的投资银行格瑞德斯宾来获得他们的反馈——希望我们扩张。他们有大量资金用于投资，因此对市值小于100亿美元的公司不感兴趣。和你们不同，这些严肃的投资者除了有足够的金融弹药购买我们的股票来为我们的收购提供融资外，还有大量的分析师来思考我们增长策略的优势。

马拉松公司所建议的收缩业务会代表管理层想象力的失败。我们在格瑞德斯宾的投资银行家从来就没有建议过收缩，他们现在有大量的收购建议。增长对于实现我们的职业目标也是必要的。更大的公司有能力奖励其最优秀的人才，我们必须和他们处于同样水平的竞技舞台上。回购股票会降低流动性，使得投资者的工作变得更为困难。您当然能够明白这点。通用巧克力公司的股票每个月有 10% 的换手率，我们对这一事实感到非常骄傲。然而，我们仍然认为我们可以通过改进信息发布来提高这一比例。我们现在正在考虑为股东提供一个新的"即时指引"服务，它会由可可价格的每一个百分点变动而自动触发。

即便是在成本控制这一非争议性的领域，我们也没有共同语言。您的同事建议我们在市场营销和研究等领域增加成本。然而这一行动会对我们每季度每股盈利产生不利影响，我们很难对我们的机构投资者股东做这样的展示。尽管我们的年报封面的确声称人是"我们最重要的资产"，我们必须要和我们提高生产率的冗员方案相平衡，后者特别关注那些具有不确定性和遥远的回报的非直接面对客户、不可测量的前期费用。这些侧重于成本的策略改进了可预见性，能够立即带来 EPS 的改进。

很快就变得非常清楚，您的同事对于糖果行业不是很熟悉。这和我们在该天早些时候与龙虾锅资产管理公司的分析师的会晤形成了鲜明的对比，后者对巧克力行业非常熟悉。他们能把通用巧克力公司和其两家全球竞争对手放在一起，就所有可比指标做相当详细的对比。我们就最新的 C-WONK 巧克力的搅拌技术做了一个非常富有成果的讨论。这一专业化和新的通用巧克力公司股东的目标完全一致——趋势科技公司的分神已经是过去的事了，没有必要再为打翻的牛奶哭泣了。

相反，您的分析师却坚持问那些与我们最大股东双泵公司有关的愚蠢和无关的问题。你们知道，双泵公司的头是我们前主席（老）帕克卫先生。您的同事质疑 20% 的经济权益却能有 51% 的"超级"投票权的合理性。他们似乎忽视了我们从双泵公司获得的利益。毕竟，双泵公司一直与公司相处的很好，无论是好年景还是坏年景。我可以告诉您，当我们的主要机构投资者股东知道双泵公司在今年早些时候伊拉克冲突期间公司股价下跌后买入股票并在此后售出，他们都感到松了一口气。至于支付给我们前主席的非竞争费，这是行业的标准做法，并且和我们公司的销售收入相比无足轻重。它们当然无须你们分析师窥人隐私和愤世嫉俗的提问。

然后注意力又转向了我个人的激励安排。首先，我必须说，我觉得不得不当着我同事的面讨论这些事项是非常令人尴尬的。其次，我可以向您保证在我的个人股票期权定价日和我们在期初宣布的资产核销（麦克塔维什称之为"经营性的厨房下水道"）之间没有任何关系。此外，期权的行权价格是根据当时的市场价格制定的，根据有效市场理论，这一价格反映了公司在当时的内在价值。

就我们而言，上述问题已经远远超越了为了做出投资决策而需要的合理的信息的范畴。在我们的上述挫折之上，会议以你们的分析师关于帕克卫先生家族对通用巧克力公司运营影响的荒唐评述而结束。类似这样的言论不仅是不可接受的，而且基本上还是不恰当的。除了家族成员之外，董事会成员还包括一些著名人物，例如曼努埃尔·塔皮欧克将军，他有非常卓越的军事和外交的经历，以及我父亲的第二任妻子，她在时装行业有着非常丰富的经验。

我们的投资银行家雇佣了几百个分析师。他们告诉我，分析师的主要工作是要去理解企业的增长前景，以对未来几个月的盈利数字做出正确预测。我们做了非常充分的准备来与你们的分析师就这些事项进行讨论。最后，这些年来，我发现对于我们的主要美国投资者来说，最好在下午4点前结束会议。我理解基金经理需要回到他们的办公室以便在收盘前发出交易指令。由于这一时限，我们固定了我们高管私人飞机离开的时间，以便我们能在下午4点前结束所有投资者会议。我们在全球都是这么做的。因此，不得不回答公司治理狂人分子关于我们主要股东股权结构细枝末节的毫不相关的问题，以至于拖堂，就是非常不方便的。我们相信这不会再次发生了。

您忠实的

通用巧克力公司

瑞尔威·帕克卫

首席执行官

抄送：斯坦利·切恩——销售总监，格瑞德斯宾合伙企业

7.2 私募盛宴（2005年12月）

马拉松公司虚构的投资银行家斯坦利·切恩先生对私募股权世界的收费前景感到激动

备忘录发送至：后视资本普通合伙企业
发送自：斯坦利 H. 切恩——资深主席
发自：2005年12月12日
主题：未来一年

又到了一年即将结束的时候（自从我离开格瑞德斯宾，担任主席以来的第一年），我想利用这个机会向整个团队来分享我关于未来一年的想法。我给你们的信息是直接的。我们必须赶快行动来抓住这个私募股权行业一辈子才有一次的收费机会——我认为这个机会甚至比我过去在投资银行领域可以获得的机会都要大。我乐观的理由非常简单：

- 银行业的确忙得热火朝天。它们以非常优厚的条件向我们提供贷款来完成交易。只要看一下在美丽小松糕项目上他们向他们提供了什么。当我们的银行家说 9 倍 EBITDA 时，我还以为他说的是整个项目的估值倍数，而不是他打算借给我们的金额（译注：9 倍 EBITDA 的债务是非常高的杠杆比率）！和我们的主要银行交谈后，我发现非常明显他们已经不再是在从事信贷业务了——君威银行的诺曼·布瑞德克先生这些天说的都是银团贷款和前端费。只要他能把债务定时炸弹传给下一个人，他就乐于贷出尽可能多的贷款以实现其增长目标。事实上，这些日子布瑞德克和他的同伙们带给我们的不仅是融资，还包括交易本身。请记住，仅仅因为欧洲杠杆收购贷款金额在 2005 年翻了一番，并不意味着它不能再翻一番。

- 我们的客户正在日益疯狂地给我们投资。他们都被我们过去的业绩弄得兴奋不已。只要想一下——我们这一行业今年将在全球募集 2500 亿美元。大量的资金流入意味着我们可以管理更大的基金，做更大的项目，并且挣更多的钱。我们甚至都不用再担心在公开市场退出，或寻找对价格挑剔的交易型买家。

随着杠杆收购用于杠杆收购的增长，我们可以继续利用这一链式经济反应来获利。我们还可以回到布瑞德克先生那里去做杠杆再融资或者反向灵活银团贷款（reverse flexes，译注：指在银团贷款分销过程中，如果贷款被超额认购，则安排行可以修改贷款的经济条件使其对借款人更有利，然后问感兴趣的贷款人是否愿意按新的贷款条件贷款，如果足够多的贷款人同意修改条款，则贷款被"反向灵活安排"，并按修改后的条款交割）。所以，让我们全力投资第六期后视基金的剩余金额，并且加快第七期超级规模后视基金的资本募集吧。

- 基金管理行业仍然还没有"搞懂"。他们大多数人都没有理解新的杠杆模式，他们还在使用过去遗留下来的资本成本指标和债务结构。他们难道还不明白你只要稍微做点什么工作就能提高每股盈利吗？只要增加债务！而买方市场的傻子一直把价值和价格搞混，以至于当我们说"20%的溢价"时，他们欢呼道"成交"。他们的钱包已经熟透了，可以采摘了。

- 管理层可以看到挣钱的机会在哪里。真正的钱在篱笆的私人市场一侧，而且他们都对公开市场烦人的监管规定感到不耐烦了。既然高管在我们掌控之中，我们可以得到交易前令人失望的盈利数据以及所有我们需要的董事会建议。委托—代理冲突不再是我们的问题——它是我们的解决方案。

- 超级佣金机会的规模是颇为吸引人的。想一下眩晕合伙企业，他们最新的一期基金募集了100亿美元。1.5%的管理费，每年就是1.5亿美元，在6年的周期里就是9亿美元，这基本是在12个合伙人之间分配。几乎每个都是亿万富翁。有了这样的安全性，你在做交易时可以随意发挥！而这还只是一个基金……

当然，也存在这一窗口在未来几年关闭的风险。

想一想：

- 在某个时候，给我们投资的机构会醒过来，意识到我们买的企业是他们已经有的（他们付大约50个基点的佣金给只做多的基金经理），我们在增加杠杆（某些管理层可以无须我们的帮助就这么做），并且把股票转向了一个高收费的模式（1.5%的年费加20%的超额业绩提成）。然后，杠杆收购的债务又通过布瑞德克先生再循环转回给他们自己，这样我们的投资者最后只获得了他们最初所拥有的减去漏损的佣金。的确，这是历史上最大的财富由委托人转向代理的案例。

- 我们利用了利息费用可以抵税这一机制。税务人员或许会意识到,他们口袋空空的原因之一是因为我们正在玩的杠杆游戏。在英国,私募股权雇佣了最多 20% 的私人部门劳动力,因此我们可能会吸引我们不想要的关注。

- 可怜的养老金监管机构正在盯上我们。他们担心某些杠杆收购掠夺者会通过麦克斯韦电磁波抢劫养老金钱罐。下一次他们会要求提供个人担保!

- 对冲基金世界以及他们的老婆们正在不请自来地参加我们的这场盛宴,而公司买家们在一段时间靠边站后正在再度变得活跃。

- 容易钱的时代一定会在某个时点结束。如果宏观方面变得糟糕,我们必须像一个蛤蜊一样闭紧我们的壳。

我们现在需要的是行动。

- 行动起来,把第六期后视基金的钱投出去。

- 不要花太多时间担心价值实现。

- 花你至少一半的时间用于第七期超级规模后视基金的营销。

- 和我们在投资银行的朋友走得更近一些。不久之前,我们会让他们招待我们。现在,我们应该招待他们。我们决不能承受错过交易机会。我们必须参与到所有大型竞标中去。忘了可怜的老沃伦·巴菲特关于公开竞标的规则("不要去")吧。公开竞标就是我们的业务——"要去!"

- 关于投资银行,曾经有一段时间我会担心利益冲突,因为他们在向我们提供咨询的同时又试图给我们提供贷款。真傻!如果格林斯潘想给一笔交易附上融资(译注:指格林斯潘采用宽松的货币政策),我们以为我们是谁,居然可以说不?我们还应该对投资银行家的一菜三吃(顾问、融资和共同投资)持开放态度。对于顾问,整体而言,我们可以把我们的胜利果实和很多中介机构以及专业公司分享——有足够的肉汤让大家都喝到。

- 在开始思考要把第七期以及此后的第八期后视基金投资到哪里时,要有大的视野。如果我们能够说服管理层来一起合作的话,那么大型企业集团就是束手待毙的活靶子了。尽管在美国,标普 500 公司中只有不到 20% 的公司有超过两条的业务线,在欧洲这样的公司超过一半。如果我们能够和我们的同业联合起来组成财团来竞标,那就会非常棒,因为我们可以减少讨厌的竞标战。

- 招聘更多金盆洗手的政客——你永远不知道我们什么时候会用到他们！

因此，信息非常简单。姑娘们、小伙子们，出发吧——机会从来没有像现在这么好过！

S.H.C.

12.12.05

f:/rearview/confidential/fees/outlook/2006

7.3 圣诞快乐（2008 年 12 月）

斯坦利·切恩展望了雷曼破产余波之后华尔街有利可图的未来

沙莱·盖尔德切恩

森林路 1 号

楚格

瑞士

2008 年 12 月 11 日

小亨利·M. 保尔森

美利坚合众国

财政部

1500 宾夕法尼亚大道，NW

华盛顿特区 20220

USA

私人 & 机密

亲爱的汉克：

我知道我每年都这么说，但是小伙子，这是多么精彩的一年啊！

当然也有很多需要担忧的事，但首先让我们回顾一下您所取得的成就。您出任财政部长，在我卑微的意见看来，这是一个绝对的成就。当我在几年前问你怎么会为了 25000 美元这么糟糕的薪水而放弃高盛，没有人能够猜到您这是迈出了多么有利可图的一步职业发展啊。您会为您在 2006 年不得不免税卖出 5 亿美元高盛股票而感到羞愧吧，嗯？这一定为您省了 1 亿美元的税，另外在市场还好的时候卖出更是为您节约了 2.5 亿美元。猜对了吧！

我多么希望我对我在格瑞德斯宾中剩余的股份具有同样的远见啊。那些股份惨遭卑鄙的卖空者的踩躏。首屈一指的投资银行家约翰·麦克（译注：摩根斯坦利前 CEO）在指责那些蝗虫"不负责任的市场行为"时，他说的非常对。

让我们回顾一下您做了什么来重塑投资银行业。当然，如果让摩根斯坦利也跟着雷曼被冲入下水道当然也很好，但这会暴露 TARP 计划（译注：Troubled Asset Relief Program，不良资产救助计划，是金融危机期间美国政府出台的购买不良资产以救助金融机构、稳定市场的方案）实质是高盛救助计划，因此不能这样做。顺便说一句，看着那些雷曼的家伙们除了他们的棕色纸箱以及一捆一文不值的股权证书之外一无所有地离开他们的办公大楼，这难道不是一件快乐的事吗？

但是想象一下投资银行 2.0 的世界将会是什么样子。高盛和格瑞德斯宾将会瓜分大部分的蛋糕，而我知道收费将会朝哪个方向发展。拉拢奥马哈的老智者（译注：指巴菲特在金融危机期间投资高盛）使我们获得了令人尊敬的光环，并得以在新的影子银行时代源源不断地开发出各种"创新性"的金融工具。记住桑迪·威尔（译注：花旗银行前 CEO）的规则：在我们这个行业，你只需要每十年变更一次产品的名字！

但是对我而言，这却是跌宕起伏的一年。再没有比我决定移居迪拜建立主权基金咨询合伙企业更来得是时候的了。我们从这些小家伙对美国金融机构 800 亿美元左右的投资中赚了相当可观的佣金。在我整个职业生涯中都没有遇到过在这么短的时间内能给自己挣到那么多钱同时又让客户损失那么多钱的！当然这会带来风险——我在迪拜塔上感到非常紧张，我总是看到同一些戴着深色墨镜的保镖尾随我进入高速电梯。还有一朝被蛇咬十年怕井绳的问题——鉴于已经发生的事情，这些家伙们对所有与美国相关的带有 A 的事物（译注：指很多高评级的美国证券化产品在金融危机中出现问题,这些产品评级都在 A 以上,很多是 AAA)都失去了信心,并且对他们的钱变得非常小心。考虑到即将到来的"建在沙上"的建筑泡沫破裂(译注:指金融危机后迪拜房地产泡沫的破裂),在地面上的情况看起来也没有好一些。这样迪拜的收费前景看起来也不太妙,是时候换地方了。这也是我为什么现在住在生产布谷鸟钟的地方。不是好像有人曾经说过:"金融行业所有成功的职业发展最后都会通往瑞士。"

并不只是那些主权财富基金的家伙在找我。那些把钱投入我的超级规模私募股权基金(第六期和第七期后视基金)的追逐回报的家伙也在抱怨他们在 2006 年和 2007 年的交易上损失惨重。但是我们还在收进管理费,尽管我在为上个月 Byteback 半导体的最新一轮再融资向他们开出巨额出资通知书时感到有点紧张。但即便如此,还是有一点好的地方。我们的客户唯一能筹集资金的地方是公开市场。这样,作为被迫卖出股票的主,他们压低了股票价格,而这时正是第八期后视基金在市场底部拿下某些大为有利可图交易的时候。这是多么美妙的旋转木马啊。

另一类我竭力避免有任何接触的大群体是后视资本 IPO 的投资者。好吧,股价的表现和黑石集团、KKR 和阿波罗的股票都一样,但是你还是去和中投公司说吧。当我在 IPO 时说我们正在进入一个私募股权的黄金时期时,我应该更具体一些。唯一具有镀金未来的是我们的私募股权管理费!我们甚至还在向我们没有管理的资金收取管理费(译注:指很多私募基金在投资期是按承诺投资金额,而非按已投资金额收取管理费),天哪。

每年到了这个时候,我都会思考我们会在哪里找到下一个伟大的产生佣金的骗局。根据"跟着钱走"的原则,这一原则对我们俩来说一直非常灵验,钱包鼓鼓等着人掏的明显对象一定是亲爱的老山姆大叔。随着"拯救世界"的政权带着巨额美元支出计划登场,而美联储则不停地印钱就好像不会再有(通胀)明天,这对于像我们这样创造费的人来说像是一个理想的机会。我们只需要让资本主义无形的手牢牢地伸入其中最大的口袋,就会干得很好。我们已经重新设立了后视基础设施合伙企业,并开始准备为"公路遍布美国"、"桥梁到处都是"以及"为了婴儿的宽带"计划募集资金。

这说到了您的下一步打算。我无法想象还有谁能比现在的您有更好的职业前景。自从鲍勃·鲁宾（译注：前高盛联席主席，1995—1999年曾任美国财长，在其任内推动金融业放松监管，废除了20世纪30年代制定的银行分业经营的《格拉斯—斯蒂格尔法案》，1999年后任花旗董事，金融危机期间曾于2007年任花旗主席，2009年辞任，共在花旗获得1.26亿美元薪酬）和花旗银行达成一个优厚的交易（他没有错过那个非股权报酬方案的机会）重回私人部门后，就再没有人处于过这样强有力的位置。除了那些在任何一家主要银行高薪酬的职务之外，我非常希望您能考虑成为我们后视基金咨询委员会的成员，以及作为斯坦利和达芙妮·切恩基金会的受托人。当然，报酬也是丰厚的。达芙妮和我欢迎您以及您的家人在二月滑雪季到我们这里来，在此之前，请您对我的提议给予最大限度的考虑。

您永远的，并且仍然在跳舞的！

斯坦利·H.切恩

荣誉主席

格瑞德斯宾合伙企业，后视资本

7.4 前格瑞德斯宾老板逃离中国（2010年12月）

斯坦利·切恩关于中国经济的私下想法被曝光

（GIR快讯）颇负争议的格瑞德斯宾前投资银行家斯坦利·切恩已经逃离了中国。这离他设立切恩—吴国际公司只有一年，后者是一家基于香港的投资银行。他的离去适逢其私下对中国投资前景的怀疑极为令人尴尬的曝光之后，其言论与其公司对中国投资前景极为积极正面的公开评论形成了直接的对比。有朋友反映，切恩先生曾经说过要"撤退"到东京，他最近在那里做了好几笔大的个人投资。然而，他究竟在哪里现在是一个谜，而他的一个同事对他的安全表示了担忧。

第七章 华尔街的内心世界

在切恩先生和美国驻中国大使坦诚的谈话记录通过维基解密网站公开之后，关于切恩—吴国际未来前景的猜测在最近几周不断加剧。该评论被美国驻华大使罗尼·费克思录了下来，后者此前也是格瑞德斯宾的投资银行家，并且是切恩先生的朋友。在这次在北京东方君悦大酒店举行的私人午宴的最后，切恩先生把中国经济描述成"处于加速状态中的迪拜"。他说他想要"用他的空头去杀死多头"，因为他预见中国经济"崩溃只是一个时间问题"。

"他认为政府无法控制通胀，而'空置的'房地产市场是一个爱尔兰似的庞氏骗局"，费克思先生在他向美国国务院的电报中写道。在某一段里，切恩先生警告道"一场通胀的海啸正在席卷整个地区，我看到唯一的胜出者将是日本银行的干尸——所有其他人都会淹死。""投资水平超过 GDP 的 50% 是荒唐的……美国佬没有胃口买下更多的中国出口产品，而那些从农村转移出来的源源不断的血汗工人曾经阻止了工资的上涨，但这一劳动大军即将断流。唯一具有增长前景的出口是通胀。"

切恩先生还吹嘘说他和政府高层官员有非常好的联系，在某一段里，他似乎在开玩笑说，他的咨询工作让他得以跻身第一届孔子和平奖的候选名单之列。在同一个对话的最后，这个亿万富翁银行家说他预计从做空中国股票中将挣到比此前任何其他投资主意中都要多的钱。他说他尤其热衷于卖空纳斯达克风格的创业板股票，在那里新上市公司的高管们在股票锁定期到期后急着卖出股票。

考虑到切恩先生最近在给投资者写的信中对中国美好前景的评述，上述谈话事实上非常令人尴尬。在一篇题为"不必害怕"的报告中，切恩先生写道，中国的通胀只是"由于食物供应瓶颈引起的临时性问题"。房地产市场只是"在几个城市的问题，并且政府对这一问题拥有掌控"。他把创业板股票超过 80 倍的 P/E 倍数说成"价格翻一番都仍然是便宜的"。

泄露的电报内容还让人们对格瑞德斯宾在中国起的作用提出了疑问。曾经有一个时期，切恩先生说过"他将通过出售格瑞德斯宾公司现成的表外资产"来帮助中国的银行发展自己的影子银行系统，"而他预计将从中收费"。

自从维基解密报告被曝光后，有好几个切恩—吴公司的经理以叛国罪的名义被逮捕。中国官员说切恩先生的评论"没有帮助"，并且他"不了解中国"。切恩先生还被邀请到政府在北京设立的中国再学习中心的诺贝尔得主厅学习。

切恩—吴龙增长基金是在 2010 年 1 月成立的，当时在上海展览中心办了一场隆重的盛宴。格莱美提名的时髦女子乐队提供了晚宴后的表演。评论员在当时注意到了基金非同寻常的高费率结构。该基金是在上海综证指数在 2009 年上涨 90% 之后成立的。在 2010 年，该指数下跌了 13%。

好几个经济评论人士公开提出了对中国增长模式的质疑。伦巴第街研究指出：建筑数据显示 2010 年 9 月新房开工数比上年上涨 80%，这和同期销售下降形成了对比。JP 摩根估算，如果把卖给信托公司的 2 万亿元人民币表外负债算上，则贷款增长仍然维持在 30% 的水平。HSBC 强调与日本和爱尔兰房地产泡沫相比，中国房屋库存价值相对于中国 GDP 处于极高的水平。

切恩先生从来都不是一个远离争议的人。在 2003 年，他被一个前校友控告在杠杆收购通用巧克力公司时提供了误导性的咨询建议。在迪拜，仍然有一个对他的生效通缉令存在。他在那里给一系列主权财富基金在金融危机早期提供了投资美国银行的建议。最近，他被迫为其把增加对富人增税比作是希特勒入侵法国的不当言论做出道歉。

我们无法联系上切恩先生对此进行评论。有朋友说他离开中国的决定是在他妻子的邀请下做出的，后者打算留在香港。

7.5 占领德国议会（2011 年 11 月）

回到格瑞德斯宾后，我们这个精力旺盛的投资银行家脑子中又一次充满了各种产生佣金的主意

斯坦利·切恩先生
银行业务新的整体环境
格瑞德斯宾合伙企业会议上的演讲
开曼群岛，2011 年 12 月 13 日

第七章　华尔街的内心世界

自从我离开格瑞德斯宾到金融行业的其他地方寻求职业发展，到现在已经有七年了。我无法表述对于我重新回到这里来担任董事长和 CEO 特别顾问一职有多么高兴，尤其是在最近在中国切恩 - 吴公司令人不愉快的经历之后。在我离开期间，可以不夸张地说，我们见证了投资银行业最好的和最坏的时光。今天，不仅是格瑞德斯宾，而且是整个资本主义的未来看起来都是很惨淡的。然而，如果华尔街还能有什么事是确定的——如果历史能够教给我们什么——那就是挑战意味着新的收费机会。

首先，我们必须面对挑战。我们的投资银行业务正在面临前所未有的攻击：阶级斗争的税收，报复性的监管［从 Vickers 到沃克（译注：前者是英国经济学家，曾任英国独立银行委员会主席，后者是美联储前主席，两者在金融危机后分别提出了不同的金融监管方案）］，对不当销售的罚款以及并购机会的缺乏。欧洲的政客们甚至想引入一个金融交易税。高盛最近刚出现了一次季度性亏损（自它上市以来这是第二次）。约翰·科尔辛（译注：曾任新泽西州长，高盛 CEO，2011 年其执掌的商品期货经纪商 MF Global 申请破产）正被他客户丢失的数十亿美元搞得焦头烂额。而内幕交易的谣言甚至传到了我们亲爱的奥马哈老先知身上。然而，最糟糕的却是，条顿施虐 - 货币主义逐渐占了上风，并且威胁要终止宽松的货币政策。我无须提醒你们我们整个商业模式都是建立在产生泡沫的公共政策行动的基础上的，而我们必须采取一切行动来确保一切照旧。我甚至听说"直升飞机"本·伯南克（译注：美联储前主席伯南克，曾用直升飞机撒钱来比喻宽松的货币政策）最近说"货币政策不是万灵药"。我们多么怀念艾伦·格林斯潘"无法确认是泡沫'直到它破灭为止'"和戈登·布朗"不只是轻度监管而且是有限监管"的太平年代啊。

为了和这一环境做斗争，我们必须在一系列战线上展开反击。

政府咨询组（SAG）

我们的欧洲冲突解决小组在缺乏更多的德国救助现金的情况下必须更有创造性。我们的美国住房抵押贷款专家正在为 EFSF（译注：欧洲金融稳定基金）设计一系列定制的具有相当复杂性的杠杆结构（译注：2011 年中爆发了欧债危机，关于救助资金的来源，是否使用杠杆等，当时有较多讨论）。此外，我们还创造了一系列新的词汇结构，谁都会赞同这些词，因为没有人知道它们到底意味着什么。那些创造了"宏观审慎监管"一词的人真是天才。"经济治理"几乎同样的好——德国人认为这是一个可以用来打击那些具有不审慎金融行为的机构的大棒，而法国人则认为这说的是政府对行业的干预。有个美国的律师就所谓"未完全理论化的协议"（译注：指尽管彼此对根本性问题存在分歧或者不确定性，但对具体行为或者后果却达成了一致意见）做了一些非常有意思的工作，这听起来正像那种我们所需要的"更多欧洲"的政策胡话。

由于最终会需要实实在在的钱，我们需要说服德国政客们，救助"罪人"（译注：指希腊、爱尔兰、西班牙、葡萄牙等欧洲周边国家）的成本要远低于欧元解体的成本。我们可以让我们的欧洲客户去游说政客们：回到德国马克就等于和出口说再见。在这方面，我看到我们的"占领德国议会行动小组"有一些好的进展。关于紧缩财政政策对德国政客们持有度假小屋的社区可能产生的影响，以及对最坏情况下犯罪率的预测的研究报告，看起来还是非常不错。由于那些坚持基于规则的财政程序以及惩罚（译注：欧元区规则要求成员国财政赤字不超过3%，否则将会受到惩罚）的主张，我们的法国小组已经未雨绸缪提出了"选择性排除"的对策。

我们在"皮短裤"债券（译注：皮短裤是德国传统服装，这里指从德国寻求救助资金）问题上对欧洲中央银行施加影响的努力可以大大加强，既然现在一个前高盛的人在给它掌舵（译注：指2011年11月1日任欧洲央行行长的马里奥·德拉吉，他在2002—2005年曾任高盛国际副主席和董事总经理），而6个执行董事中有5个都来自于其未来依赖于这一救助方案的国家。我们OTC的表外会计处理™方案曾经在影子银行时代运行的那么好，可以对其加以修改来把这些国家的财政赤字挪到表外。或许我们应该去找一下高盛的团队，他们在几年前曾经如此神奇地收缩了希腊的国家负债水平，从而使后者在欧元蟑螂汽车旅馆中成功地抢到了一个车位（译注：指希腊为满足马斯特里赫特条约关于赤字和债务水平的要求以加入欧元，通过和高盛做了一个互换，隐藏了实际债务水平。这一丑闻在欧债危机中曝光。上面提到的马里奥·德拉吉声称该交易是在其加入高盛前就已经在安排的，他对此并不知情）。至于这些有罪的国家，我们GIPSI（译注：希腊、意大利、葡萄牙、西班牙、爱尔兰这5个在欧债危机中出现问题的国家的首字母。更常用的缩写是PIIGS，因拼写和猪（pigs）接近，被称为欧猪五国）私有化团队找到了一个妙不可言的机会（警告：欧猪五国不再被认为是一个对客户友好的缩写词，我们的合规团队将会对此进行监控，以防止任何聪明过头的分析师试图去规避这一禁令）。

同时，我们也必须把耳朵紧贴地面，保持传统以让信息在我们各个不同部门之间及时流转，以防万一欧元区真的开始崩塌的话，我们的头寸对此能够有提前的应对。我们或许需要在欧元区各中央银行内招募一支由拉贾拉纳姆（译注：美国对冲基金经理，亿万富翁，2009年因内幕交易被捕）风格的鼹鼠组成的"专家网络"。一旦我们的"长睡者"苏醒，我们最近对纳秒级内部网络通信系统的投资将会取得丰厚的回报。如果欧元真的崩溃，那么让我们祈求最大限度的混乱吧。其次，让我们确保格瑞德斯宾总是处在交易的正确一端吧。

金融机构组（FIG）

我们在FIG内最大的挑战在于落实收费丰厚的资本募集计划表，并且要通过努力游说来反对疯狂的银行资产负债表（RWA）收缩计划。很明显，我们渗透入欧洲银行管理局（EBA）的努力收效甚微。当我们最需要他们的时候，我们的格瑞德斯宾毕业生在哪里呢？顺便说一句，金融行业今年的查克·普林斯（译注：花旗银行前CEO，因其在2007年7月9日接受FT采访时"只要音乐还在响起，舞步就不会停止"的言论而著名，指花旗因为市场流动性充足而将继续给私募股权交易提供融资，后在2007年11月遭解职，该段言论也沦为笑柄）搞笑奖一定会颁发给这些傻瓜。他们不仅做了一场压力测试然后给德克夏银行（译注：比利时银行，2008年获得政府60亿欧元救助，2011年因为持有希腊政府债券等原因导致一级资本为负，成为欧债危机中第一家出问题的欧洲大银行，后被比利时政府救助）授予最高分，他们在设立新的资本充足率指标时还未能像TARP一样引入强制筹集资本的底线。如果即将到来的"收缩成一个李子干"这样的银行资产负债表管理方式继续的话，欧洲的前景将很不妙。用公关的术语说，我们可以强调随着"我们成为更好和更有效的企业公民"，我们将如何"支持我们的银行"。

基础设施融资组（IFG）

我对基础设施投资一直抱有特别的兴趣。"为我们的未来进行投资"的主题以及"增长计划"具有良好的公关溢出效应，而收费的机会也非常多，而且如果养老金被强制要求投资这一领域的话就更是如此。关于"为了婴儿的宽带"的私人融资动议募集的资本被不当使用的指责以及此后的全国性的审计调查不应该让我们从在手的任务中分心。

公司活动组

考虑到一系列国家发生的领导更替，我们的后欧盟峰会派对规划策略也需要作出相应的调整。尽管需要认可我们公司活动组的工作对社交活动带来的好处，但是DSK风格的派对罚款（译注：多米尼克·斯特劳斯·卡恩 / Dominique Strauss-Kahn，IMF前总裁，2011年因在纽约涉嫌强奸酒店服务人员而被捕，后被曝出曾参与政界和商界人士的性派对）和意大利的性爱派对（译注：意大利前总理贝卢斯科尼被曝经常组织bunga bunga派对）对于现在掌权的不那么热情的技术官僚们不再是合适的了。默克尔夫人不会赞成这些活动的。

我对于我们提供的新服务的宣传感到印象特别深刻。至于我们自己的形象，尽管此前的指示与此相反，在接到进一步通知之前，"忏悔和道歉时代"的日程还将继续。考虑到具有敌意的税收、监管以及政治环境，通过标有单独或随机组合的具有"公共"、"信托"、"关键"、"基础设施"、"健康"以及"教育"在内的各式标签的投资管道将集团的利润做低，则是非常明智的。

最后从个人的角度，我愿意对中国金融监管机构关于切恩-吴公司客户资金失踪的诽谤指责做出回应。我可以非常清楚和明确地说，我从来没有给出过滥用客户资金的书面指令，我也从来没有企图让任何人授权滥用客户资金。我希望我说的很清楚了。

祝你们节日快乐，也祝我们所有人有一个美好的新年。

7.6 节日的问候（2012年12月）

斯坦利·切恩现在是格瑞德斯宾的老板，他在"公民银行家"的时代有点心绪不佳

发送自："斯坦利·切恩"（sc@greedspin.net）
发自：2012年12月12日11:09AM东部时间
发送给：汉克·保尔森
主题：节日的问候！
附件：格瑞德斯宾2012年年报初稿

愚蠢的切恩，愚蠢！我当时以为在中国基金的惨败后回到格瑞德斯宾会让我退休后的钱袋子变得鼓鼓的。以为这将会是我们年轻时候的黄金时代。然而在虚弱的对手倒下和短暂的欢乐之后，另一段艰难时光又开始了。尽管不是现在。现在我们成绩表中唯一留下的都是不好的东西：操纵LIBOR，洗钱，不当销售保险单，"未获授权的交易损失"……。作为游戏一部分的行为——如果不是那游戏本身的话——在那些监管我们的道貌岸然的假正经们的眼里看来成了非常恐怖的事。是的，这些人正是在这些"罪行"被犯下时的同一批警察！在他们准备把半个行业都国有化的时候，发现LIBOR的报价是虚假的，这一定是非常令人震惊的！

当罗尼下台后，领导格瑞德斯宾的重任再次落到了我的肩上。因此，不像你可以撒手不管，写写回忆录或者看我的人在庄园里种葡萄，我困在这里应对一个接一个的打击。我们唯一能做的是在伪造费用的政客和健忘的监管者面前卑躬屈膝，就像加莱义民一样。趋炎附势者啊！亲爱的汉克，我们现在被捏在蠢货的手掌心里。这些家伙信仰在经济下行期间筹集资本和增加流动性要求。更糟糕的是，在熄灭投资银行苍穹下最后的一丝企业家精神火花之前，他们似乎不想停手。

然后又创造了关于公民、可持续、社区以及利益相关者的一整套新的可怕

的词汇。为什么他们不能理解呢？银行业务很简单——它只是关于奖金以及如果还有什么剩下的话，和股东。其他的都只是矫饰。

你是了解我的，汉克。我是一个乐观主义者。我可以稳定格瑞德斯宾这艘巨船。时间可以疗伤，记忆会淡去。我已经决定做可能的一切来证明这些蠢货都是错的。就像我从来没有能够抵抗有益的泄密一样，这是我关于今年年报的初稿。它在等待合规部门（选择"显示标记"）的进一步切削。谁说你不能教一条老狗新把戏！

你的，

斯坦利

格瑞德斯宾 2012 年年报　　　　　　　　　　［草稿］

亲爱的各位股东：

2012 年对我们来说不是最好的年份。不幸的是，我们犯的错误无法挽回。困难的挑战还在前方。作为你们的新船长，我会尽最大努力带领你们在监管和政治敌意的锡拉巨岩以及风险厌恶这可怕的卡律布狄斯大旋涡之间航行。我们绝不能忘记幸运只会眷顾那些勇敢的人，而冒险已经深深地刻在我们的 DNA 里。尽管我们仍然还有尚待解决的问题，我相信我们可以重新驶回到一个的可持续的未来。

[删除的内容：金色]

为了到达那里，我们会采取相反的策略。在市场环境发生改变前，在高度监管的国家，这艘船的指令会坚定地设置在"规避风险"上。我们将会是一家对公民责任充满激情的公用事业一样的银行。相反，在新兴市场，在那里格瑞德斯宾银行传统的操作可以在一个高增长环境下继续繁荣昌盛，档位会被设置在最大的"追逐风险"档上。

[删除的内容：讲很多关于]

[删除的内容：不那么困难的监管]

公民格瑞德斯宾

实施全球公民计划是我们使命的核心。它涉及慈善、关心客户、沟通和环保。

格瑞德斯宾布施计划是我们慈善努力的核心,此外还有1,000条小狗和10,000家街角商店活动。在布施计划中,董事会以下层级的薪酬被削减1亿美元,用于支持大家选出的慈善活动。例如<u>救助儿童基金会</u>。到目前为止,1,000条小狗活动已经向我们高价值客户的孩子赠送了550头宠物,而我们的10,000家街角商店活动则持续向小企业提供衍生金融工具,以帮助他们用较低的成本减少无法想象的风险。

> 删除的内容:切恩家庭基金会

我们会持续提高我们对客户的关注。客户满意度打分显示了<u>我们所拥有的巨大的机会</u>。高管们正在我们造价1000万美元的新的伦理中心里学习现代的演示技巧。科技将发挥作用。我们已经使用新的非结构化数据软件来在格瑞德斯宾所有IT平台上检查不被接受的用语。在我们的数据库里,诸如"蠢货"、"傻瓜"、"白痴"这样的用语在我们的数据库里将不会有容身之地,在未来会被自动替换成"有价值的客户"(译注:媒体曝光高盛等投行的员工在内部邮件中将其客户称为"蠢货"、"白痴",并吹嘘从这些客户中赚钱)。

> 删除的内容:我们有多么的可怕

在我们的外部沟通中,我们将不再单独谈"为了股东的利益而行动",如果不是同时还提到客户、员工以及成为一个好公民的话。所有的对外新闻稿都会被监控,以确保它们至少包含了最少数量的批准词汇,这些词汇从以下名单中随机选出:"社区"、"可持续"、"苦苦挣扎的房屋所有人"、"改进客户体验"、"慈善活动"、"支持小企业"、"合作伙伴"、"公民参与"、"公民"和"利益相关方"。

尽管我们对于可持续星球的长期目标的承诺是不可改变的,绿色格瑞德斯宾计划会根据当前环境而做出敏锐的调整。在2012年期间,绿色格瑞德斯宾取得了明显的进展,推动了我们传统的可持续发展的方案。我们并购部门在发达国家市场更少的IPO活动引起了明显更低的危险气体排放。自金融危机以来，这个机构总的有害气体排放减少了20%，和整体员工数量的减少一致。

新兴市场——回归基地

新兴市场继续代表我们主要的增长机会。良好的人口结构，追赶增长的潜力以及较低的消费者债务使得这些市场变得非常令人激动。和发达市场不同，新兴市场有巨大的增长潜力，而我们则在风险媒介和财富转移上发挥了非常重要的作用。

> 删除的内容：还没有把它们的未来抵押来做住房按揭贷款

创新是关键，再没有比新兴市场更明显的了。在贸易融资方面，我们新的绕道™转账解决方案代表了一种根本性的改变。我们希望能够帮助客户在新兴市场的贸易走廊和技术渠道做生意时解决复杂的现金管理问题。随着新的了解我们的客户从A到Z检查清单的到位，我们将成为"毒品卡特尔不去的银行"和真正"利益相关者必去的银行"。

2013年，我们发起了我们新的新兴市场消费贷款平台。我们的目标是在30秒钟内做出贷款决策。贷款申请可以通过我们新的推特&短信贷款™服务更为便捷地做出，这项服务减少了不必要的文书工作。在抵押品上，我们会更富想象力。新兴市场的客户可能已经把摩托车，拖拉机或拖车作为押品质押了。我们正在测试一个使用更广泛押品的试验方案，押品范围将包括宠物以及其他合适的珍爱物品。每年都会有数百万人跨入消费者阶层，我们的目标是要建立起一个能够长期存在的企业。

> 删除的内容：快速

> 删除的内容：然后在时机成熟时通过出售或IPO来实现价值

监管——保持平衡

> 删除的内容：过于充满敌意

我们和监管者的关系是一个需要重点关注的领域。我们希望能够和他们通力合作来创造繁荣和可持续的未来所需要的恰当条件。通过更好的合作来增进相互了解的努力是必需的。在历史上，受雇于监管机构和中央银行的格瑞德斯宾毕业生们对我们的业务提供了非常强大的支持。作为回报，我们可以为退休的官僚提供在我们的

> 删除的内容：旋转门雇佣政策

> 删除的内容：感到厌倦

合规和风险管理部门薪酬优厚的职业发展选项。

我们的诉讼部门已经和公关部门合并，以便对即将到来的罚款和诉讼能够有一个更严丝合缝的防御。尽管要撤销"忏悔和道歉"日程尚为时过早，我希望我的团队能采取更为稳健的方式来保存我们日渐缩小的资本。我们需要提醒监管机构，在提高资本要求的同时对银行课以大额罚款不会产生我们所希望的可持续的银行体系。

> 删除的内容：能够给我们带来美好退休生活

酬薪——尽管去奖励

我们的员工是我们最重要的资产，他们的安全至关重要。我们正在投资于一种新的最先进的门卡安全体系，它将在我们全球所有办公室中使用。新的系统会和八爪鱼™个人生产效率数据库整合在一起，以提升效率。

> 删除的内容：不安全感

> 删除的内容：实现实时的"评级和封杀"功能，在未来，当个人绩效恶化时，那些没用的家伙们将面临门卡即时失效的风险

至于关键的董事薪酬问题，我打算从以人为本的企业中招聘有经验的人选来充实我们的薪酬委员会，以对高管的薪酬做出调整。

> 删除的内容：广告业

结论

我在此对我们 110,000 名员工表示感谢。他们持续地努力工作于［社区］/［支持中小企业］/［从事公民参与］/［帮助苦苦挣扎的房屋所有者］*。通过他们的［慈善活动］/［公民活动］*，他们增强了客户体验，来为主要利益相关者产生可持续的回报。成为他们的合作伙伴是我最高的荣誉。

> 删除的内容：股东

斯坦利·切恩

主席 & 首席执行官

* 视情况删除

7.7 和 GIR① 共进午餐（2013年12月）

格瑞德斯宾的投资银行家介绍了他的职业，他永不熄灭的看涨热情，以及他古怪的休闲爱好

由露西·斯亭报道

我很早就来到了位于瑞士山区度假胜地 Gsaam（译注：杜撰的地名）的黄金宫殿酒店，以和斯坦利·切恩共进午餐。这位格瑞德斯宾主席和 CEO 的前同事早就警告过我关于切恩先生出了名的缺乏耐心和他会议的五分钟规则。任何超过这个长度的迟到都会产生严重的职业后果。他曾经炒掉了他的人事主管，因为后者在参加完他女儿的圣诞剧演出之后迟到了薪酬会议。

到了约定的时间，切恩先生的随从开始到来。先头部队包括三名保镖、一名公关记录员以及他的个人助理。终于，切恩出现在混乱的人群中，他穿了一身与阿尔卑斯山气氛非常不协调的条纹西服，爱马仕的领带和尖头镂花皮鞋。他的身材令人吃惊的矮小，最让人印象深刻的身体特征是他那双凶猛的深色眼睛和他那白得不自然的尖牙。

"我非常喜欢读 GIR"，他说，然后加上了标准的奚落，"尽管我现在几乎没有时间去读它"。

我跟他解释了和 GIR 共进午餐的规则，包括坚持由 GIR 付费。"真有意思"，他喉咙里咕哝道，"我可以选食物和葡萄酒吗？50元一瓶的就可以了"。我解释到，我是素食主义者。"我知道了"，他在一个不太舒服的停顿后回答道。

换了一个主题，我问他最近生意如何。他的牙齿闪亮，"从来没有那么好过！"在担任格瑞德斯宾合伙企业主席一年后，他对公司的未来比以往更为乐观了。尽管遭受了与销售高风险的按揭贷款相关的 60 亿美元罚款，并且还在经历数不清的对不当操作的持续调查，切恩相信投资银行业发生了翻天覆地的

---

① GIR 是马拉松公司"全球投资回顾"的首字母缩写（译注：《金融时报》有"与 FT 共进午餐"的专栏，本文是模仿该文风格写的）。

变化。

对于银行监管者采取的非常激进的措施，他说，"现在我们在糟糕的事情中看到了一点好的发展"。"这事实上对我们的业务是非常好的。你知道吗，我们今年在全球招募了 8000 名合规人员？"切恩指出新的监管提高了竞争的壁垒。"我不认为我们会看到很多新的对手进入这个行业。这意味着利润率会维持在很高水平，因为没有人会进来把他们压低"。

切恩明白进入壁垒。他的 500 英亩的庄园盘踞在一个陡峭的悬崖上，俯视着 Gsaam 村庄，外面由厚厚的城墙保护着。这个城堡的历史可以追溯到 16 世纪的王族，后来在 19 世纪 80 年代被大革命的炮火轰开，后来由一个非常富有的俄国流亡分子重建成一个罗马复兴式的皇宫，它拥有塔楼、门楼和加冕大厅。如今，这里还为 100 头鸵鸟提供了庇护场所。它们住在新帕拉迪奥风格的别墅里，尽管本地规划部门对该建筑的建设提出了反对意见。

侍者过来点菜。"我要鹅肝酱，然后是一平方英尺的维也纳炸牛排。哦，另外再点圃鹀作为配菜。至于这位女士，就要点蔬菜吧"。连看都没有看，他用手指轻轻地敲着用真皮包着的酒单册子，说"按老规矩吧"。

金融监管也是切恩增长计划中的一个因素。"如果你看一下世界上我们能增长这些业务的地方，那是监管较轻或不存在的地方"，他说，并举了鲍勃·戴蒙德（译注：前巴克莱银行 CEO，2012 年因巴克莱卷入 Libor 操纵丑闻而辞职，后设立了 Atlas Mara 银行，在非洲开展业务）在尼日利亚扩张的例子。"我们可以把钱从过度监管的市场中撤出，然后再投资到可以获得非常高利润的地方。最终，那些监管太多的国家会输，而我们会赢"。

服务员上了一整片鹅肝，切恩两大口就把它吞了。

"非洲有非常好的资产，而政客们热衷于为其基础设施计划融资。我们可以引入中国投资者，并且在价值链的所有口袋里提供帮助。"格瑞德斯宾最近在南非总统雅各布·祖马的郊外官邸的开发上起了领头作用。"这对我们有着巨大的溢出效用"，切恩用他的叉柄敲打着桌面，大声地说。

在他的整个职业生涯里，切恩都表现了超强的自信，尽管有过好几次危及职业的挫折。这个超级资本家最初的工作是在 20 世纪 60 年代在格瑞德斯宾作为一名债券交易员。他在 20 世纪 80 年代和 20 世纪 90 年代成为公司最成功的并购顾问。他在 2000 年通用巧克力和 ByteBack 的灾难性的合并中扮演的角色引起了政府对异常行为的调查，最终导致他于 2004 年离职。"我对于那笔交易没有后悔。对于通用巧克力而言，它的命运无非是吃别人或者被吃掉。"

侍酒师带来了红酒，后面很快接着上了主菜。切恩叉住他的牛排，把它切成小块，然后送入嘴里。他的鸣禽配菜——这道菜目前在欧洲因为动物权利的原因被禁——用肉钎子插着，被他一口从喙到尾吞了下去。"你知道吗？他们把这种鸟活活淹死在阿马涅克白兰地里！"他一边大声地咀嚼着骨头，一边说道。

确立了一种此后还将不断重复的模式，切恩从通用巧克力的溃败中恢复过来，穿上了一身新的伪装。2005 年，他作为私募股权公司后视资本合伙企业的主席东山再起，当时募集了大量资本，都投在了信贷泡沫的顶峰。

"我总是试图找到市场最热门的领域，在那里我可以帮助钱的流动。在我们这个行业，钱流意味着收费。这真的是非常简单。"

当私募股权市场在 2007 年开始遇冷之后，切恩移居到了迪拜，他在那里成立了主权财富咨询合伙企业。这家公司在信贷危机的早期阶段为对美国问题金融机构 800 亿美元的投资提供了咨询，结果导致灾难性的损失。在迪拜，对他的逮捕令仍然还有效。要是换了其他人遇到这种情况，恐怕早就退休了，但切恩却毫不畏惧地留了下来。"最终，我们只是作为协调人在起作用，而不是顾问。组合的表现符合我们的预期。"

他然后和他的新的年轻妻子苏西搬去了中国，建立了一个新的投资银行——切恩—吴国际。苏西是他的前个人助理，在北京出生。一年后，在他个人对中国经济的非常怀疑的看法和他的公司的营销材料之间巨大的反差非常令人尴尬地被媒体曝光之后，他被迫逃离了中国。这段经历被格瑞德斯宾当时的主席罗尼·费克思看在眼里，他欢迎切恩回到他的母校担任特别顾问。当费克思先生因为操纵 LIBOR 的丑闻而被迫辞职后，切恩被任命为他老雇主的主席。

在有爱心的银行家新时代，切恩显示了擅长适应的特殊能力。在他被任命后不久，他发起了公民格瑞德斯宾行动，公司慈善行为作为新的重点。他特别为其1000条小狗活动感到自豪，这一活动涉及向需要的人捐献宠物。《纽约时报》

的调查后来发现收到捐助的大都是格瑞德斯宾的客户。"向我们的客户展示爱心非常重要，"当我提起这个话题时，他毫不羞愧地回答道。批评人士争辩道，当切恩裁掉（或者说"解除"，用切恩的话说）20000名格瑞德斯宾员工时，他不是那么有爱心，但切恩毫不后悔。"没有人可以太大了以至于不能倒，特别是那些小人物。"

他仍然保持对股票市场永恒地看涨，并且是对货币政策力量的坚定信服者。"欧洲人最终会认识到他们做法的愚蠢，然后回头来照抄美国人、英国人和日本人。这是唯一的解救之道。资产价格只能朝一个方向走。当它结束的时候，我们会在交易的另一头。这真的是最好的时光。"

尽管有各种亿万富翁的虚饰——瑞士城堡、南塔基特的大房子、贝尔格莱维亚的联排别墅，6500万美元的湾流私人喷气式飞机、在英超联赛俱乐部的股权、在纽约四季餐厅的账户——切恩不愿意透露他个人的财富。然而，他的确指出，《福布斯》杂志60亿美元的数字严重低估了他的个人财富。他对其个人慈善活动甚至更惜字如金，他把这类活动称为"家务事"。

"我喜欢我的毕加索收藏"，他说道，眼中泛着光，"而且，和有些人不同，我从来没有不得不卖掉它们来支付罚款。"

我问了他的娱乐爱好，他一度显得有些不确定。他的眼睛扫视着屋子来寻求灵感，或者是想从他的公关顾问寻求帮助。他的目光最后停留在了一幅风景画上。"我射绵羊"，他阴沉地透露到。

说完这些，他站了起来，粗野地露出牙齿笑了起来。"我实在是占用了您太多时间。"他在账单到来前离去。当账单到来时，和他很多从前的客户一样，我待在那里不知道该如何处理与这个格瑞德斯宾投资银行家邂逅的可怕财务后果。

黄金宫殿酒店

堡垒大街 80 号，Gsaam，瑞士	瑞士法郎
鹅肝酱	60
维也纳炸牛排	120
圃鹀	1000
洋菠菜	14
普利尼-蒙哈榭白葡萄酒，普榭乐一级葡萄园，2002 年	1200
柏图斯酒庄红葡萄酒，波美侯产区，2000 年	46000
合计	48394

译后记

马拉松（Marathon）公司是伦敦的一家股票基金管理公司，主要产品是全球和国际股票基金，从1986年成立，到现在已有30多年历史了。它管理的资产规模超过500亿美元，不算太大，但在精品基金管理公司里也不算小了。投资团队一度只有三个创始合伙人，到现在也就是10个人左右。这家公司在国内可能没什么人听说过，在金融圈内知道的也不多，因为他们只面向机构投资者，甚至连销售队伍都没有。投资者大都是因为其出色的投资业绩而主动找上门去的。

认识马拉松公司，是因为工作上的缘故，最初也是被其历史业绩所吸引，但2012年中的初次会面其资本周期的投资理念就给我留下了深刻的印象。2012年底在波士顿的GMO年会上碰到钱塞勒，承蒙他赠送了我一本 *Capital Account*（2004），也就是在马拉松公司早年投资回顾的基础上编辑的一本合集。通过读那本书，我对马拉松的投资理念有了更深的了解。书中有很多科技股泡沫形成过程中的评论非常精彩。随着后来和马拉松公司的合作进一步深入，我也能定期收到他们每年写的8封投资回顾。阅读其投资回顾在智力上是一件非常令人享受的事，我每次都是在收到后的第一时间来读。2016年初，马拉松公司在钱塞勒的帮助下，将其在2002—2015年的部分投资回顾再次编辑成书出版，取名叫 *Capital Returns*，也赠送了我一本。读完后，我不禁产生了翻译成中文的念头。

上一次译书，都已经是十八年前的事了。作为过来人，我深知翻译不是一件轻松的事。能下这个决心，主要还是因为马拉松公司的投资理念，我认为不仅对于投资人,而且对于中国的企业家和政府都是有参考价值的。

马拉松公司的投资哲学可以概括为两点:一是注意资本周期。资本周期说起来很简单:当某个行业利润很高,就会吸引资本涌入,从而竞争加剧,造成利润下降,资本撤出;而随着资本流出,行业整合,利润又能有所恢复。长期来看,利润率都会均值回归到平均水平。马拉松公司会购买那些能超预期地持续保持高利润的公司,以及行业整合后利润恢复快于预期的公司。二是重视管理层。管理层最重要的能力是资本配置的能力。在很多资本密集的行业,管理层过度投资来构建帝国,结果只是毁灭股东价值,而那些在没有合适投资机会时将资本返还股东的公司却能创造股东价值。它曾经举过一个很著名的例子,在因军费削减而被认为是处于衰退的国防工业中,通用动力(General Dynamics)通过将资本投向更有效率的部门,以及将出售低效部门获得的现金通过回购股票返还股东,尽管公司营业收入下降了60%,但同期股价却翻了7倍(巴菲特曾持有该公司50%的股份)。马拉松公司深恶痛绝现在那些只重视季度数据的卖方分析师,以及被分析师和期权激励驱动越来越短视的管理层。他们认为很多欧洲的家族企业由于长期持股、利益绑定,反而能做有利于公司长远发展的决策。马拉松公司的股票年换手率非常低,一般只有百分之十几,大部分股票持有超过七年。

马拉松的分析师都是泛行业分析师,其分析的独特之处在于重视供给侧的分析。大部分的分析师往往只重视需求方面,例如中国对能源和原材料的需求,新兴市场中产阶级兴起带来的消费需求等。这些故事听起来很好,但大部分人忽视了在供给侧有多少资本在进入。忽视供给造成失败的案例比比皆是,回头来看触目惊心:20世纪90年代全球的造纸业、欧美的航空业,过去十几年欧洲的汽车、银行业,最近这个周期的能源和矿产,最严重的当然是中国的各种产能过剩。但是当行业因严重过剩造成资本退出、行业整合后,如果行业内剩余的企业变得更有纪律,不再过度投资、不再恶性竞价,行业内的公司就可能恢复利润,这时又会产生较好的投资机会。这方面马拉松公司举的例子有美国整合后的航空业,全球整合后的啤酒行业等。在这样的行业内,他们会投一系列公司,例如他们一度同时持有百威英博、喜力和嘉士伯。

译后记

马拉松公司也分析了对资本周期可能产生影响的其他因素，如政府干预和破坏性的技术进步等。政府干预可以影响资本退出的进程，从而使资本周期的自我调整放缓。其例子有：欧洲为保护就业，对钢铁、汽车公司关闭工厂进行限制；低利率、主权国家对银行业的保护使得欧洲过度分散、过度竞争的银行业缺乏整合，资本退出缓慢，造成金融危机后欧洲银行股回报整体低于美国银行股。

马拉松公司一直低配中国股票。在这本书里它花了整整一章对中国进行分析。在他们看来，中国经济增长是全球最好的，但中国股票的投资却长期没有回报，原因是过度投资，以及不重视保护股东权益。

2016年以来，政府提出了供给侧改革，核心是去产能和让僵尸企业倒闭。这已经是不得不做的事了，因为再刺激需求侧也无法对现有过剩产能产生足够的需求。去产能是宏观层面的认识，但在企业层面，过度投资危害投资回报似乎还没有形成广泛共识，企业行为模式的转变似乎也还需要时间。这本书对中国的企业家、投资人和政府应该都有参考价值。

十八年前翻译的是《兼并与收购》。当时年少不更事，总觉得企业并购是非常高大上的事。直到现在自己也做直接投资，才知道并购是一件凶险的事，因为大部分并购的结果都是在毁灭价值，所谓"赢者的诅咒"。了解资本周期，对于直接投资也有一定的参考。

这本书决定翻译是在去年3月。但此后，由于工作较忙，迟迟未能动笔，直到去年9月，手上的项目暂告一段落，才开始按平均每天两页的计划来动工。通常每天晚上忙完杂事，开始翻译最早都是要9点以后了。工作日的晚上常常都完成不了两页，需要周末和节假日来补。好在还是赶在年底截稿日前交了稿。这里需要感谢我爱人和岳父母帮我照顾孩子，让我能抽出时间来完成了这一翻译。这本书从联系版权直到最终出版，得到了中国金融出版社陈翎女士的大力帮助，在此也致以谢意。

陆 猛

2017年3月于北京